职业教育改革创新示范教材

汽车故障诊断与排除

主　编　谢婉茹
副主编　张鹏炜
参　编　李　丹　于家宏　楚晓婧　侯铁轩
张春阳　任　浩　牛英伟　高雪莲

机 械 工 业 出 版 社

本书包括四个学习情境，20 个学习单元，每个学习单元都以真实案例为基础，介绍了常用的故障诊断与处理方法。其中学习情境一为汽车故障诊断认知，主要介绍了汽车故障的概念及故障诊断的基本方法和注意事项；学习情境二为汽车发动机故障诊断，通过 9 个学习单元介绍了气缸压力低、燃油压力低、点火无高压火、怠速不良等发动机常见故障的诊断与处理方法；学习情境三为汽车底盘故障诊断，通过 5 个学习单元介绍了汽车底盘常见的故障现象、故障原因及诊断方法，主要涉及离合器、手动变速器、自动变速器、转向系统与制动系统；学习情境四为汽车电器故障诊断，包含前照灯不亮故障诊断、电喇叭不响故障诊断、倒车灯不亮故障诊断、空调系统不制冷故障诊断 4 个学习单元。

本书可作为职业院校汽车类专业教学用书，也可作为汽车维修企业员工的培训教材。

为方便教学，凡选用本书作为授课教材的教师均可登录 www.cmpedu.com 以教师身份免费注册下载本书电子课件，编辑热线：010-88379865。

图书在版编目（CIP）数据

汽车故障诊断与排除/谢婉茹主编. —北京：机械工业出版社，2016.1（2025.1 重印）
职业教育改革创新示范教材
ISBN 978-7-111-50572-3

Ⅰ.①汽…　Ⅱ.①谢…　Ⅲ.①汽车－故障诊断－中等专业学校－教材 ②汽车－故障修复－中等专业学校－教材　Ⅳ.①U472.4

中国版本图书馆 CIP 数据核字（2015）第 136194 号

机械工业出版社（北京市百万庄大街 22 号　邮政编码 100037）
策划编辑：曹新宇　责任编辑：曹新宇
责任校对：陈　越　封面设计：张　静
责任印制：刘　媛
涿州市般润文化传播有限公司印刷
2025 年 1 月第 1 版第 14 次印刷
184mm×260mm · 15.25 印张 · 367 千字
标准书号：ISBN 978-7-111-50572-3
定价：39.00 元

凡购本书，如有缺页、倒页、脱页，由本社发行部调换

电话服务	网络服务
服务咨询热线：010-88379833	机 工 官 网：www.cmpbook.com
读者购书热线：010-88379649	机 工 官 博：weibo.com/cmp1952
	教育服务网：www.cmpedu.com
封面无防伪标均为盗版	金 书 网：www.golden-book.com

前 言

本书以学习情境为教学单元，将企业实际工作过程系统地映射到教学过程中。在内容组织上，采用《学生手册》和《任务工单》相结合的方式，融入7个教学环节：“情境导入”环节描述实际汽车维修企业可能发生的情境，导入工作任务；“学习目标”环节说明通过任务的学习，学生应掌握的知识目标和技能目标；“知识学习”环节介绍要完成本任务，学生必须具备的专业知识；“制订计划”环节引导学生根据所学知识制订计划，学生填写的内容在“知识准备”中都能找到，培养学生的学习能力和独立工作能力；“实施计划”环节要求学生根据制订的计划及任务要求进行实际操作，并根据要求填写检查数据；“成果检查”环节让学生对任务完成情况进行自我检查评分，教师或指定组长检查并计算最终得分；“评价与反馈”环节要求学生及教师对任务完成情况进行总结，教师进行评价。所有教学环节的设置，其目的是培养学生的专业能力、个人能力和社会能力。

为了适应中职学生的特点，本书主要要求学生能够根据各“学习情境”和“学习单元”认真地学习和演练，能够完成实际的故障诊断流程，并为今后的工作打下基础。

本书由天津市劳动经济学校的教师及行业专家共同编写，由谢婉茹任主编，张鹏炜任副主编，参加编写的还有李丹、于家宏、楚晓婧、侯轶轩、张春阳、任浩、牛英伟、高雪莲。在本书编写过程中，参考并借鉴了汽车厂家和国内大量同行的文献，得到了天津职业技术师范大学关志伟教授的大力协助，在此深表感谢。

由于编者水平和能力有限，书中难免存在一些错误，敬请广大师生谅解和批评！

编 者

目 录

学习情境一 汽车故障诊断认知

学习单元1 汽车故障与汽车故障诊断认知

情境导入

一、情境描述

一辆丰田卡罗拉轿车，客户抱怨有时要打几次“马达”才能起动发动机，你能排除这个故障吗?

二、情境提示

要排除故障，首先要知道什么是故障，然后进行故障诊断，并找出产生故障的原因。

学习目标

一、知识目标

1. 能描述发动机不能起动、起动困难、怠速不稳等故障现象。
2. 能描述汽车故障的分类。
3. 能描述汽车故障产生的原因。

二、技能目标

能通过观察了解确定汽车故障现象。

知识学习

1. 汽车故障的概念

汽车故障有两层含义。

(1) 汽车部件或总成部分或完全丧失原车设计规定的工作能力的现象 汽车的工作能力是指汽车按技术文件规定的使用性能指标，执行规定功能的能力。汽车的工作能力是动力性，经济性，工作可靠性及舒适、安全、环保等性能的总称。车辆零部件或总成部分或完全丧失工作能力时，表示车辆存在故障，如无法起动、灯光不亮、没有制动、转向失灵等。

（2）汽车的技术状况和工作性能达不到要求 汽车的技术状况，即汽车的技术性能，是指汽车能适应各种使用条件而发挥最大工作效率的能力。车辆的技术状况一般用汽车的使用性能指标、车辆装备的完善程度以及车辆外部完好状况来进行综合评价。汽车的使用性能指标主要包括汽车的动力性 、使用经济性 、制动性、操纵性和稳定性、行驶的平顺性 、通过性等。车辆的技术状况达不到规定要求时，表明汽车有故障，如加速不良、怠速不稳、尾气排放超标等。

2. 产生故障的原因

汽车由各种零件和总成组成，在使用中，随着行驶里程的增加，由于机械磨损、化学腐蚀及变形，改变了零件的原有尺寸、几何形状、配合间隙，在长期载荷作用下产生疲劳而变形，橡胶、塑料制品及电子产品因长时间工作而老化等都会产生故障。另外，汽车因设计、材料、生产工艺、使用方式、检修保养等差异，在使用过程中不可避免地要发生故障。而汽车在使用过程中，由于某种或几种原因，其技术状况将随行驶里程的增加而变化，其动力性、经济性、可靠性、安全性将逐渐或迅速地下降，排气污染和噪声加剧，也会产生故障。汽车故障产生的原因主要如下。

（1）设计制造上的缺陷 汽车在设计和制造过程中有些缺陷会给汽车机件带来先天性不良，以致汽车使用不久就出现故障。如发动机与底盘不匹配，造成换档冲击；有的发动机散热系统设计不合理，导致发动机经常水温过高；有的曲轴材料存在缺陷、制造工艺不当、热处理工艺不良，造成曲轴早期断裂或变形等。设计引起的故障无法通过维修彻底解决，只能召回和改进。

（2）车辆使用外部环境复杂 汽车故障的发生与其工作的外部环境有很大关系，例如：炎热地区的车辆易出现发动机冷却液温度过高的故障，而寒冷地区的车辆会出现起动困难的故障；经常在崎岖山路或丘陵地区行驶，车辆会剧烈跳动及转向，将引起底盘的冲击和磨损，减振器、球头等部件易产生故障；多雨和沿海地区的车辆，其车身和底盘腐蚀得较快；在高海拔地区，车辆行驶时易产生动力不足的故障。

（3）燃油使用不当 汽车燃油使用不当，例如标号不对、品质太差、含水过多、添加剂不良等，都会造成发动机故障，如引起爆燃、加速不良、损坏氧传感器、损坏三元催化器等。

（4）润滑油使用不当 发动机机油粘度不对、性能较差、等级低下，会增加发动机磨损，甚至导致发动机拉缸、变速器油品质较差，将直接腐蚀内部密封圈；不同品牌的自动变速器油液混合易产生化学反应，腐蚀部件，造成变速器出现故障。

（5）驾驶操纵不当或错误 驾驶人员的素质与车辆故障的产生有很多关系，驾驶技术不熟练、不按规定操纵车辆、违章驾驶车辆、不按规定保养汽车，都会造成汽车损坏和故障发生。

（6）维护不当 定期正确地维护车辆，是保证汽车技术状况完备、减少故障产生的重要措施，不按时、不按标准、不规范地维护和修理车辆，将容易产生故障。

（7）维修质量低下 维修人员的素质低下，维修技术差，工具设备不齐全，配件质量差，维修工艺落后，流程不规范，甚至维修管理混乱，都会产生故障。

（8）零件失效 汽车由上万个功能不同的零件和总成组成，其中包含大量橡胶件、塑料件、金属件。随着行驶里程的增加，由于机械磨损、化学腐蚀及变形，零件的原有尺寸、几何形状、配合间隙将发生改变，并在长期载荷作用下产生疲劳变形，橡胶、塑料制品及电子产品因长时间工作而老化等都会产生故障。

3. 汽车故障分类

汽车故障按性质及状态等的不同可分为不同类型。

（1）按工作状态分类　汽车故障按工作状态可分为永久性故障和间歇性故障。

永久性故障：不经人工维修排除便一直存在，无法消除的故障。

间歇性故障：有时发生，未经维修会自动消失，但会反复出现的故障。

（2）按汽车丧失工作能力的范围分类　汽车故障按汽车丧失工作能力的范围可分为局部故障和完全故障。

局部故障：汽车部分丧失工作能力，而其他部分功能正常，即降低了使用性能的故障。汽车或其子系统的工作特性随着时间的延长而逐渐降低，当达不到规定的功能时即形成故障。例如，摩擦副的磨损、弹性件的硬化、油料的变质等都会使汽车性能或部分性能下降。

整体故障：汽车某一功能丧失或完全丧失而不能行驶的故障。此类故障是指汽车或其零件、部件在正常工作状态下突然停止运转，造成整个汽车功能不能实现。例如，分火头击穿、中心高压线掉线、转向节折断等。

（3）按严重程度分类　汽车故障按严重程度可分为轻微故障、一般故障、严重故障和致命故障。

轻微故障：不会导致汽车停驶或性能下降，不需要更换零件，用随车工具能轻易排除的故障。例如，点火系高压线掉线、气门芯渗气、车轮个别螺母松动、离合器因调整原因分离不彻底等。

一般故障：汽车运行中能及时排除的故障或不能排除的局部故障。此类故障使汽车停驶或性能下降，但一般不导致主要零部件或总成严重损坏，并可通过更换易损件或使用随车工具在较短时间内排除。例如：汽油泵膜片损坏使发动机停止工作，从而使汽车停驶；风扇传动带断裂使发动机冷却系统停止工作，从而使汽车停驶；刮水器在雨天损坏，使汽车在雨天难以工作等故障均属于一般故障。

严重故障：汽车运行中无法排除的完全故障。此类故障可能导致主要零部件、总成严重损坏，或者影响行车安全，且不能用易损备件和随车工具在较短时间内排除。例如，发动机缸筒拉缸、后桥壳裂纹、操纵轮摆振、曲轴断裂、制动跑偏等均属于严重故障。

致命故障：导致汽车、总成重大损坏的故障。此类故障危及汽车行驶安全，将导致人身伤亡，引起汽车主要总成报废；对周围环境有严重破坏，会造成重大经济损失。例如，发动机报废、转向节臂断裂、制动管路破裂、操纵失灵等。

（4）按故障发展过程分类　按故障发展过程分为突发性故障和渐变性故障。

突发性故障：也称急剧性故障，是指故障突然发生，在发生故障之前没有任何迹象。突发性故障的特点是技术性能参数产生跃变，它在任何时候都可发生。例如，汽车超载而引起的零件突然损坏。突发性故障发生后，若不停机维修，汽车将无法恢复正常运行。

渐变性故障：汽车或机构由正常使用状况逐渐转化为故障状况。渐变性故障出现后，一般可以继续行驶到修理阶段，其发展平稳、缓慢，汽车上的一般动配合零件都是按这种规律出现故障和发生损坏的。对于渐变性故障来说，汽车（或总成、零件）技术状况的变化是一个连续的过程，由初始状况（完好的技术状况）变到故障状况，要经过一系列的中间过程。渐变性故障之所以发展平稳、缓慢，是对汽车进行及时维护的结果，在全部的汽车故障中，有40%~70%属于渐变性故障。

（5）按故障产生的原因分类 按故障产生的原因分为设计原因引起的故障和使用原因引起的故障。

设计原因引起故障：包括结构设计欠合理、加工工艺不完善等。例如，由于汽车前悬架结构设计不合理造成汽车制动过程中的跑偏等。

使用原因引起故障：主要是指违反行车规定，如汽车超载、使用不符合标准的燃料和润滑油以及没有按规定进行维护等产生的故障，如由于两前轮轮胎气压不等造成的制动跑偏。使用原因引起的故障属于人为故障。

4. 汽车故障的表象

汽车故障的表象是指汽车故障现象的具体表现。现代汽车结构庞杂，运行条件也极其复杂，因而产生的故障也多种多样，要准确诊断故障，必须首先熟悉其表现出来的不同的内在和外表的特征，并根据这些症状来排除故障。综合起来，汽车的故障表象可以归纳如下。

（1）运行工况异常 汽车在起动和运行中出现和存在不正常的工作状况。例如：发动机突然熄火后再起动困难，甚至不能起动；发动机不易起动或起动后运转不稳定；在行驶中动力性突然降低，使汽车行驶无力；行驶中突然制动失灵或跑偏、转向盘和前轮晃动甚至失控等。运行工况异常的故障症状明显，容易察觉，但其形成原因复杂，而且往往是从渐变到突变，因此，必须认真分析突变前有无可疑症状，去伪存真，才能判明故障所在。

（2）异响 汽车在发动或行驶时，由于机件的运转、振动会发出声响，这种声响可分为正常响声和异常响声。正常响声是指允许存在的轻微噪声，如发动机内部的活塞环与气缸壁的摩擦声、机油的激溅声、发动机爆燃形成时的声音以及汽车运行过程中允许出现的其他声音。异常响声是指不正常的金属敲击声或其他不应有的声音，如敲缸声、销子声、轴承声、窜气声等。这些异常声响的存在说明有故障产生，应立即排除。应当指出的是，许多异响的故障会酿成重大机件事故，因此必须认真对待。

（3）温度异常 温度异常现象通常表现在发动机、变速器总成、驱动桥总成、制动鼓及电气元件上。在正常情况下，无论汽车工作多长时间，这些总成均应保持一定的温度。除发动机外，用手触摸这些总成时，应该能够忍受其温度，若感到烫痛难忍，则表明该处过热，说明有故障。一般电器工作一段时间也会有一定温度，如触摸无温感，应该判断其是否工作。

（4）排放异常 发动机工作过程中，正常燃烧生成物的主要成分是二氧化碳和少量的水蒸气，因此发动机尾气应该是无明显颜色的烟雾。若发动机燃烧不正常，则废气中会掺有未完全燃烧的炭粒、碳化氢、一氧化碳或大量水蒸气，这时废气的颜色可能变黑、变蓝、变白，即排放不正常。排放不正常是发动机故障诊断的重要依据：当气缸上窜机油时，废气呈蓝色；当混合气燃烧不完全时，废气呈黑色；当燃油中掺有水时，废气呈白色。

（5）消耗异常 燃油、润滑油消耗异常是指燃油、润滑油的消耗超过其规定值。燃油、润滑油消耗异常也是一种故障症状。燃油消耗量增多，一般为发动机工作不良或底盘的传动系统、制动系统调整不当所致。机油的消耗量过多，除了渗漏的原因外，多是由于发动机有故障。这时，常常伴有加机油口处大量冒烟或脉动冒烟、排气烟色不正常等表现，其主要原因是活塞与气缸壁的配合间隙过大或活塞环损坏失效。如果在发动机工作过程中，机油量有增无减，可能是由于冷却液或汽油渗入油底壳引起。燃油、润滑油的消耗异常是发动机技术状况不良的一个重要标志。

（6）气味异常　气味异常是可用鼻子嗅出的不正常气味，如电路短路，烧着时的橡胶臭味；汽车行驶中，当发生制动拖滞、离合器打滑等故障时散发出来的离合器摩擦片、制动蹄片烧蚀时的焦烟味；排气管排出的烟雾味、生油味，以及发动机过热、机油或制动液燃烧时，也会散发出特殊的气味等。行车中感觉气味异常时，应尽快停车检查，确定并排除故障。

（7）失控或抖动　汽车或总成在工作中出现操作失灵、操纵困难、不允许的自身抖动等，表示有故障存在，如四轮定位不正确、轮胎动不平衡、曲轴不平衡、传动轴动不平衡等，都会引起车辆抖动和控制困难。

（8）渗漏　渗漏是指汽车的燃油、润滑油（机油、齿轮油）、冷却液、制动液（或压缩空气）以及动力转向油等油液的泄漏。渗漏故障症状明显，可直接观察发现。渗漏包括漏油、漏水、漏气、漏电等、它会造成过热，转向、制动失灵，耗油量增加等故障，渗漏还会污染机件和环境，严重渗漏还会造成车辆工作性能下降甚至不能工作，因此一旦发现渗漏应随即排除。

（9）外观异常　汽车发生故障时，其外观上的变化也会反映出来。如将汽车停放在平坦的场地上，检查其外形，如有横向或纵向歪斜等现象，则为外观异常。汽车外观异常的原因多是车架、车身、悬架装置、轮胎等出现异常，这样会引起行驶方向不稳、行驶跑偏、重心偏移、轮胎摩擦不均匀等故障。

（10）仪表指示异常　汽车上的各种仪表（电流表、机油压力表、冷却液温度表和气压表等）指示车辆有关部分的工作状况，如果仪表读数指示异常，表明该部位有故障，应立即停车检查排除。

（11）性能异常　车辆的各种使用性能随着行驶里程的增长而减弱，但减弱得很缓慢，一般不易感觉出来，若在行车中感到汽车使用性能突然变坏，则表明有了故障（如发动机动力迅速下降、汽车突然摆头严重、制动器不灵等），应立即停车并检查排除。

（12）间隙异常　车辆部件的各部分间隙都有其标准数值，如果间隙过大或过小，都表明有了故障，应进行调整或更换。

（13）仪表故障警告灯点亮　汽车组合仪表上有各个电控系统故障警告灯，若发动机起动后或汽车运行中有仪表故障警告灯点亮，则表示该灯所代表的控制系统有故障。

基本技能

汽车发动机故障的基本检查

若发动机机械系统和电控系统（传感器、控制模块 ECM、执行器等）失效，将会产生以下情况：

1）发动机难以起动或根本不能起动。

2）怠速不良：低、高、抖、熄火、失速。

3）驾驶性能不良：无力、熄火、窜动等。

检查发动机故障时，首先应从基本系统开始检查。如果存在发动机无法起动、怠速不稳或加速不良等现象，则必须先进行基本的故障检查，以下介绍汽车发动机的基本检查程序。

1. 准备工作

1）防护装备：工作服、工作帽、手套、劳保鞋。

2）实训设备：卡罗拉整车或桑塔纳 3000 整车或同类发动机台架。

3）手工工具：拆装工具一套。

4）辅助材料：翼子板布和前格栅布、三件套、抹布、手套、白板笔等。

2. 实施步骤

注意：请按举升机使用规范及车辆防护标准操作。

（1）发动机外观故障检查 不起动发动机，目测检查发动机的外观（图1-1）。

1）机械部分：裂缝、漏油等损坏。

2）电子元件及线路和连接器：电子元件破损、线路断路、连接器断开或虚接等。

3）气路、真空管路：破损、断开等。

4）燃油管路外观：泄漏等。

5）其他：其他目视能发现的损坏。

图1-1 发动机外观检查

图1-2 起动发动机

（2）发动机起动故障检查

警告：首先确认发动机舱没有人在操作，变速器挡位在N位或P位，驻车驻动拉好（图1-2）。

1）接通点火开关起动挡，起动发动机，观察发动机能否在5s内起动。如果能起动，则发动机起动正常，进行步骤3）；如果不能起动，则进行步骤2）。

2）间隔5～10s后继续起动发动机，如果能够起动，则为发动机轻微起动困难，进行步骤3）；如果不能起动，间隔5～10s后继续起动发动机，若能够起动，则为发动机起动困难，进行步骤3）；若还是不能起动，则判断为发动机不能起动。

（3）发动机运行故障检查

1）保持发动机运转2min以上（发动机暖机），如图1-3所示，观察仪表上是否有异常的警告灯亮起，以及机油压力、冷却液温度是否在正常范围内。

图1-3 仪表警告灯

2）发动机怠速运转时，观察转速表（图 1-4）是否抖动或上下波动。如果转速表抖动，则判定发动机怠速抖动；如果转速表上下波动，则判定为发动机失速（俗称“游车”）。

3）分别缓慢和快速踩下加速踏板，观察发动机能否加速到 3000r/min 以上，如果不能或转速上升不平顺，则判定为发动机加速不良。

⚠ **警告：** 严禁将发动机加速到 6000r/min 以上。

4）分别缓慢和快速地松开加速踏板，观察发动机转速能否平稳下降，如果下降不平顺或熄火，则判定为发动机转速不良。

（4）将发动机熄火　按 5S 要求操作

图 1-4　观察转速表

【拓展知识】

1. 汽车的可靠性

汽车的可靠性是指汽车在规定的使用条件下，在规定的时间或里程内能稳定、安全行驶的能力，包括固有可靠性和使用可靠性。

（1）固有可靠性　汽车在设计制造时所赋予的内在质量，只能通过重新设计和改造才能提高。

（2）使用可靠性　汽车在使用过程中所表现出来的质量，可以通过维修手段来保持和提高。汽车在使用中技术状况下降，故障率上升，使汽车的不能安全行驶，说明汽车可靠性能下降。汽车质量的核心实质上就是可靠性。

汽车的故障就是汽车零部件或总成部分丧失设计的规定功能，使汽车的可靠性下降所产生的现象。

2. 汽车故障率

汽车故障的出现有一定的规律性，这种规律用故障率来表示。

故障率是指汽车发生故障的频率随行驶里程或行驶时间而变化的规律。通常用故障率曲线来表示，此曲线两端高，中间低平，呈浴盆状，故又称“浴盆曲线”，如图 1-5 所示。

根据“浴盆曲线”，汽车故障率随时间变化分三个时期。

（1）早期故障期　浴盆曲线左侧部分为早期故障期，这是新车或大修过的汽车开始使用的初期。新车出现早期故障是由于设计或制造上存在缺陷，如设计不良、制造质量差、材料有缺陷、工艺质量有问题、装配不佳、调整不当、零件加工刀纹及残留物、工艺过程引起的应力、质量管理和检验的差错等，使故障率较高；大修

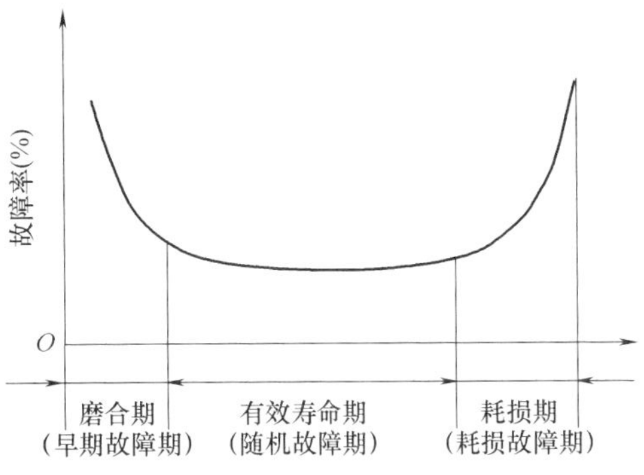

图 1-5　汽车故障率浴盆曲线

车出现早期故障主要是由于装配不当、修理质量不高。早期故障可以通过强化试验和磨合加以排除。该阶段的特点是故障率较高，但在此阶段中汽车故障率随时间增加而迅速下降，属于故障率递减型曲线。

（2）随机故障期 “浴盆曲线”的中间部分为随机故障期，又称偶发故障期，是指汽车正常使用时期，故障发生比较少，不随时间变化。其曲线特点是故障率的值比较低，并且相对稳定。此阶段故障率是与行驶里程和时间无关的常数，属于故障率恒定型曲线，故障的出现是随机的。

随机故障期内产生故障的原因：一是偶然因素造成的，如材料缺陷、操作失误、超载运行、润滑不良、维修欠佳及产品本身的薄弱环节等；二是一些零件合乎规律的早期损耗所引起的。在随机故障期内发生故障的时间是随机的、难以确定的，但从统计学角度来看，故障发生的概率又是有规律可循的。汽车正常使用的过程中所出现的故障，多属于随机故障期故障。

（3）耗损故障期 “浴盆曲线”的右侧部分为耗损故障期，在这段时期内，故障率随时间的延长而上升得越来越快，属于故障率递增型曲线。耗损故障期内故障产生的原因主要是汽车机件的磨损、疲劳、变形、腐蚀、老化、衰竭等。这种故障会引起性能参数恶化、振动增大、出现异响等问题，故障率达到一定值时汽车或总成就不能再继续使用了，必须报废或大修。因此，确定汽车机件何时进入耗损故障期，是汽车生产厂家确定定期更换易损件的理论根据。

【学习小结】

1. 汽车故障是指汽车部件或总成，部分或完全丧失原车设计规定的工作能力的现象；或者汽车的技术状况和工作性能达不到要求。
2. 汽车故障按工作状态可分为永久性故障和间歇性故障。
3. 汽车故障按汽车丧失工作能力的范围分为：局部故障和整体故障。
4. 汽车故障按发展过程分为突发性故障和渐变性故障。
5. 汽车故障产生的原因：设计制造上的缺陷、车辆使用外部条件复杂、燃油使用不当、润滑油使用不当、驾驶操纵不当或错误、保养维护不当、维修质量低下、零件失效。

【自我评估】

1. 填空题

（1）汽车故障是指汽车部件或总成，________的现象和汽车的技术状况和________达不到要求。

（2）汽车故障按工作状态可分为________和________。

（3）汽车故障按汽车丧失工作能力的范围分为：____________和____________。

（4）汽车故障按发展过程分为________和____________。

（5）汽车故障产生的原因：____________、车辆使用外部条件复杂、____________、润滑油使用不当、驾驶操纵不当或错误、____________、维修质量低下、零件失效。

2. 判断题

（1）曲轴断裂属于汽车轻微故障。（　　）

（2）如果只是打开点火开关，发动机没有起动，电动汽油泵不会工作的。（　　）

（3）正常的发动机废气无明显的烟雾，若气缸上窜机油时，则废气呈蓝色；混合气燃烧不完全时，废气呈黑色；燃油中掺有水时，废气呈白色。（　　）

（4）加速不良是车辆的技术状况达不到规定要求的表象。（　　）

（5）按故障产生的原因分类，速腾轿车的后轴断裂属于使用原因造成的故障。（　　）

3. 选择题

（1）汽车故障按发生故障后产生的后果可分为（　　）

A. 一般故障　　B. 严重故障　　C. 致命故障　　D. 完全故障

（2）属于汽车的技术状况和工作性能达不到要求的故障现象是（　　）。

A. 制动失效　　B. 加速不良　　C. 无法起动　　D. 灯光不亮

（3）下面（　　），不是汽车的故障表现。

A. 发动机异响　　B. 变速器漏油

C. 仪表保养指示灯点亮　　D. 尾气排放超标

（4）对间歇性故障的描述，下面正确的是（　　）。

A. 时有时无的故障

B. 过去有但现在不存在的故障

C. 偶发性故障

D. 未经过修理故障自行消失，过后又重复出现的故障

（5）关于引起发动机油耗过高故障的原因，下面说法错误的是（　　）。

A. 设计制造缺陷　　B. 驾驶员操作不当

C. 零件失效　　D. 承载过重

4. 简答题

汽车故障产生的原因有哪些？

学习单元2　汽车故障诊断的基本方法及注意事项

情境导入

一、情境描述

一辆2010款丰田卡罗拉GL轿车，装备1ZR-FE汽油电控发动机，客户反映发动机不能起动，点火开关转到起动挡时，发动机没有反应。你能排除这个故障吗？

二、情境提示

本例中，造成这个故障现象的原因很多，要想快速找到故障原因，必须学习诊断汽车故障的方法。

学习目标

一、知识目标

1. 能描述汽车故障诊断的概念。
2. 能描述汽车故障诊断的基本原则。
3. 能描述汽车故障诊断的基本思路。
4. 能描述汽车故障诊断的基本方法。
5. 能描述汽车故障诊断的注意事项。

二、技能目标

能将汽车故障诊断的知识和方法应用到实际故障诊断工作中。

知识学习

1. 汽车故障诊断的概念

汽车故障诊断是指在不解体（或仅拆卸部分零件）的条件下，通过检测和试验等综合方式，进行判断、推理、逻辑分析，确定汽车技术状况，找出故障发生的准确部位，查明故障产生的原因，为尽快修复汽车提供可靠依据。

故障诊断是汽车维修中的关键步骤，是汽车修理前的确诊环节。

随着汽车技术的发展，汽车结构日益复杂，汽车电子技术、电控系统也应用越来越多，因此，单凭经验诊断汽车故障越来越困难。在汽车故障维修排除时，查找故障点和原因的时间占70%，而维修和排除故障的时间只占30%。因此，故障诊断的地位越来越重要。

2. 汽车故障诊断的基本原则

汽车故障诊断的原则可以概括为如下十大基本原则：

1）搞清故障现象。

2）询问故障来由。

3）熟悉工作原理。

4）排除特殊情况。

5）仔细逻辑分析。

6）坚持从简到繁。

7）适宜由表及里。

8）判断准确合理。

9）忌讳大拆乱拆。

10）切勿随意换件。

故障诊断的基本原则要求维修人员做到以下几点。

（1）抓住引起故障现象的外在特征　先全面搜集了解故障的全部现象，弄清故障出现的前提条件，在允许的情况下，可以改变汽车的工作状况，以了解汽车故障现象的变化，从中抓住故障现象特征，如是否冒烟，发动机抖动、无高压点火、灯泡不亮等。

（2）分析造成故障原因的内在本质　一个故障总是由一些实质性的原因造成的，必须经过仔细分析后再确定故障，以免走弯路。而要准确地抓住故障关键，必须熟悉汽车的结构、原理及工作所具备的条件。例如：发动机冒黑烟本质上是混合气过浓；轮胎单边磨损的原因是汽车底盘前束和倾角数据不正确。

（3）避免盲目性　在诊断故障过程中，尽量避免盲目拆卸，以免造成人力、材料和时间的浪费。同时应防止因不正确的操作和拆装造成新故障的产生。

3. 汽车故障诊断的基本思路

根据汽车故障诊断的基本原则，汽车故障诊断可以根据图 1-6 所示思路进行。

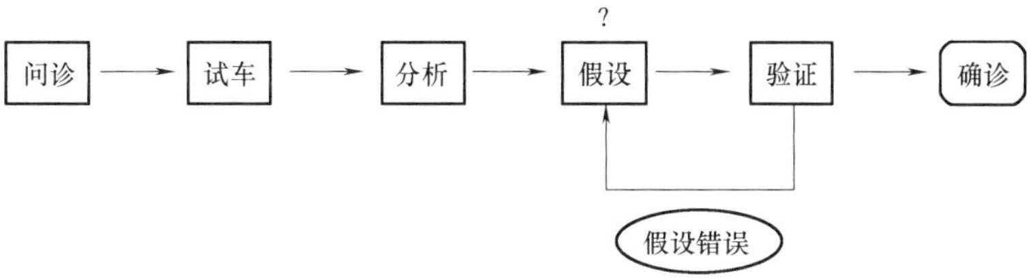

图 1-6　汽车故障诊断思路

根据故障诊断的思路和原则，要想快速、准确地诊断故障，必须具备以下条件：

1）熟悉汽车结构和工作原理，能判定故障现象相关的系统或总成范围，掌握判定对象的机、电、液结构和工作原理，这是进行故障诊断的前提。

2）具有清晰的检测和诊断思路，明确检测参数、检测方法、参数检测顺序、参数测量值的变化形式和正常范围等，这是实现快速、准确故障诊断的关键。

3）具有较强的综合分析、逻辑推理和判断能力，它一方面直接决定着诊断结论的准确性，同时也影响着检测思路，这是实现快速、准确、有效故障诊断的核心。

4）具有基本的拆装技巧和操作经验。在故障诊断过程中，免不了要拆装一些部件和设备，不能轻松拆卸和操作，不仅会增加诊断难度，还可能产生新的故障。

4. 汽车故障诊断的基本方法

汽车故障诊断的基本方法可以归纳为四大类：主观诊断法、客观诊断法、随车自诊断法和综合分析诊断法。

（1）主观诊断法　主观诊断法又称人工经验诊断法，是诊断人员凭借丰富的实践经验和一定的理论知识，在汽车不解体或局部解体的情况下，借助简单的检查工具，主要采用眼看、耳听、手摸、鼻闻等手段，通过感官体验，进行检查、试验、分析，确定故障原因和部位的诊断法。人工经验诊断法既是汽车故障诊断的传统方法也是基本方法，即使在现代仪器诊断技术飞速发展的今天，也不可能取消人工经验诊断法。人工经验诊断法是汽车故障诊断的基础，它可以对汽车故障做出初步的判断和定性的分析。主观诊断法分为直观诊断法和经验诊断法。

1）直观诊断法。直观诊断法是在原地或通过道路试验，依靠观察和感觉，或者采用简单的工具来诊断故障。其特点是不需要什么设备，也不受场地等条件的限制，随时随地都可以进行诊断。但其对复杂故障的诊断速度慢，诊断的准确性在很大程度上取决于诊断人员的经验，对于潜伏和隐蔽的故障无法查实，往往需要通过解体检查才能发现。

采用直观诊断法时，首先要搞清故障的表现，有何特征及伴随症状，然后由简到繁、由表及里、逐步深入，进行推理分析，最后做出判断。

2）经验诊断法。经验诊断法，顾名思义是指凭借维修人员的基本素质和丰富经验，快速准确地对汽车故障做出诊断。所谓基本素质，无论是驾驶员还是汽车维修人员，都必须向书本学习，并在实践中提高，从而获得基本的汽车知识和维修经验。

（2）客观诊断法 客观诊断法是指借助诊断设备、检测仪器等非人为因素的方法诊断故障的方法。客观诊断法有仪表检测法、故障诊断仪诊断法、设备分析法。

1）仪表检测法。仪表检测法是指使用各种检测仪表，测量汽车元件、单元或总成的各种电压、电阻、电流数据，根据检测的数据，对照标准数据，确定元件、总成或系统的性能是否正常，从而分析判断故障的方法。汽车故障诊断常用的检测仪表有万用表、燃油压力表、机油压力表、自动变速器油压表、发动机真空度表、空调压力表、气缸压力表、正时枪、轮胎气压表等。图1-7所示为汽车专用万用表，它可以测量电气元件的电阻、电压、电流、温度、频率、导通等数据。

2）故障诊断仪诊断法。故障诊断仪俗称解码器，是对电控单元进行故障诊断的仪器。汽车的电控系统是一个相当复杂的系统，电控单元（也称行车电脑或ECU）在完成各项控制功能的同时，还带有诊断功能，即控制系统中有一套监控程序，能对系统中的传感器、执行器及电路和ECU自身情况进行监测，如果被监控的电路信号超出正常范围，ECU将把异常信息记录并储存起来，同时运行备用程序维持车辆基本工作。诊断故障时，连接故障诊断仪器，可以从ECU中提取这些储存的信息，进行解码后，就可以获取故障信息。

故障诊断仪分为通用型故障诊断仪和专用型故障诊断仪。

通用型故障诊断仪是指可针对多种车型进行诊断的故障诊断仪。图1-8所示为汽车修理厂常见的通用型故障诊断仪。

图1-7 汽车专用万用表

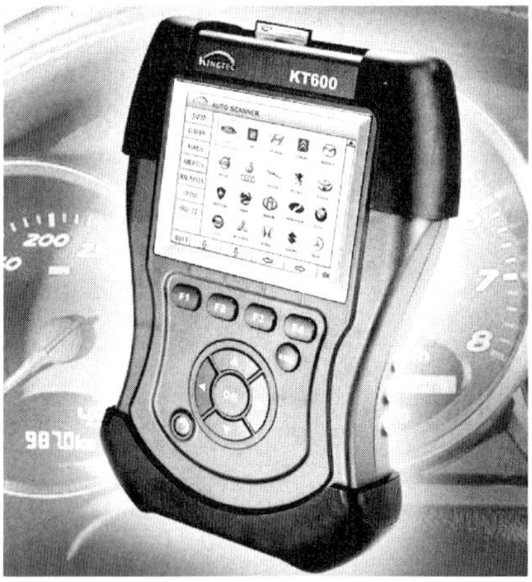

图1-8 修理厂常用的通用型诊断仪器

专用型故障诊断仪是指专门针对某一品牌汽车进行诊断的故障诊断仪。专用型故障诊断仪只能在厂家规定的车型上使用。目前各汽车厂商几乎都有自己的专用故障诊断仪，图1-9所示为几款专用的故障诊断仪。

利用故障诊断仪诊断故障具有方便、快捷、准确、先进等优点，但也存在局限性。诊断仪诊断的故障码只表明某部分电路有故障，并不能具体指出故障的准确位置，需要维修人员继续分析判断。另外，ECU只能检测到信号的范围，不能检测到被测信号的变化特性，即只对值域和时域超过有效范围的信号设置故障码，对没有超出有效范围却不合理的信号数据则无法判断。因此，故障诊断仪诊断的故障码只是一个参考，不能完全依赖此故障码，还需做更进一步的检测。

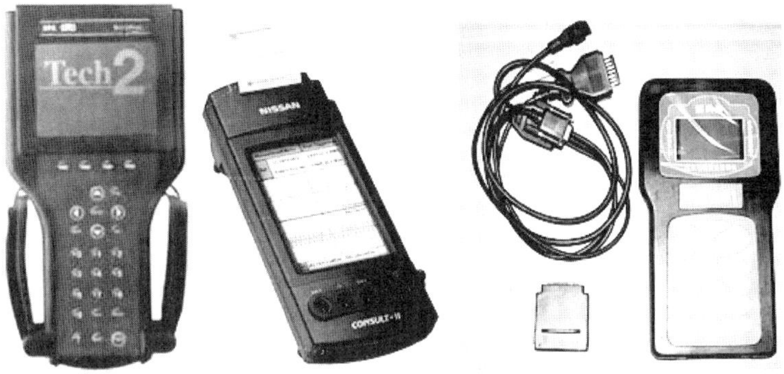

图 1-9　常见专用故障诊断仪

3）设备分析法。设备分析法与仪器检测法的区别在于所使用的仪器设备既有检测数据、诊断故障，还有调整、修复、参考、分析等功能 。设备分析法所利用的设备一般为综合性诊断装备，其功能比较齐全。汽车维修企业常用的检测设备有发动机综合分析仪、四轮定位仪、喷油器检测清洗仪、发动机尾气分析仪、轮胎动平衡机等。

（3）随车自诊断法　随车自诊断法是指利用汽车电控系统自身的诊断系统诊断故障。汽车电控单元多且复杂，都设有自诊断功能，可以通过人工读码或仪器读码的方法，读取电控单元储存的故障信息，并根据其分析判断故障。

汽车各控制系统具备自我诊断功能，控制单元故障信息可以通过人工读码的方式读取故障码，获取故障信息，一些高端车辆还设有信息中心，车辆状况信息储存在信息中心，车辆出现故障时，仪表警告灯会点亮，通知车主检测并排除故障，通过设置按键，获取车辆各类信息，包括故障信息。图 1-10 所示为奥迪汽车车辆信息中心。

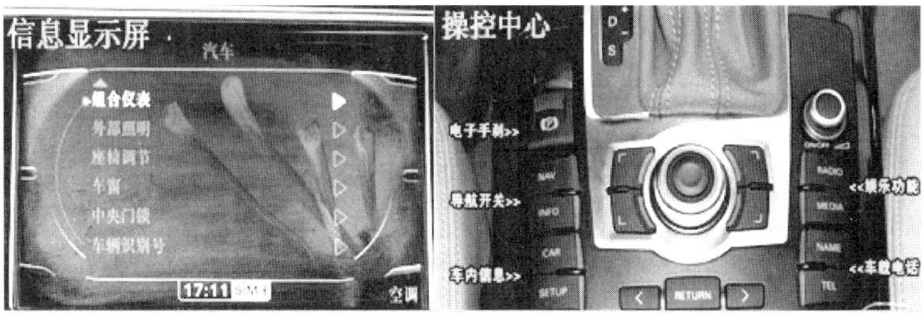

图 1-10　奥迪汽车车辆信息中心

（4）综合分析法　综合分析法是指结合并运用观察到的现象、仪器检测数据、诊断仪的诊断结果等，通过综合判断、推理、分析，找出故障原因和部位。

汽车故障是多因素、不确定、随机性、复杂性和综合性的，仅凭单一的诊断方法不能完全、准确地诊断故障，需要交互运用各种诊断方法并综合分析，才能快速、准确地查找到故障部位。大部分汽车系统故障，特别是比较复杂的疑难杂症只有通过综合分析法才能查找到故障原因并加以排除。

以下介绍汽车维修技师根据实际经验总结的综合分析法故障诊断技巧：

1）故障诊断中应特别注意以下情况：更换件是否为伪劣件；拆装件是否装错（左右、前后、上下方向装反）；配合件是否对准装配记号；是否按厂家要求更换了一次性使用拆装件（重要螺栓螺母、轴销、密封垫、O形密封圈等）；是否按厂家要求成对更换配件（如减振弹簧）；维修后是否进行平衡试验（如轮胎）。排除以上因素后，再行分析和检查其他部位。

2）对于久未修好的车辆，也就是所谓的“疑难杂症”车辆，不要先忙着检查试车，应首先查验轿车的VIN码（即17位码），弄清厂牌、车型、年份，并进行问诊。这类车往往是“路边店”盲目拆装后造成了复杂故障，且拆换件又多为伪劣件，所以应向车主声明修理条件（能不能修、几时修复等），以防止“嫁祸于己”，此类教训很多，有必要防患于未然。

3）对乱接或自接车内电器（主要是防盗器）及音响的轿车，应首先检查搭接部件和搭接件线路，并排除故障。因为乱接电器和音响极易造成车用控制模块（电脑）失效和其他电器烧损，所以应首先排除此类故障，再修理更换其他损坏件，以避免重复返工返修。

4）从汽车加装件查起，因为汽车加装件往往是故障高发区。如有些小排量的车辆，为适应市场需要加装了原先没有空调装置，却对发动机未作改进。加装空调后功率消耗增加，造成原发动机功率不足，空调效果不佳，空调离合器反复吸合，极易烧损，此时可以通过空调吸合声迅速判断故障部位。又如有些车辆加装涡轮增压器后，部分配件质量不佳，易发生漏气和轴承烧损故障，所以车辆爬坡和加速时会出现发动机乏力（从声响可判断）故障，可首先观察和检查涡轮增压器有无窜气和异响。

5）对高档轿车因碰撞和猛烈振动后熄火并不能起动的故障，应首先检查安全锁止装置（如自动断油惯性开关），不要先盲目查找其他部件故障。有时只要让安全锁止装置复位，发动机就能起动。

6）注意劣质燃油引起的故障。进口轿车和合资轿车早期发生怠速不良、加速迟滞等故障时，首先应检查易产生积炭、积胶的喷油器、空气流量计、进气压力传感器、节气门体并清洗积炭、积胶，这类故障通常是由燃油品质不高造成的。

7）从国产件查找故障。合资生产的轿车在实行国产化的过程中，有部分轿车的国产件质量不高。这一点可从国产件替代前后的现象对比中发现，如某合资品牌车上的炭罐改用国产件后，噪声大、易漏油，所以发动机发生异响时，应首先检查炭罐是否工作正常。

8）从改装件查找故障。对自主改装车，如汽改柴、加氟空调改装用R134冷却剂等，当车辆发生动力不足、电器烧损、空调效果不佳或损坏故障时，应先查找电压转换器、改代电路和空调改代部件是否合格。

9）从设计制造的薄弱部位查找故障。汽车如同其他产品一样，因各种原因，总存在某种缺陷或相对薄弱的部位，这便是故障高发区。如某品牌轿车车架板材较薄，前部易变形，所以发生方向偏重、轮胎偏磨故障时，应首先检查转向机构在车架上的连接部分和车架前区变形情况。如发动机缸盖处发生异响，应先检查中间轴、凸轮轴是否异常磨损，因两者先天存在润滑不良问题。

以上说明各车型均存在故障高发部位（即所谓的“通病”），掌握具体车型的故障规律可避免维修中的盲目性，有利于迅速、准确地排除故障。

10）善于总结排除故障的规律。对修理电控发动机总结了“五先五后”经验，即检查发动机时，先检查机械部件，后检查电喷元件；检查电控系统时，先提取故障码，后针对性地检查电喷元件和线路；检查油路、电路故障时，先查电路，后查油路；检查电控元件时，先检查插接件，后检测元件性能；检查电气线路故障时，先查看电路图，后用仪器检查。

5. 汽车故障诊断的注意事项

1）诊断、测试及排除故障要在绝对保证安全的条件下进行，使用专用诊断仪器时不应一个人操作。

2）进行汽车故障诊断时，应尽量避免拆卸零件，禁止随意大拆大卸。

3）诊断故障前要先搞清故障部位的工作原理及结构类型，做到胸有成竹。对于重要系统（如电控系统），若无生产厂家详细维修资料，最好不要动手维修。

4）故障的判断要有充分的依据，不要乱拆、乱接、乱试，这样不但排除不了故障，反而可能造成新的故障或损坏。

5）有些故障与汽车及各总成的工作原理没有任何关系，而是主要根据经验来判断，特别是长期维修某一车型的技术人员有时只听故障现象介绍就可以准确判断故障部位及原因。因此，在进行故障判断时，不要总往复杂的方面想，应从简到繁、由表及里，逐步深入。

6）电控系统发生故障时，先检查执行机构是否良好、导线接触是否良好等，不要轻易怀疑是电控系统（特别是 ECU）故障，因为电控系统工作可靠，出现故障的可能性一般很小。

7）某些对汽车总成或零部件有伤害的故障不要长时间或反复测试，否则将使故障更加严重，造成更大的损失。

8）正确对待蓄电池的拆装条件，不可随意使用短接法、划火法、断电法、供电法检测线路。

9）正确使用万用表、测试灯、二极管检测灯、诊断仪、示波器及其他检测仪器，分清各检测仪器的使用范围。

10）进行故障分析时，要追究导致故障产生的深层原因，不要“头疼医头，脚疼医脚”，否则可能导致故障的反复出现。

基本技能

故障诊断步骤

以下以丰田卡罗拉轿车不能起动（点火开关起动挡，起动机不转）为例，介绍故障诊断步骤。

1. 准备工作

1）防护装备：工作服、工作帽、手套、劳保鞋。

2）实训设备：1ZR—FE 发动机一台或同类发动机、万用表。

3）手工工具：拆装工具一套。

4）辅助材料：翼子板布和前格栅布、三件套、抹布、手套、白板笔等。

2. 实施步骤

注意：请按举升机使用规范及车辆防护标准操作。

此处只介绍诊断思路，相关元件的检测请参照相关内容。

1）点火开关转到起动挡，验证故障现象，如图 1-11 所示。

2）对于手动变速器，检查是否踩下离合器踏板（确认起动开关正常）；对于自动变速器，检查挡位是否在P位或N位（确认挡位开关正常）。正常则进行下一步。

3）检查蓄电池是否正常。如图1-12所示，检查蓄电池的连接电压（11V以上）。如果正常，则进行下一步。

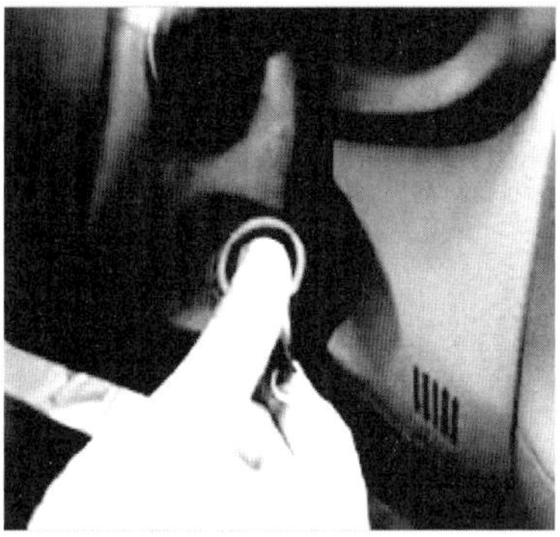

图1-11　起动发动机检查起动机的工作情况

图1-12　用万用表检查蓄电池

4）检查起动机及起动电路，如图1-13所示。如果正常，则说明控制模块及电路不良。

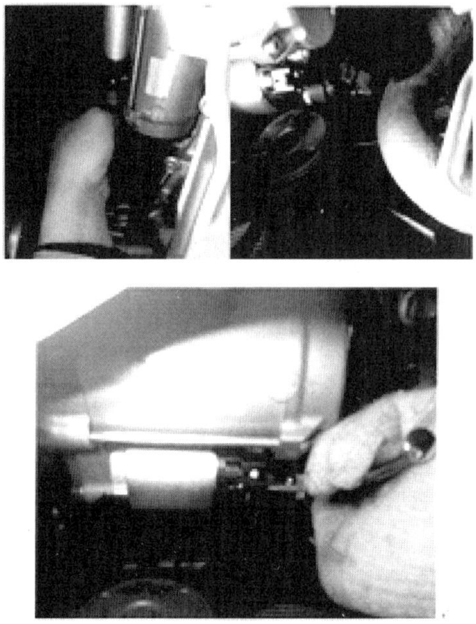

图1-13　检查起动机及起动电路

【拓展知识】

1. 故障树分析法

故障树分析法（FTA）是美国贝尔电报公司的电话实验室于1962年开发的，它采用逻辑的方法，形象地进行分析工作，特点是直观、明了，思路清晰，逻辑性强，可以做定性分析，也可以做定量分析。

汽车故障树诊断法是汽车故障诊断最常用的分析方法。汽车故障树诊断法又称汽车故障树分析法，它是将系统故障形成的原因由总体至部分按树枝状逐级细化的分析方法，其目的是判明基本故障，确定故障的部位和原因。它是对复杂系统进行故障诊断的有效工具。

故障树分析法将汽车最直接的故障现象作为分析目标，然后寻找直接导致这一故障发生的全部因素，再寻找造成下一级事件的全部直接因素，一直追查到那些最基本的无需再深究的因素，其结果是反映汽车故障因果关系的树枝状图形——故障树。

图 1-14 所示为发动机无法起动故障树分析图。

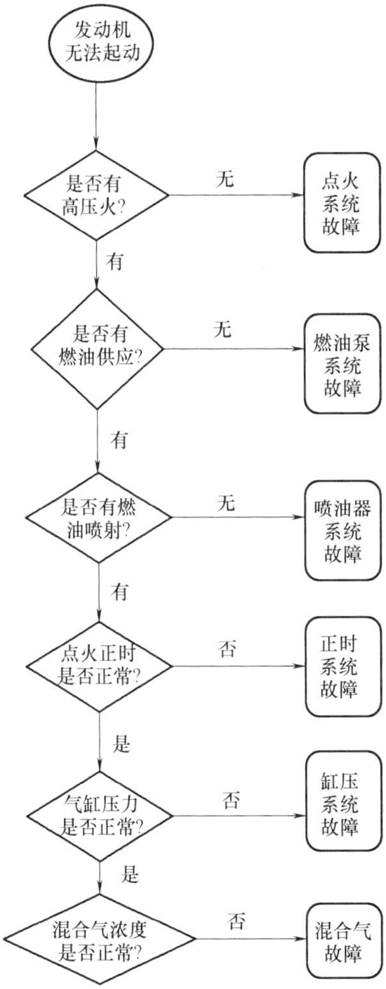

图 1-14　发动机无法起动故障树分析图

2. 汽车故障诊断的思维模式

(1) 汽车故障诊断的特殊性

1）故障诊断的及时性。现代汽车维修企业竞争越来越激烈，客户要求越来越高，这迫使维修工需对汽车故障进行快速诊断，否则可能失去一位客户，影响企业效益，而快速的诊断技术对提高生产率也起着重要作用。

2）故障诊断的准确性。准确诊断汽车故障对减少损失、降低维修成本、提高维修效率至关重要，同时故障诊断的一次准确性可以避免故障的扩大和延伸，而一次准确率的提高还可以增强维修工的信心和成就感。

3）故障诊断改正的及时性。任何修理厂或维修工都不能保证无返修，也不可能保证百分之百的一次诊断正确，因为故障诊断与排除过程中存在太多不确定因素，而有些因素又是维修人员和企业力所不能及的，因而及时地改正或采取补救措施也至关重要。

(2) 汽车故障诊断的思维模式　故障诊断的特殊性决定了汽车故障诊断需要一定的思维模式。

故障诊断的思维模式是指故障诊断过程中的检测手段、判断逻辑、推理方向、分析思路、诊断切入点等的总和。

理论是故障诊断思维的基础，技能是故障诊断思维的载体。

汽车发展到今天，其维修已经从凭经验、靠更换配件解决问题，发展到靠技术、资料、专用工具、诊断仪器和设备，综合检测、诊断、分析得出结论并排除故障的时代；汽车维修已从原始体力劳动彻底变革为全面的脑力劳动，汽车故障诊断技术的水平 10% 靠知识，90% 靠思维。

【学习小结】

1. 故障诊断是汽车维修中的关键步骤，是汽车修理前的确诊环节。

2. 汽车故障诊断的基本方法可以归纳为四大类：主观诊断法、客观诊断法、随车自诊断法和综合分析诊断法。

3. 汽车故障诊断的原则可以概括如下：搞清故障现象、询问故障来由、熟悉工作原理、排除特殊情况、仔细逻辑分析、坚持从简到繁、适宜由表及里、判断准确合理、忌讳大拆乱拆、切勿随意换件。

4. 主观诊断法分为直观诊断法和经验诊断法。

5. 客观诊断法是指借助诊断设备、检测仪器等非人为因素诊断故障，客观诊断法有仪表检测法、故障诊断仪诊断法、设备分析法。

6. 故障诊断仪分为通用型故障诊断仪和专用型故障诊断仪。

【自我评估】

1. 填空题

（1）故障诊断是汽车维修中的________，是汽车修理前的________。

（2）汽车故障诊断的基本方法可以归纳为四大类：________、________、________和综合分析诊断法。

（3）主观诊断法分为________和________。

（4）客观诊断法有________________、________________、________________。

（5）故障诊断仪分为________故障诊断仪和________故障诊断仪。

2. 判断题

（1）熟悉汽车结构和工作原理是进行故障诊断的前提。（　　）

（2）维修经验对于现在高级轿车的维修并无多大用处。（　　）

（3）具有较强的综合分析、逻辑推理和判断能力，是实现快速、准确故障诊断的核心。（　　）

（4）主观诊断法又称人工经验诊断法，主要是通过诊断仪对故障进行分析。（　　）

（5）对于有经验的修理工来说，工作原理并不重要。（　　）

3. 选择题

（1）在对汽车进行故障诊断时，应（　　）。

A. 尽可能多的检测　　B. 尽可能多的分析判断

C. 尽可能多的替换配件　　D. 尽可能少的拆卸零件

（2）在对汽车进行故障诊断时，最好首先进行（　　）。

A. 直观诊断　　B. 经验诊断

C. 配件置换法诊断　　D. 解码器读码诊断

（3）要想快速、准确、有效地诊断汽车故障，必须（　　）。

A. 熟悉汽车结构和工作原理　　B. 具备熟练的拆装技巧

C. 具有清晰的诊断思路　　D. 具备储备齐全的汽车备件
E. 具备较强的综合分析、逻辑推理和判断能力

(4) 汽车故障诊断的基本思路包括（　　）。

A. 问诊　　B. 推理分析
C. 计算　　D. 假设
E. 验证

(5) 以下（　　）不是汽车故障诊断的基本方法。

A. 直观诊断法　　B. 经验诊断法
C. 换件法　　D. 仪器诊断法

(6) 下列（　　）不属于汽车故障诊断的基本原则。

A. 问清故障缘由　　B. 由简到繁
C. 多换备件　　D. 逻辑分析

(7) 组合仪表 SRS 故障灯点亮，可通过（　　）诊断故障。

A. 直观诊断法　　B. 仪表测量法
C. 诊断仪诊断法　　D. 设备分析法

(8) 对汽车进行故障诊断前，要先了解车辆的（　　）等基本信息。

A. 车型　　B. 年款
C. 燃油量　　D. 行驶里程
E. 配置

4. 简答题

(1) 简述汽车故障诊断的基本原则。

(2) 简述汽车故障诊断的基本思路。

学习情境二

汽车发动机故障诊断

学习单元1　气缸压力低故障诊断

情境导入

一、情境描述

一辆丰田卡罗拉GL型轿车的发动机加速无力，发动机故障指示灯不亮，你的主管让你先进行气缸压力检测，排除发动机本体机械故障。你能完成吗?

二、情境提示

发动机加速无力的原因很多，各系统的故障都可能造成加速无力，本着简单到复杂的原则，应先进行气缸压力检测。

学习目标

一、知识目标

1. 能描述发动机气缸压力检测的步骤。
2. 能描述造成气缸压力过高、过低的原因。

二、技能目标

1. 能进行发动机气缸压力检测。
2. 能判断造成发动机气缸压力低的原因。

知识学习

1. 气缸压力的概念

气缸压力是指发动机压缩终了时，气缸内的气体压力。在一定的压缩比、转速和温度状态下，气缸压力与机油粘度、气缸活塞组的技术状况、配气机构调整的正确性及气门、气缸垫的密封性等有关。

气缸压力是判断发动机气缸密封性的重要和主要依据，通过测量气缸压力，可以诊断气缸工作性能。

气缸压力不是固定不变的，不同车型发动机在不同转速、不同工况下，发动机气缸压力也不一样。如果气缸压力不正常，会产生发动机无法起动或工作不良等故障现象。

2. 测量气缸压力的原则

1）测量气缸压力前，必须断开点火和喷油电路。

2）将火花塞全部拆除。

3）发动机转速必须在 300r/min 以上。

4）节气门必须全部打开。

5）每缸测量不得少于 2 次，取平均值。

6）发动机运行期间禁止测量气缸压力。

3. 气缸压力异常的常见故障

气缸压力异常的常见故障有气缸压力过高和气缸压力过低。

（1）气缸压力过高　气缸压力过高，会造成发动机冷却液温度过高、发动机工作不平顺、爆燃等故障发生。气缸压力过高的根本原因是燃烧室容积变小、压缩比增大，造成气缸压力增大。导致气缸压力过高的常见故障原因如下。

1）气缸内部积炭过多。发动机气缸内部积炭过多，直接占据燃烧室空间，使气缸容积减小，造成气缸压缩比增大，导致气缸压力过高。造成发动机气缸积炭过多的常见原因有：

①燃油品质较差。②混合气不均匀。③空气滤芯堵塞。④发动机点火性能变差。⑤发动机长期低速运行。⑥未定期维护发动机。

2）气缸垫过薄。更换新的气缸垫，如果使用非标准气缸垫，气缸垫厚度不够，就会造成燃烧室容积减小，气缸压缩比增加，造成气缸压力过高。

3）气缸盖磨削过多。气缸盖由于变形、烧蚀等原因，需要经过加工再使用，在气缸盖磨削加工中，如果磨削量过多，会造成气缸燃烧室容积减小。图 2-1 所示为发动机气缸盖磨削极限标记。

图 2-1　气缸盖磨削极限标记

（2）气缸压力过低　气缸压力过低，会导致发动机动力性、经济性下降，产生汽车行驶无力、油耗增加、起动困难等故障。当气缸压力达到规定标准缸压的 75% 以下时，表明气缸磨损过度，需要对发动机进行大修，而且各缸缸压与平均缸压差不得相差 8% 。

气缸压力降低的主要原因是气缸密封不严，引起气缸泄漏，造成气缸压力下降。

气缸压力偏低时，可以通过缸压测量方式，分析确定故障原因和部位。

1）检测方法：

① 加注机油法。当气缸压力过低时，可以从火花塞孔注入少量机油，运转一下发动机，

再次测量，比较两者的差别。若两次测量的缸压一样过低，则表明故障在气门部位；若第二次测量的气缸压力比第一次高，则表明故障在活塞环部位。

② 起动检测法。在起动机刚运转时，气缸压力表的指针上升很少，随着起动机运转时间的延续，指针又慢慢上升，但升高值不大，最终指针不动，压力表的读数仍很低，以此可以判断故障在于气门漏气。

在起动机刚转动时，气缸压力表的读数很低，但随着起动机运转时间的延续，气缸压力由低逐渐升高，但最终读数要比该气缸压力的标准值低，则此故障应为活塞漏气。

③ 缸压比较法。检测相邻两气缸的压力相等且都偏低，则故障原因为相邻两缸的气缸垫烧穿。

若各缸压力普遍偏低，则故障原因可能为配气相位、正时错误。

2）缸压过低原因。

① 气门漏气。气门漏气引起缸压过低的故障原因和部位有：气门杆与气门座密封不严；气门弹簧或顶柱失效；气门间隙调整不当；气门积炭过多；气门杆或气门座缺损、变形。

② 活塞漏气。活塞漏气引起缸压过低的故障原因和部位有：活塞环磨损、变形；活塞环装错；气缸筒磨损、拉伤、变形；活塞磨损，间隙大。

③ 缸盖漏气。缸盖漏气引起缸压过低的故障原因和部位有：缸盖螺栓力矩不足，缸盖松懈；缸盖变形；缸垫烧蚀；缸盖烧蚀；缸体、缸盖有裂纹。

④ 配气相位错误。配气相位错误引起缸压过低的故障原因和部位有：正时齿轮安装错误；齿轮键槽不正确；正时齿轮损坏或磨损过度；凸轮轴正时齿轮上的轮廓与轮松动；正时传动带跳齿或断裂。

基本技能

气缸压力的检测步骤

下文以丰田卡罗拉 1ZR—FE 发动机为例，介绍气缸压力的检测步骤。

1. 设备及工具准备

1）防护装备：工作服、工作帽、手套、劳保鞋。

2）实训设备：1ZR—FE 发动机一台或同类发动机。

3）手工工具：拆装工具一套。

4）量具：气缸压力表。

2. 材料准备

翼子板布和前格栅布、三件套、抹布、少量机油等。

3. 检测步骤

1）车辆防护。打开发动机舱盖，放置翼子板布和前格栅布，如图 2-2 所示。

2）拆下 4 个点火线圈和火花塞，如图 2-3 所示。

图 2-2　放置翼子板布和前格栅布

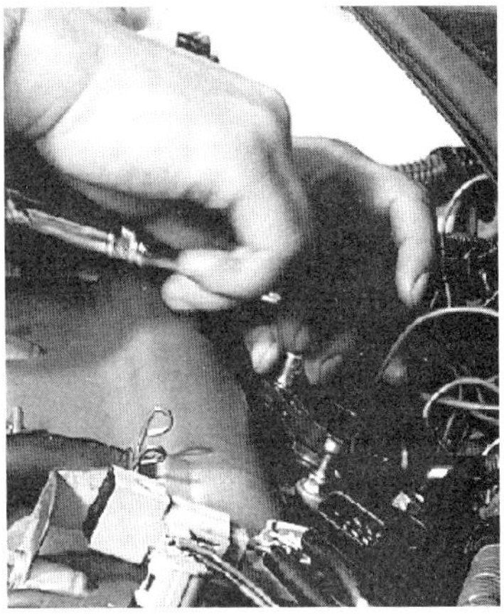

图 2-3　拆卸点火线圈和火花塞

3）断开 4 个喷油器连接器，如图 2-4 所示，防止测试时喷油器工作。

4）检查气缸压缩压力。

① 将压力表插入火花塞孔，如图 2-5 所示，安装气缸压力表。

图 2-4　断开喷油器连接器

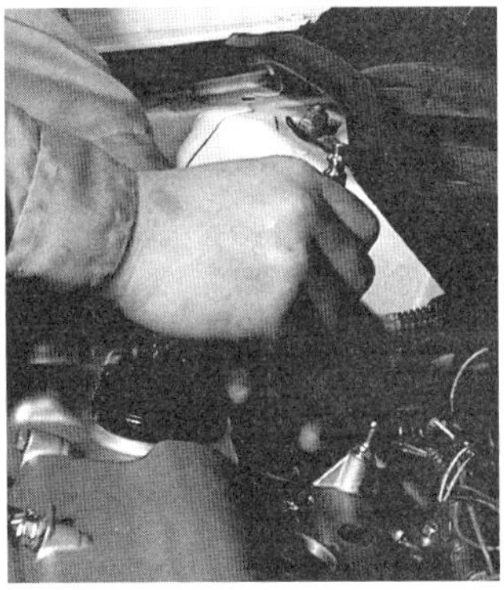

图 2-5　安装压力表

② 使节气门全开，如图 2-6 所示。

③ 如图 2-7 所示，在发动机运转时，分别测量 4 个气缸的压力，并记录读数。

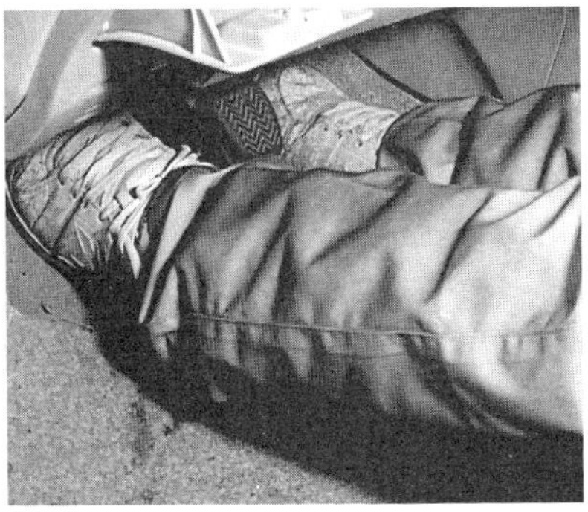

图 2-6　起动发动机，全开节气门

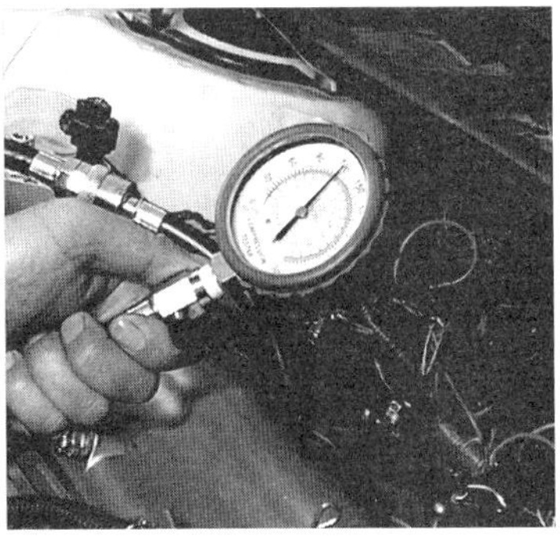

图 2-7　测量气缸压力

压缩压力：1373kPa（$14.0kgf/cm^2$，199psi）；最小压力：1079kPa（$11.0kgf/cm^2$，157psi）；各气缸间的差异：98kPa（$1.0kgf/cm^2$，14psi）或更低。

注意：使用完全充电的蓄电池，以使发动机转速能提高到250r/min或更高；用同样的方法检查其他气缸；在尽可能短的时间内测量压缩压力。

④ 如果气缸压缩压力偏低，可通过火花塞孔向气缸中注入少量的发动机机油并再次检查。

提示：如果添加机油后压力增大，则活塞环和（或）缸径可能磨损或损坏；如果压力继续偏低，则表明气门可能卡滞或未正确就位，或可能从衬垫漏气。

5）连接4个喷油器连接器。

6）安装4个火花塞。

7）安装4个点火线圈，扭矩为10N·m（102kgf·cm，7ft·lbf）。

8）装复其他拆卸下的元件，收起防护用品，盖上发动机舱盖，并按5S要求操作。

【学习小结】

1. 气缸压力是指发动机压缩终了时，气缸内的气体压力。

2. 在一定的压缩比、转速和温度状态下，气缸压力与机油黏度、气缸活塞组的技术状况、配气机构调整的正确性及气门、气缸垫的密封性等有关。

【自我评估】

1. 填空题

（1）气缸压力是指发动机________时，气缸内的气体压力。

（2）气缸压力是判断发动机________的重要和主要依据。

2. 判断题

（1）测量气缸压力时，只需要测量一个气缸就行了。（　　）

（2）气缸压力不是固定不变的，不同车型发动机在不同转速、不同工况下，发动机气缸压力也不一样。（　　）

3. 选择题

（1）以下________不是气缸压力过低原因。

A. 气门漏气　　B. 活塞漏气

C. 配气相位错误　　D. 气缸盖经过磨削

（2）各气缸间的差异值是（　　）。

A. 98kPa或更低　　B. 980kPa或更低

C. 9800kPa或更低　　D. 500kPa或更低

学习单元2　燃油压力低故障诊断

情境导入

一、情境描述

一辆丰田卡罗拉轿车的行驶里程为10万km，客户报修发动机不能起动。经试验，起动发动机时有高压点火，怀疑油路有问题。如果将这张派工单给你，你将如何诊断并排除此故障？

二、情境提示

电控发动机工作时，电动汽油泵将汽油从燃油箱泵出，经过燃油滤清器的过滤，从燃油管输送到喷油器，燃油泵电动机由发动机控制单元控制，保持一定的燃油压力并供应燃油，发动机熄火后，燃油泵停止工作，而油管燃油压力将继续保持到下一次起动。因为燃油质量问题造成的油路故障是发动机故障的主要原因，应先测试燃油系统的压力。

学习目标

一、知识目标

1. 能描述电控发动机燃油系统的组成。
2. 能描述燃油泵的控制原理。
3. 能描述诊断燃油系统故障的方法。

二、技能目标

1. 能检测燃油泵控制电路。
2. 能连接燃油压力表测量发动机油路的燃油压力。
3. 能诊断排除燃油泵不供油的故障。

知识学习

1. 燃油系统的组成

电控发动机燃油系统由燃油箱、燃油泵、燃油滤清器、燃油管、燃油压力调节器、回油管、油轨、喷油器、燃油蒸气回收（活性炭罐）及燃油控制电路组成，如图2-8所示。

2. 燃油泵

（1）燃油泵的结构与工作原理　燃油泵又称电动汽油泵，它与燃油液位传感器一体安装于燃油箱内，如图2-9所示，燃油泵的作用是将燃油从油箱中吸出，并以一定的压力供应给喷油系统。汽油泵的泵油量总是大于发动机所需要的耗油量，这样做的目的一是可以防止发动机在运行过程中发生供油不畅的现象；二是汽油流动量增加，可以防止共有管路因为发热产生气阻现象。

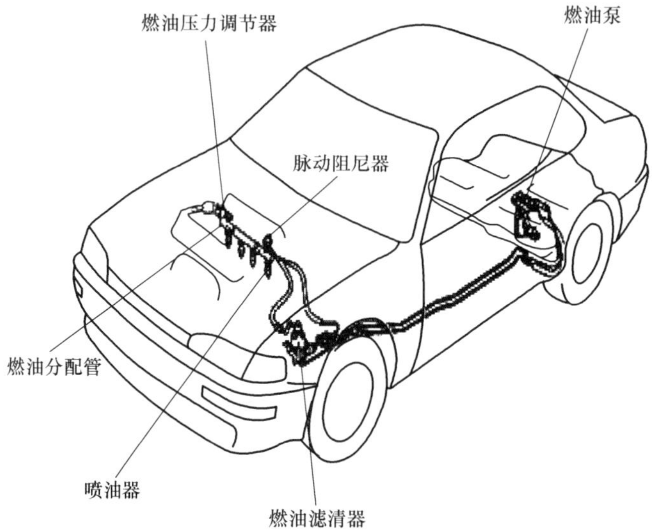

图 2-8　汽油发动机燃油供给系统组成

燃油泵由燃油电动机、叶轮泵、滤网、限压阀、单向阀等构成，整个燃油泵总成浸润在油箱底部的燃油内，这样可以减小噪声、增加油泵的散热功能，并可以防止汽油产生气阻。

1）油泵电机是一个单向直流电动机，通过运转将燃油输出，电动机的电阻值为 0.5 ~ 5Ω，燃油从电动机转子中间流过，可以给电动机散热。

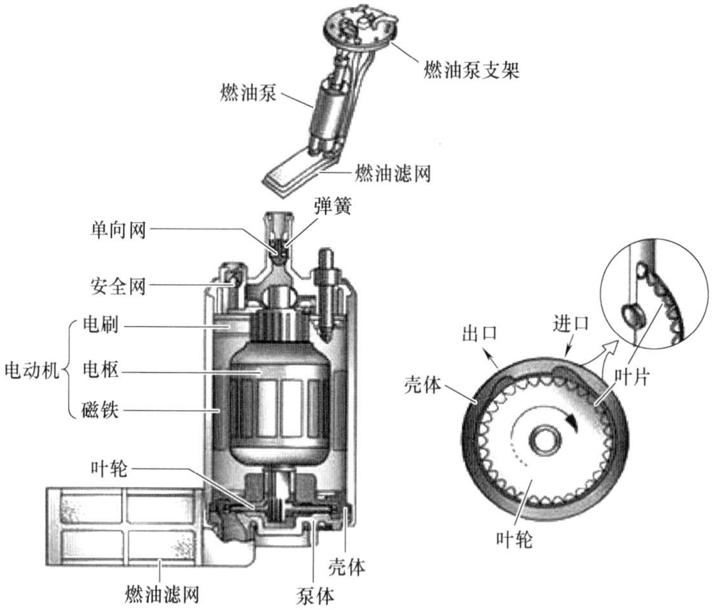

图 2-9　燃油泵的结构

2）限压阀的作用。当燃油泵输出的燃油压力过大时，可以通过限压阀泄压，以保证供油压力不会过高。因此，在检测发现燃油系统压力过高时，可以判断故障为燃油泵的限压阀不良。

3）单向阀。燃油泵单向阀的作用是保证燃油向一个方向输出，不能回流，当燃油泵停止工作后，单向阀会关闭，保证燃油系统继续拥有足够的油压，以便下次起动时的供油压力满足要求，同时也可防止气阻的产生。

4）滤网安装于燃油泵最底部，便于吸进油箱底部的燃油，即便油量很少也可以供油。同时，油箱底部的燃油较脏，滤网可以很好地过滤杂质。

（2）燃油泵控制电路　电控发动机的燃油泵不是一直工作，也不是开钥匙即工作，而是由发动机控制单元（ECU）根据发动机的工况决定燃油的工作。图2-10所示为常见车型（以丰田卡罗拉轿车为例）的燃油泵控制电路图。根据电路原理，燃油泵由开路继电器（燃油泵继电器）控制工作，开路继电器受发动机ECU的FC端子控制，当发动机ECU检测到有转速信号时，开始控制燃油泵继电器动作，继电器供给燃油泵电源电压，并保持燃油泵工作。电控汽油发动机燃油泵工作的三种条件如下：

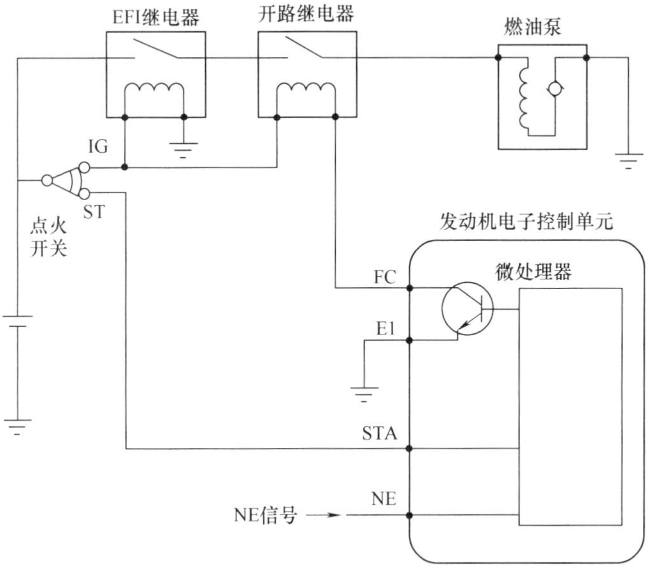

图2-10　卡罗拉轿车的燃油泵控制电路图

1）点火开关ON时，油泵运行约3s停止（预供油，有利于发动机起动）。

2）点火开关ST时，油泵工作。

3）发动机ECU检测到转速信号（NE信号，来自曲轴位置传感器）时，油泵工作。

基本技能

燃油压力低故障诊断

燃油系统压力低时有两种故障现象：

故障现象1：没有燃油压力，即发动机起动时，没有燃油供应，燃油泵不动作。

故障现象2：燃油泵虽然动作，但燃油压力偏低。

以下介绍燃油压力低的故障诊断方法，根据车型不同，其方法有所差异，请以相关维修手册为准。

1. 准备工作

1）防护装备：工作服、工作帽、手套、劳保鞋。

2）车辆、台架、总成：卡罗拉整车或同类发动机台架。

3）车间设备：举升机、工具车。

4）检测设备：万用表、测试灯泡、专用短接线、二极管试灯、燃油压力表。

5）专用工具：燃油管拆装专用工具。

6）手工工具：拆装工具一套、气动工具。

7）辅助材料：翼子板布和前格栅布、三件套、抹布、手套、白板笔等。

2. 实施步骤

（1）检查燃油泵是否工作 要判断燃油泵是否工作，可以连接燃油压力表，检测是否有燃油压力。若无压力，可以在油箱部位贴近倾听有无燃油泵运转声音，如无声音，可以判断燃油泵不工作，此时必须检查燃油泵控制电路的故障。

但是，燃油泵工作不代表燃油压力正常，燃油压力测试是诊断燃油系统故障的必要方法，可使用燃油压力表进行测试。

（2）燃油压力检测准备工作

1）测试前，检查发动机有无漏电、线路短路故障。

2）准备好毛巾、棉纱、储油器、灭火器。

3）拆卸油管前，先进行泄压操作，方法如下：

① 拔下油泵熔丝或油泵连接器。

② 起动发动机，使发动机怠速运转至熄火。

③ 再使发动机起动 2~3 次，就可完全释放燃油系统压力。

④ 关闭点火开关，装上油泵熔丝或油泵连接器。

（3）油压表的连接

1）在预留检测接口上连接油压表。

2）在脉动阻尼器的位置连接油压表（需要拆卸管路）。

3）在拆开的管路上连接油压表，如图 2-11 所示。

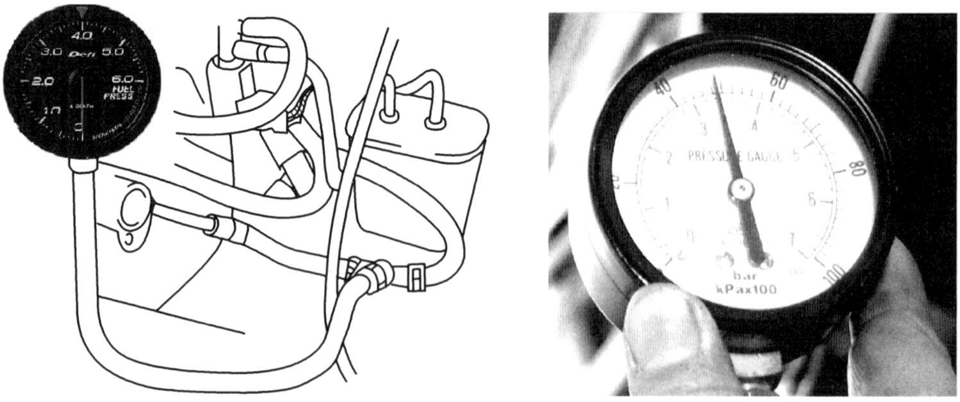

图 2-11 燃油压力表连接和读取方法

（4）预供油 为避免首次起动发动机时，因系统内无压力而导致起动时间过长，应先进行油压预供油，其方法如下：

1）通过反复打开和关闭点火开关数次来完成。

2）用专用（或自制）短接线跨接燃油泵继电器端子，使电动燃油泵工作约10s。

（5）起动发动机，测试燃油压力

1）怠速工况下，燃油压力为0.25~0.35MPa。

2）加速工况下，燃油压力稳定在0.25~0.35MPa。

3）拔掉油压调节器真空管（如有装备）后，油压变化为0.05MPa。

4）发动机熄火，等待30min以上时，保持油压不低于0.20MPa。

（6）燃油压力常见故障　通过燃油压力表检测燃油系统的燃油压力，可以判断发动机燃油系统的故障，并可以根据故障现象诊断故障原因。常见燃油压力异常故障见表2-1。

表2-1　常见燃油压力异常故障

燃油压力	故障部位	故障现象
无燃油压力	燃油控制电路及燃油泵	不能起动发动机
燃油压力过高	燃油泵及油压调节器	冒黑烟，排放过高、油耗高
燃油压力过低	燃油泵、滤芯、压力调节器	起动困难、加速不良
无保持油压	燃油泵	冷起动困难
油压表指针跳动	燃油泵	怠速不稳，加速不良

燃油系统的故障排除方法通常为清洗或更换系统的元件。

【拓展知识】

1. 无回油系统

顾名思义，无回油系统就是只有供油油路，没有回油油路的系统。有回油系统与无回油系统的区别不是有没有回油管路，而是是否需要通过回油系统调节燃油压力。有回油系统通过调节器调节回油来稳定工作油压；而无回油系统则通过调节供油油压来稳定工作油压。图2-12所示为无回油燃油系统结构图。无回油系统的优点有：

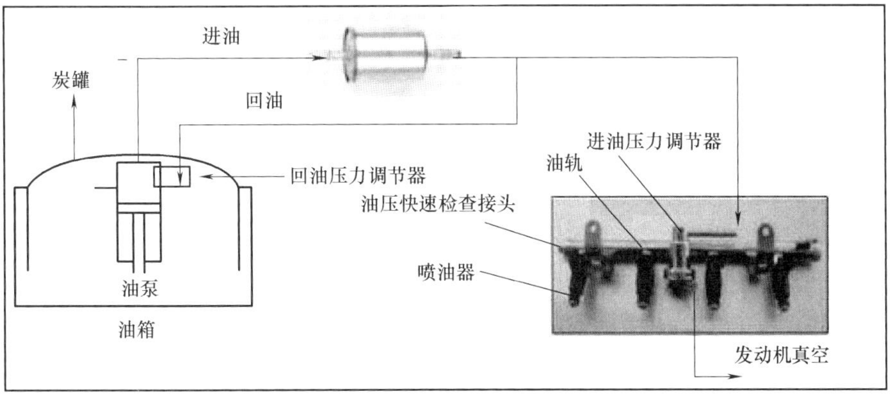

图2-12　无回油燃油系统

1）由于无回油管路，减少了管路汽油被发动机加热的机会，降低了燃油的温度，减少了汽油的挥发。

2）燃油滤清器和油压调节机构集中在油箱内，减少了油路接口，降低了泄漏几率。

3）油压比较高，有利于喷油雾化。

4）降低了制造成本。

2. 燃油切断保护系统

带燃油切断功能的车辆，当其发生碰撞事故时，碰撞开关会因为惯性而断开，切断燃油控制电路，防止事故造成燃油泄漏而引发火灾。碰撞开关也称惯性开关，当事故修复以后，需要对碰撞开关进行燃油切断功能恢复（按压惯性开关），否则燃油泵将无法供油。图 2-13 所示为雪铁龙燃油切断惯性碰撞开关。

图 2-13　雪铁龙燃油切断惯性碰撞开关

对于带碰撞开关的燃油控制系统，在故障诊断过程中，需要考虑燃油切断开关的控制功能。一般燃油切断开关位于燃油泵电路及发动机 ECU 控制燃油泵电路上，图 2-14 所示为福特蒙迪欧轿车的燃油控制电路图。

3. 马鞍形燃油箱

一些后轮驱动的轿车和 SUV 等车型上的燃油箱为马鞍形燃油箱，如奥迪、宝马轿车等。这种燃油箱被分为主油箱和副油箱，图 2-15 所示为奥迪 A8 轿车的燃油箱。马鞍形燃油箱一般在主油箱设置燃油泵，在副油箱设置燃油液位传感器，通过虹吸现象将副油箱的燃油输送到主油箱。

马鞍形油箱的燃油泵压力较高，除供应发动机燃油外，还具有回吸副油箱中燃油的功能。当马鞍形燃油箱的燃油出现左右油量不一样的情况时，要检查燃油泵电动机、燃油压力调节器的性能，同时检查燃油箱的通气装置是否堵塞。

4. 燃油管快速接口

现代汽车的燃油管道均采用塑料管或橡胶管，无法设计金属管的螺母和螺栓，因此管道的连接采用快速接口技术，图 2-16 所示为燃油管快速接口。

使用快速接口的燃油管路，其拆装需要使用专用拆装钳，如图 2-17 所示。不规范的野蛮拆装会造成管路接口的损坏，导致接口安装不牢固，从而引起燃油泄漏事故；错误的拆装接口，将造成管路接口的损坏，需要更换整根燃油管路。因此，规范、安全操作尤为重要。

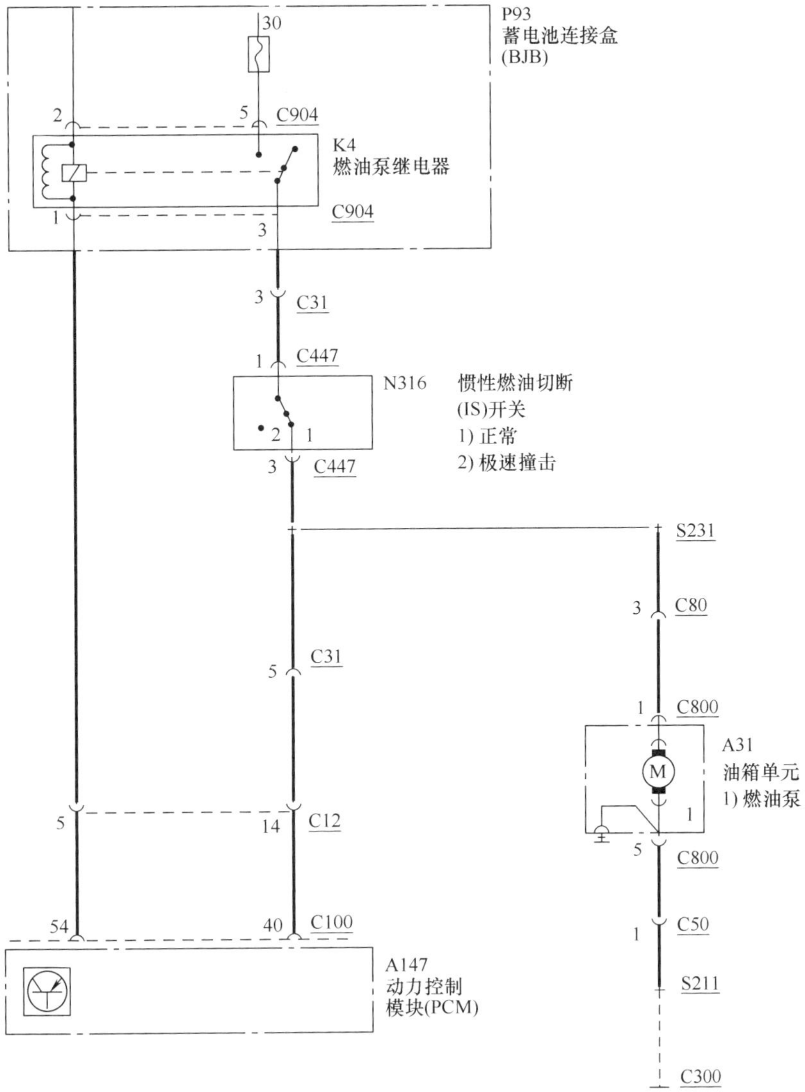

图 2-14　福特蒙迪欧燃油控制电路图

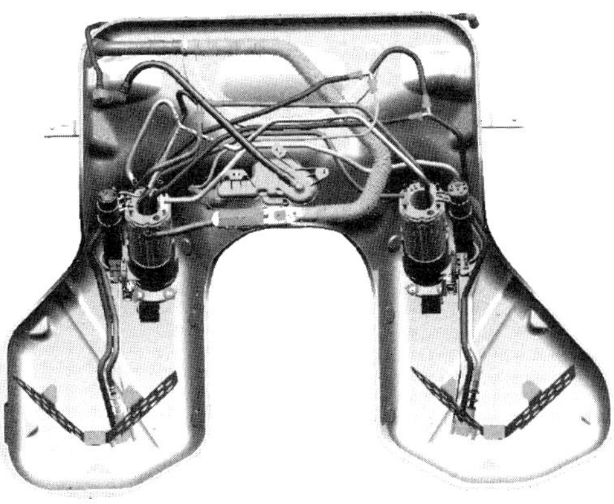

图 2-15　奥迪 A8 轿车的燃油箱

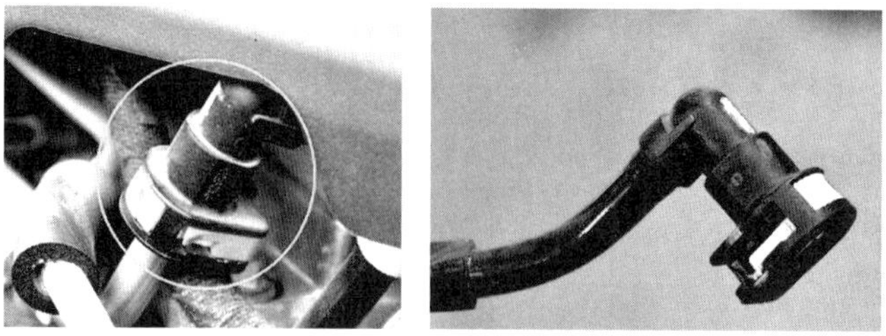

图 2-16　燃油管快速接口

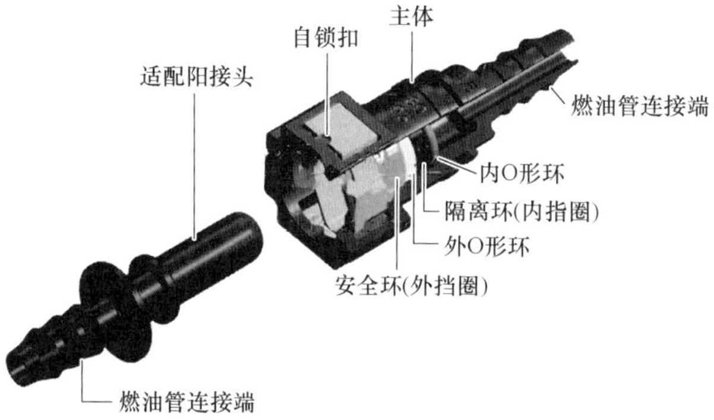

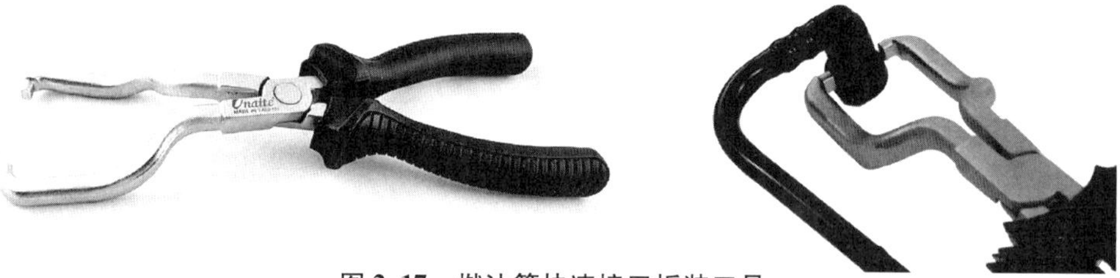

图 2-17　燃油管快速接口拆装工具

【学习小结】

1. 发动机燃油供给系统由燃油箱、燃油泵、燃油滤清器、油压调节器、回油管等组成。
2. 燃油泵为单向直流电动机，安装于燃油箱内部，具有散热、降噪、防气阻的作用。
3. 燃油压力调节器可以保持燃油压力稳定在 0. 3MPa。
4. 燃油泵的单向阀可以保持油管内有保持油压，以便下次顺利起动。
5. 使用燃油压力表测试燃油系统的燃油压力是否正常。
6. 电控汽油发动机的正常燃油压力为 0. 25 ~0. 35MPa。

【自我评估】

选择题

（1）燃油滤清器的安装位置错误的是（　　）。

A. 燃油箱内与油泵一体　　　　B. 底盘输油管中间

C. 发动机舱进油管上　　D. 回油管上

(2) 电喷发动机燃油压力不足，会造成发动机的（　　）故障。

A. 加速不良　　B. 油耗过高

C. 排放超标　　D. 怠速不稳

(3) 电喷发动机燃油压力过低的原因有（　　）。

A. 燃油泵磨损　　B. 燃油调节器故障

C. 燃油滤芯堵塞　　D. 喷油器漏油

(4) 点火开关 ON 时，燃油泵有 2s 工作，说明（　　）。

A. 燃油泵无故障　　B. ECU 无故障

C. 点火开关无故障　　D. 油路无故障

(5) 燃油箱中燃油过少，会造成（　　）。

A. 油箱生锈　　B. 燃油泵烧毁

C. 发动机起动困难　　D. 车身后面高

(6) 连接燃油压力表时，需要（　　）。

A. 油管泄压　　B. 断开电池

C. 清除发动机故障码　　D. 拔掉油压调节器真空管

(7) 拆装油泵总成时，需要（　　）。

A. 燃油系统泄压　　B. 断开电池

C. 放干油箱燃油　　D. 保护好燃油浮子

(8) 用二极管灯测试燃油继电器的控制电路时，起动发动机，二极管灯会（　　）。

A. 点亮　　B. 闪烁

C. 熄灭　　D. 不亮

(9) 塑料燃油箱的优点有（　　）。

A. 防腐蚀　　B. 保温性能好

C. 摩擦不易产生火花　　D. 价格低廉

(10) 燃油箱变形的主要原因是（　　）。

A. 发生碰撞　　B. 排气孔堵塞，油箱内气压下降

C. 燃油消耗，油箱内压力下降　　D. 安装不良造成挤压

学习单元 3　点火无高压火故障诊断

情境导入

一、情境描述

一辆丰田卡罗拉轿车，配 1ZR-FE 发动机，行驶里程为 10 万 km，发动机无法起动，试高压火，发现无高压点火。如果你是维修技师，能排除此故障吗？

二、情境提示

高压点火是发动机工作的首要条件，发动机无法起动时，先要确定点火系统是否正常。可以就车试验高压火，高压试火要在确保燃油系统无泄漏、试火条件安全的前提下进行，有

必要时可以切断燃油系统。

学习目标

一、知识目标

1. 能描述电控发动机点火系统的工作原理。
2. 能描述检测电控发动机点火系统电路的方法。
3. 能描述诊断并排除点火系统故障的思路及方法。

二、技能目标

1. 能测试高压点火。
2. 能检测点火系统电路故障。
3. 能根据电路原理图分析点火系统故障。

知识学习

汽车电控发动机点火系统根据点火形式可分为单缸独立点火和双缸同时点火两种类型，主要根据点火线圈的数量区分，每缸一只点火线圈的为单缸独立点火系统，两缸共用一只点火线圈的为双缸同时点火系统。

点火系统没有高压火是发动机不能起动且没有起动征兆的典型故障，通常和曲轴位置传感器、点火模块、点火线圈及其控制电路有关。

以下分别以大众桑塔纳3000BKT发动机（双缸同时点火）和丰田卡罗拉发动机（单缸独立点火）为例介绍无高压火故障的诊断与排除方法。

基本技能

1. 桑塔纳3000点火无高压火故障诊断

火花塞跳火的条件取决于供给其击穿火花塞间隙间介质的高压电，火花塞间隙介质的电阻越小，越容易击穿而产生火花；新鲜混合气的电阻小，容易击穿产生火花，而燃烧废气的电阻大，故不易击穿产生高压火花。双缸点火系统的点火线圈同时供给1、4缸（或2、3缸）高压电，进气气缸的火花塞极易产生高压火花而点火，而排气气缸的火花塞则不易产生高压火花（有火花也不会产生燃烧），因此双缸点火其实是一个有效点火，一个无效点火，90%以上的点火能量集中在进气缸的火花塞上。

图2-18所示为桑塔纳3000双缸点火系统电路图。点火线圈（含点火模块）总成由两只点火线圈和放大控制电路组成，1、4缸共用一只点火线圈，2、3缸共用一只点火线圈，控制单元J220分别输入1、4缸点火信号和2、3缸点火信号。由电路原理可知，1缸若无高压火，则4缸也无高压火；2缸若无高压火，则3缸也无高压火，所以测试1缸可以得知4缸有无点火，测试2缸可以得知3缸有无点火。

诊断注意事项如下：

1）桑塔纳3000更换发动机ECU时需要进行防盗匹配，须参考防盗匹配方法操作，否则更换ECU后将无法起动发动机。

2）在对第1缸试火时，第4缸必须良好；对第2缸试火时，第3缸必须良好。

3）点火线圈的正极电源由燃油泵继电器控制，燃油泵继电器又由发动机ECU控制其工作，而发动机ECU只有接到曲轴位置传感器的信号，才能控制燃油泵继电器的工作。因而，点火线圈的电源只有在ECU接受到转速信号时才会有电压。

（1）准备工作

1）防护装备：工作服、工作帽、手套、劳保鞋。

2）车辆、台架、总成：桑塔纳3000整车或发动机台架。

3）检测设备：KT600诊断仪、万用表、二极管试灯。

4）手工工具：拆装工具一套。

5）辅助材料：翼子板布和前格栅布、三件套、抹布、手套、白板笔。

（2）故障诊断与排除步骤

1）测试高压火花，验证故障现象。

① 拔出燃油泵熔丝，切断供油电路。

② 拔出点火线圈（任意一缸）高压线，接上良好火花塞，测试高压火是否正常。如果有高压火，则说明原火花塞不良，应更换火花塞；如果没有高压火，则进行下一步操作。

2）检查点火线圈电源和搭铁（电路图参照图2-18）。

① 断开点火线圈连接器，点火开关置于ST（起动挡），用万用表测量点火线圈连接器4Tr/2端子是否有12V电源电压。检查燃油泵继电器J17（与点火线圈共用）及其线路。

② 用万用表测量点火线圈连接器T4r/4端子是否与车身导通（搭铁），如果不导通，则检查线路开路之处。

3）检查点火控制信号（电路图参照图2-18）。使用万用表直流电压挡或示波器测量点火线圈连接器T4r/1端子（1/4缸控制信号），或T4r/3端子（2/3缸控制信号），在点火开关置于ST时，应检测到有信号产生。如果有信号，则说明点火线圈不良；如果没有信号，则进行下一步操作。

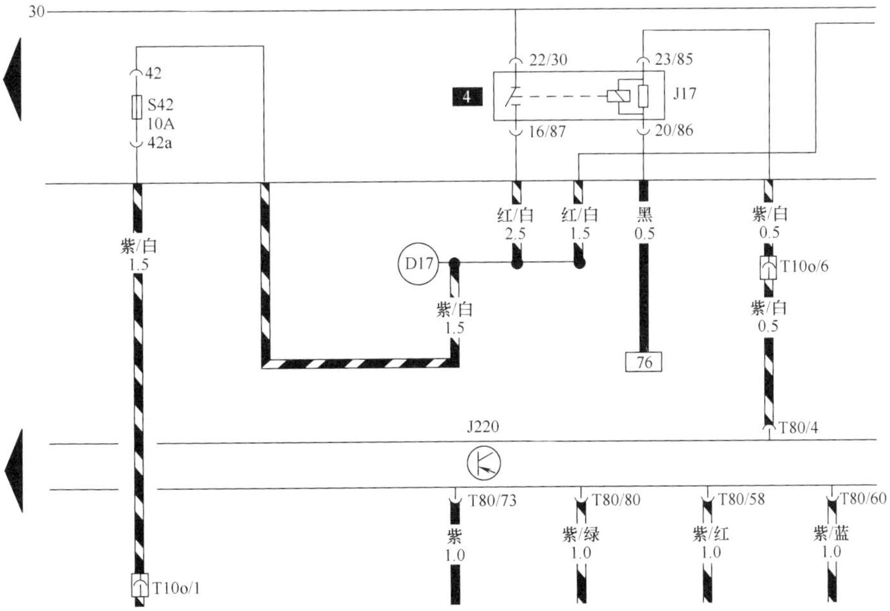

图2-18　桑塔纳3000双缸点火系统电路图

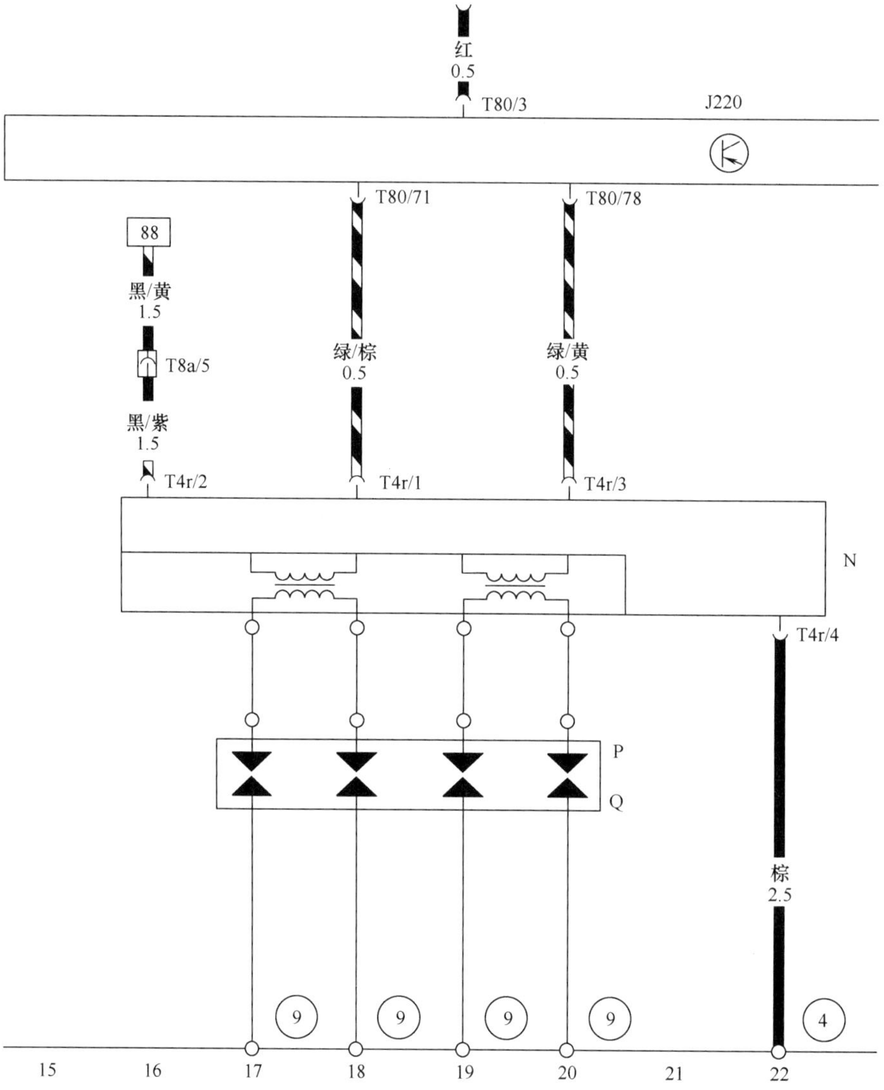

图 2-18　桑塔纳 3000 双缸点火系统电路图（续）

4）检查曲轴位置传感器。使用万用表交流电压挡或示波器测量曲轴位置传感器信号，在点火开关置于 ST 时，应该有交流电压信号产生。如果没有信号，则表明曲轴位置传感器及线路不良；如果有信号产生，则进行下一步操作。

5）检查发动机控制单元 ECU。

① 断开点火线圈连接器，用万用表测量点火线圈连接器 T4r/1 端子与 ECU 连接器 T80/71端子是否导通。如果不导通，则表明线路开路；如果线路导通，则进行下一步操作。

② 检查 ECU 的电源和搭铁，若不正常，则检修 ECU 熔丝及搭铁线路；如果 ECU 电源和搭铁正常，则表明 ECU 不良。

重要提示：除非水淹、撞击、短路等事故发生，否则发动机 ECU 损坏的可能性很小，请先仔细检查外围线路，并确认发动机 ECU 是否被防盗锁止（防盗指示灯闪烁），如果处于防盗锁止状态，请先解除防盗。

2. 卡罗拉点火无高压火故障诊断

图 2-19 所示为卡罗拉发动机点火系统电路图，每缸一只点火线圈，共四只点火线圈，各缸点火线圈的功能、结构、电路原理及检测方法相同。

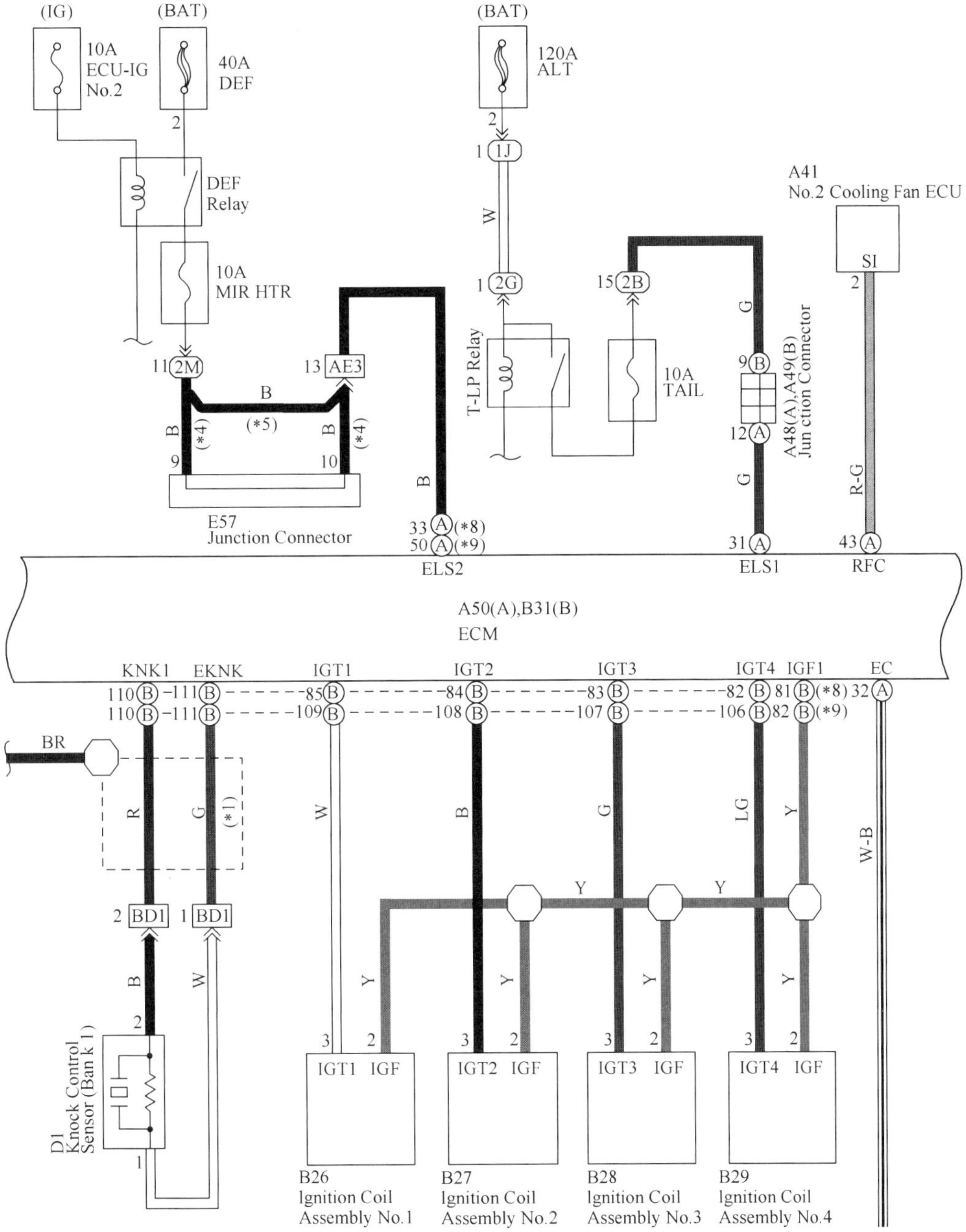

图 2-19　卡罗拉发动机点火系统电路图

点火线圈内带放大电路，具有点火模块功能，ECU 输入一个 IGT 点火控制信号，点火线圈产生一个高压点火，并反馈一个点火确认信号 IGF 给 ECU，如果 ECU 未收到 IGF 信号，则立即停止喷油器的喷油。如果 ECU 检测到 IGT 或 IGF 电路断路或短路，即在连续输出 4 次 IGT 信号后未接收到 IGF 信号，即认为点火模块有故障，此时 ECU 储存故障码并点亮故障灯。卡罗拉点火线圈和端子如图 2-20 所示。

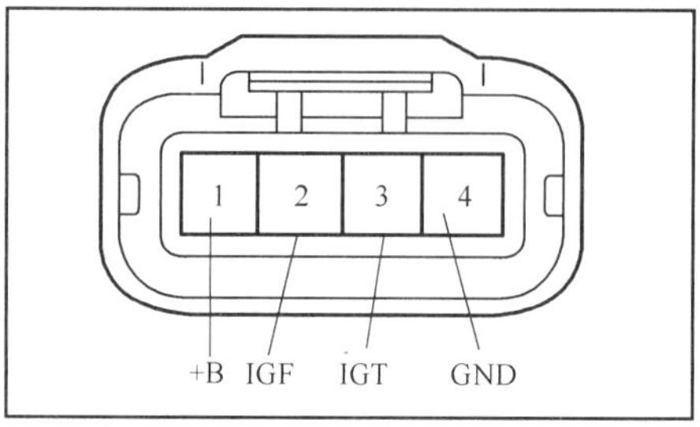

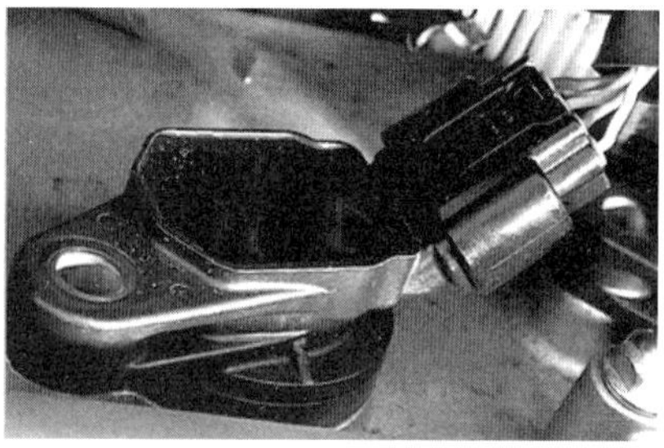

图 2-20　点火线圈端子

诊断注意事项如下：

1）独立点火系统中四缸点火系统的结构、功能、工作原理相同，所以怀疑一缸元件有故障时，可以采用替换法，用正常一缸的部件更换试验，若更换后正常，则可确定元件有故障；若更换后仍不正常，则不能确定元件有故障。

2）测量某一缸点火系统的电压、波形、数据、参数时，若不确定为正常参数，可以测量正常气缸点火系统的参数作为参考，以判断正误。

3）对于点火脉冲信号的测量，若为定性测量，可以使用发光二极管试灯；若为定量测量，则使用示波器。

4）为了避免电路测量产生误差，测量某一缸点火线圈电路时，可以断开其他所有点火线圈的连接器插头，以免由于线路的干扰或通路造成测量失真。

5）检测 ECU 连接器时，应注意保护端子针脚不受损伤。

6）更换发动机 ECU 时，需要进行防盗匹配，须参照防盗匹配方法进行操作。

（1）准备工作

1）防护装备：工作服、工作帽、手套、劳保鞋。

2）车辆、台架、总成：卡罗拉整车或 1ZR-FE 发动机台架。

3）检测设备：KT600 诊断仪、万用表、二极管试灯。

4）手工工具：拆装工具一套。

5）辅助材料：翼子板布和前格栅布、三件套、抹布、手套、白板笔。

（2）故障诊断与排除步骤

1）测试高压火花，验证故障现象。

① 拔出燃油泵熔丝，切断供油电路。

② 拔出点火线圈（任意一缸），接上良好火花塞测试高压火是否正常。如果有高压火，则表明原火花塞不良，应更换火花塞；如果没有高压火，则进行下一步操作。

2）检查点火线圈电源和搭铁（电路图参照图 2-19，点火线圈端子参照图 2-20）。

① 断开点火线圈插接器，点火开关置于 ON，用万用表测量 1 号端子（+B）是否有 12V 电源电压，如果没有电压，则检查或更换 IG 继电器以及点火开关及其电路。

② 用万用表测量点火线圈插接器 4 号端子（GND）是否与车身导通（搭铁），如果不

导通，则检查线路开路之处。

3）检查点火控制信号（电路图参照图 2-19）。使用万用表直流电压挡或示波器测量点火线圈连接器 3 号端子（IGT 点火控制信号），在点火开关置于 ST 时，检测是否有信号产生。如果有信号，则表明点火线圈（含点火模块）不良；如果没有信号，则进行下一步操作。

4）检查曲轴位置传感器。使用万用表交流电压挡或示波器测量曲轴位置传感器信号，在点火开关置于 ST 时，检测是否有交流电压信号产生。如果没有信号，则表明曲轴位置传感器及线路不良；如果有信号产生，则进行下一步操作。

5）检查发动机控制单元 ECU。

① 断开点火线圈连接器（以 1 缸为例，其他操作方法相同），用万用表测量点火线圈插接器 3 号端子 IGT1 端子与 ECU 插接器 B85 号端子 IGT1 端子是否导通。如果不导通，则表明线路开路；如果线路导通，则进行下一步操作。

② 检查 ECU 的电源和搭铁，若不正常，则检修 ECU 熔丝及搭铁线路；如果均正常，则表明 ECU 不良。

【拓展知识】

高压点火波形的测试

利用示波器，可以读取发动机工作中高压点火的波形，包括一次电流波形、一次电压波形、二次电压波形等。示波器可以观测到的波形模式有四种：单缸波形、多缸平列波形、多缸并列波形和多缸重叠波形。

1. 单缸波形

单缸波形反映了单缸点火的工作情况。当点火装置出现故障时，次级电压的波形就会发生变化，因此根据波形的变化可初步判断故障所在。单缸波形有 4 个故障反应区：A 区域、B 区域、C 区域、D 区域，如图 2-21 所示。

（1）C 区域　C 区域为点火区域。当低压电路切断时，初级线圈的电流迅速下降，产生的磁场发生巨大变化，在次级线圈内产生 15 ~ 20kV 的高压电，将火花塞击穿，产生火花。火花塞放电后，次级电流随之迅速下降。

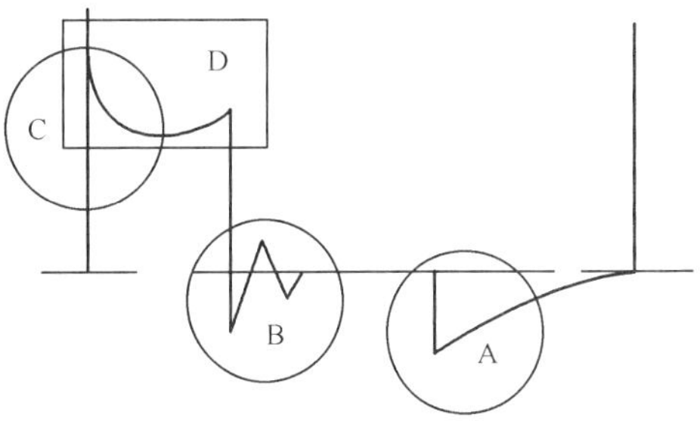

图 2-21　点火波形故障反映区域

C 区域点火波形异常的主要故障原因为点火放大器或消弧电容故障。

（2）D 区域　D 区域为燃烧区域。火花塞击穿后，电极间产生电火花，点燃混合气。火花放电过程一般持续 0.6 ~ 1.5ms，在高压点火波形上形成火花线。

D 区域点火波形异常的主要故障原因为分电器、高压线、火花塞等的故障。

（3）B 区域　B 区域为振荡区域。火花塞放电终了，点火线圈中的能量不能维持火花放电时，残余的能量以阻尼振荡的形式消耗殆尽，点火电压波形上出现具有可视脉冲的低频振荡波形。

B 区域点火波形异常的主要故障原因为点火线圈不正常。

（4）A 区域　A 区域为闭合区域。低压电路再次闭合后，次级线圈感应出 15 ~ 20kV 与蓄电池电压相反的感生电压。在点火波形上出现迅速下降的垂直线，然后上升过渡为水平线。

A 区域点火波形异常的主要故障原因多为分电器不良。

2. 多缸平列波形

按点火顺序，从左至右首尾相连的点火波形为多缸平列波形（图 2-22），此波形用于诊断点火初级、次级电路的通断、接触性能以及电容器、低压电路、高压线、火花塞等元件的性能。

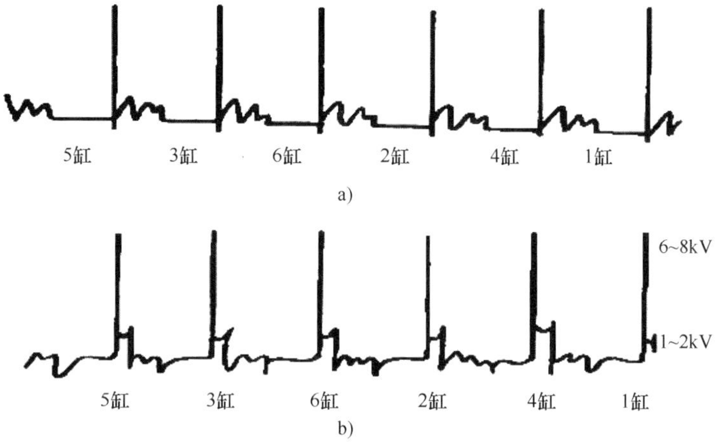

图 2-22　多缸平列波形图

a）标准初级平列波　b）标准次级平列波

3. 多缸并列波形

多缸并列波即在屏幕上从下到上，按点火次序将所有各缸点火波形首尾对齐，并分别放置的波形，如图 2-23 所示。

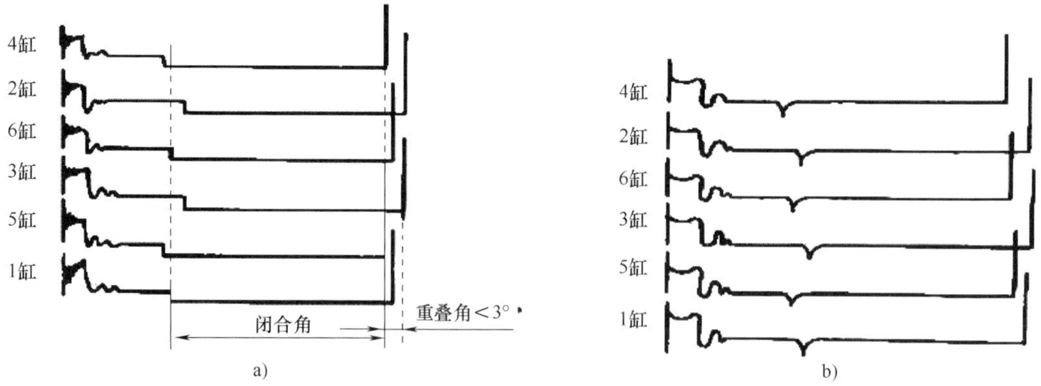

图 2-23　多缸并列波形图

a）标准初级并列波　b）标准次级并列波

4. 多缸重叠波形

多缸重叠波形是指将各单缸波形之首对齐并重叠在一起的排列方式，如图 2-24 所示。重叠波形是各缸点火波形的叠加，可评价各缸工作的一致性。各缸工作一致的重叠波就像一个单缸波形，只要其中任一缸工作不佳，其波形就会偏离重叠波，通过逐个单缸断火可立即找出这一工作不佳的气缸。

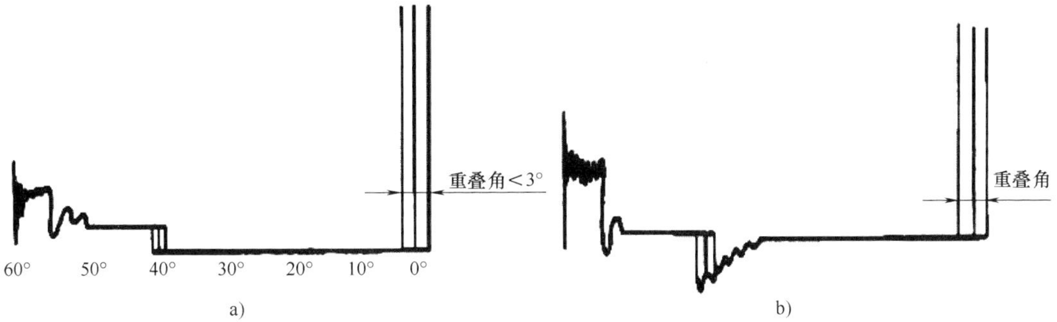

图 2-24　多缸重叠波形图

a）标准初级重叠波　b）标准次级重叠波

5. 点火波形故障分析

根据示波器检测的各缸点火波形或多缸并列波形，可以分析判断发动机点火系统的故障，点火波形的各个区域代表相应的含义，如图 2-25 所示为标准单缸点火波形的含义。

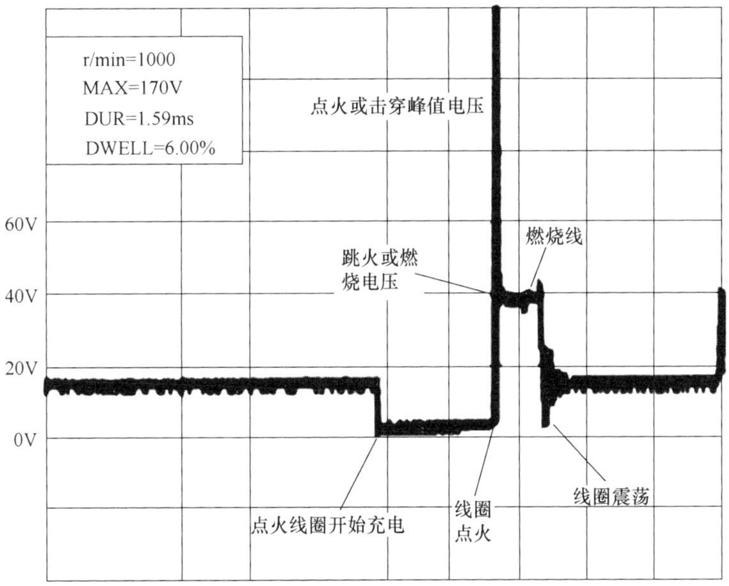

图 2-25　标准单缸点火波形的含义

点火波形图中的异常波形线表示点火系统存在故障，图 2-26 所示为常见点火异常波形代表的故障原因。

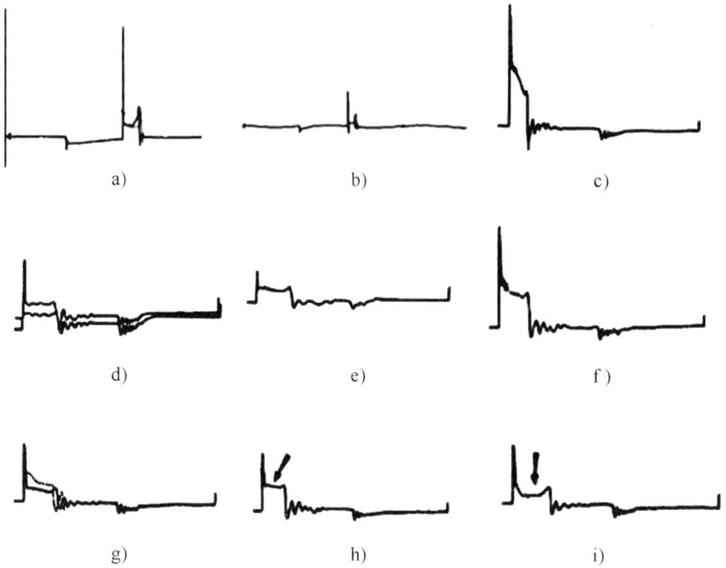

图 2-26　常见点火波形异常代表的故障原因

a）混合气过稀　b）火花塞漏电　c）次级电路电阻过大　d）次级电路有间歇性断电
e）次级线圈漏电　f）火花赛上有机油或积炭　g）电喷系统喷油器工作不良
h）火花塞间隙过大或混合气过稀　i）混合气过浓或火花塞漏电

【学习小结】

1. 电控发动机点火系统分为单缸独立点火系统和双缸同时点火系统两种类型。

2. 独立点火系统无高压火的常见故障原因有火花塞故障、点火线圈总成故障、ECU 内部故障、曲轴位置传感器信号故障、ECU 电源故障等。

3. 独立点火系统的 ECU 控制信号需要使用示波器才能检测到信号，以确定故障原因。

4. 双缸点火系统无高压火的常见故障原因有点火线圈总成故障、高压线故障、火花塞故障、ECU 内部故障、曲轴位置传感器信号故障等。

【自我评估】

不定项选择题

（1）以下（　　）无法判断单缸独立点火系统中点火线圈的好坏。

A. 万用表测量法　　B. 故障码读取法　　C. 替换法　　D. 试火法

（2）火花塞试火，发现高压火太弱，故障原因可能有（　　）。

A. 点火线圈电源断路　　B. 火花塞老化

C. 发动机 ECU 故障　　D. 点火线圈有故障

（3）火花塞不良会造成发动机的（　　）故障。

A. 怠速不稳　　B. 加速不良

C. 冷却液温度过高　　D. 排气管冒黑烟

（4）电控发动机发生无高压火故障时，发动机 ECU 环节的故障原因有（　　）。

A. 无转速信号　　B. 防盗锁止

C. ECU 搭铁不良　　D. 发动机故障灯不亮

（5）不会影响发动机点火控制的传感器有（　　）。

A. 曲轴位置传感器　　B. 爆燃传感器

C. 氧传感器　　D. 凸轮轴位置传感器

（6）下面（　　）点火故障可能引起电控发动机加速不良。

A. 一缸不点火　　B. 点火时间过晚

C. 点火顺序错误　　D. 高压线漏电

（7）测量发动机 ECU 给点火线圈的点火控制信号，适合使用的仪器有（　　）。

A. 万用表　　B. 二极管灯　　C. 示波器　　D. 试灯

（8）发动机 ECU 输送给点火线圈的点火控制信号波形通常是（　　）。

A. 正弦波　　B. 直线波　　C. 方波　　D. 脉冲波

学习单元 4　发动机典型故障码诊断

情境导入

一、情境描述

一辆 2010 款丰田卡罗拉 GL 轿车装备 1ZR-FE 汽油电控发动机，报修时发动机故障警告灯异常点亮。你的主管把这个检修任务分配给你，你能完成吗？

二、情境提示

发动机故障警告灯异常点亮，说明发动机电控系统检测到故障后报警了。维修之前，需要使用故障诊断仪器对汽车的自诊断系统进行故障检测，读取故障码，必要时分析数据流，为故障排除提供依据。

学习目标

一、知识目标

1. 能说明故障码的设定条件。
2. 能进行故障码的内容分析。
3. 能描述根据故障码进行诊断的方法。

二、技能目标

1. 能使用诊断仪器读取和清除故障码。
2. 能根据故障码的含义进行故障排除。

知识学习

1. 故障码的类型

发动机控制单元记忆的故障码分为以下两种类型。

(1) 稳态故障 稳态故障俗称“硬故障”，即故障码无法清除或清除后立即出现。这类故障码通常是由电子元件损坏、线路开路/短路及其他持续的故障造成的。

(2) 偶发故障 偶发故障俗称“软故障”，即故障码可以清除，但发动机经过一段时间的运行后，故障会再次出现。这类故障通常是线路连接器接触不良以及电子元件间歇性故障。这种类型的故障很难查找，通常要等到故障出现时根据故障现象进行检修。

2. 发动机控制系统典型的故障码

由于汽油品质低劣等原因，绝大部分车型的发动机故障指示灯亮时，读取到的故障码都与“缺火”或“混合气不良”相关，以下对这两种类型的故障码进行分析。

(1) “缺火”故障码

1）故障码含义。“缺火”（MISFIRE）也翻译成“失火”，故障码有：

P0300：发动机缺火（无法判断哪缺火一缸或多缸同时缺火）；P0301：第 1 缸缺火；P0302：第 2 缸缺火；P0303：第 3 缸缺火；P0304：第 4 缸缺火，以此类推。

2）故障码设定条件。 需要特别说明的是，“缺火”的“火”并非指点火系统火花塞的“火”，而是指气缸内混合气燃烧的“火”，也就是气缸内混合气燃烧不良，造成气缸工作不良。

发动机控制单元通过使用曲轴位置传感器（CKP）检测曲轴转速的变化诊断缺火，并通过凸轮轴位置传感器（CMP）判别缺火的气缸，如图 2-27 所示。

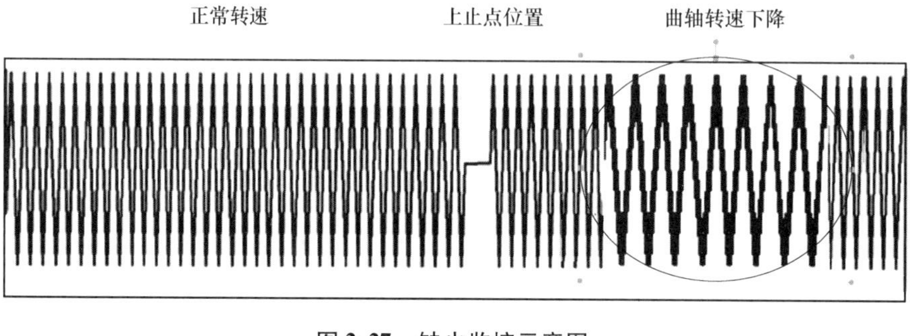

图 2-27 缺火监控示意图

例如，当第 2 个气缸缺火时，曲轴会因失去动力而减速，控制单元计算 1 次“缺火”。当“缺火”的次数达到记忆故障码的条件时，控制单元记忆 P0302 的故障码，并点亮故障警告灯。如果“缺火”的气缸很多，则控制单元将记忆 P0300 的故障码。

3）故障原因。

① 发动机机械：发动机气缸压力低，导致相应气缸工作不良。

② 点火系统：火花塞、高压线、点火线圈、点火控制（控制单元）等原因造成相应气缸不点火或火花弱。

③ 燃油系统：燃油压力低（通常导致多缸缺火），喷油器不工作或工作不良。

④ 进气系统：进气管道堵塞、泄漏（通常导致多缸缺火）。

⑤ 排放控制系统：废气排放控制系统工作不良，排气管（三元催化器）堵塞（通常导致多缸缺火）。

⑥ 控制系统：传感器（如空气流量计等）及控制单元不良，或者控制单元监控太“灵敏”（通常导致多缸缺火）。

提示：控制单元监控太“灵敏”是指汽车生产厂家为了符合排放法规的要求，其控制单元对排放系统的监控非常苛刻，曲轴转速变化轻微即判断为“缺火”。

(2)“混合气不良”故障码

1）故障码的含义。混合气不良的故障码有　P0170：燃油修正错误；P0171：混合气过稀；P0172：混合气过浓；其他与氧传感器或空燃比传感器（指氧化钛型的氧传感器）相关的故障码。

2）故障码设定条件。电控发动机工作时，控制单元根据氧传感器的信号对混合气进行修正（调整），以降低排放及提高燃油经济性。但是如果混合气太浓或太稀，超出控制单元的修正范围，则控制单元将记忆故障码并点亮故障警告灯。

燃油修正数据流如图 2-28 所示。燃油修正包括短期燃油修正和长期燃油修正，它是OBD 数据流中的一个重要参数，用于实时监测发动机的工作情况。

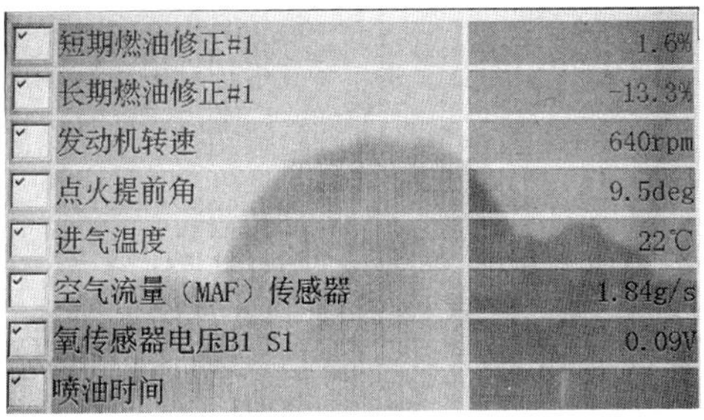

图 2-28　燃油修正数据流

当混合气的配比偏离理论空燃比时，例如，若因某种因素导致混合气突然变稀（假设燃油泵瞬间发卡而供油压力变低），则发动机控制单元先启动短期燃油修正，即增加喷油器的喷油时间进行修正。如果这个导致混合气突然变稀的因素消失，则控制单元不再进行修正，并恢复之前的喷油时间，这个修正过程是短暂的，故称为“短期燃油修正”。如果这个导致混合气变稀的因素一直存在（假设燃油泵磨损而供油压力长期变低），控制单元将启动长期燃油修正，并以修正后的喷油时间持续控制喷油，这个修正过程是长期的，故称为“长期燃油修正”。如果控制单元电源中断，长期燃油修正的数据可能丢失，控制单元必须重新进行燃油修正，这一过程中发动机可能工作不正常，这也就是通常所说的控制单元“自学习”。

当燃油修正的数据为“＋”时，表示控制单元增加喷油时间；反之，若燃油修正的数据为“－”，则表示控制单元减少喷油时间。燃油修正值的幅度根据车型和排放法规要求的不同而不同，对大部分车型来说，短期燃油修正值为－10%～10%，长期燃油修正值为－20%～20%。其中，20%表示混合气太稀，增加20%的喷油时间；－20%表示混合气太浓，减少20%的喷油时间。在－20%～20%范围内的燃油修正，控制单元认为是正常的修正，一旦超出这个范围，控制单元就会记忆故障码并点亮故障灯。

3）故障原因。混合气不良或燃油修正相关的故障码，基本上都与燃油系统及进气系统相关。如果记忆这些故障码，应检查燃油和进气系统。另外，如果氧传感器存在故障，给控制单元错误的信号，也可能导致控制单元判断错误，从而记忆混合气相关的故障码。

基本技能

1. “缺火”故障码的故障诊断

以下以丰田卡罗拉和桑塔纳3000发动机控制单元记忆“缺火”故障码为例，介绍“缺火”故障码的故障诊断方法。

（1）准备工作

1）防护装备：工作服、工作帽、手套、劳保鞋。

2）车辆、台架、总成：卡罗拉整车或发动机台架、桑塔纳3000整车或发动机台架。

3）检测设备：KT600诊断仪、万用表。

4）专用工具：气缸压力表。

5）手工工具：拆装工具一套。

6）辅助材料：翼子板布和前格栅布、三件套、抹布、手套、白板笔。

（2）故障码诊断步骤

⚠ **注意：**请仔细阅读诊断仪器的使用说明书。

1）故障码的读取。

① 确认发动机起动后故障警告灯点亮，如图2-29所示。

② 连接诊断仪器，开机，操作触摸屏，分别选择“汽车诊断”“车型”“诊断座”“发动机与变速箱系统”，进入功能菜单，如图2-30所示。

图2-29 发动机运转时故障警告灯点亮

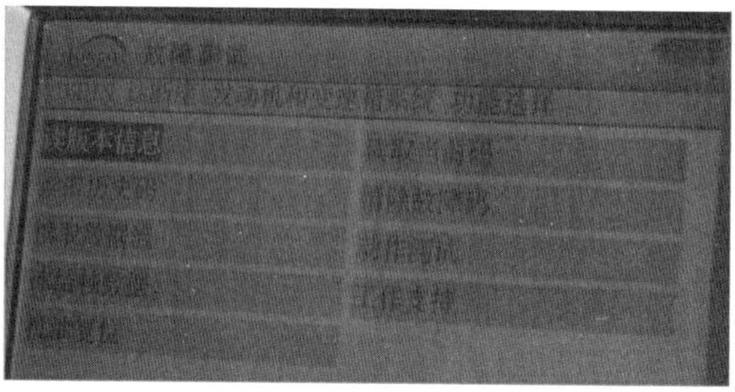

图2-30 功能菜单

③ 选择“读取当前码”，仪器显示故障码的代号及内容，记录故障码内容。

④ 选择“读取数据流”，特别需要读取“缺火”监控的数据流。如图2-31所示，数据流中的“气缸#1失火率”表示控制单元监控到对应气缸“缺火”的次数，如果有“缺火”发生，则数据不为“0”，而是显示“缺火”发生的次数。

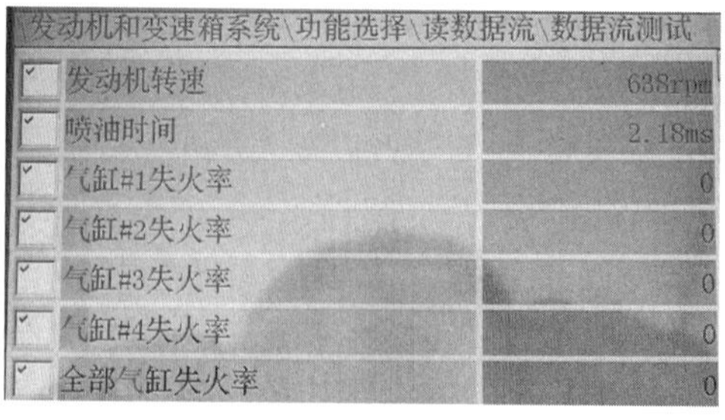

图2-31 “缺火”监控的数据流

2）单缸“缺火”故障码的诊断。如果读取到的故障码只有一个，并且是单缸“缺火”的故障码，如“P0302”，则诊断与排除方法如下：

① 排除机械系统的原因。检查气缸压力，如果2缸的压力异常，则说明故障出现在机

械方面。必须对相应气缸的气门、活塞环等影响气缸压力的因素进行检修。

② 排除点火系统的原因。检查火花塞（前一步骤已经拆卸）、点火高压线（仅对桑塔纳3000）、点火线圈（含点火模块）及控制信号。

桑塔纳3000的发动机采用双点火系统，故障需同时发生在两个缸（2/3缸），因此点火线圈及控制信号出现故障的可能性很小。卡罗拉发动机采用独立点火系统，可以将2缸的点火线圈和其他缸（如1缸）对调，如果故障码变成P0301，则表明原2缸的点火线圈出现故障。另外，也可以采用检测数据对比的方法判断点火控制信号是否正常。

③ 排除燃油系统的原因。检测喷油器，特别注意2缸喷油器是否工作，以及工作是否异常（堵塞、泄漏等）。

提示： 因为仅仅是一个缸“缺火”，所以其他如燃油压力、排放、传感器及控制系统出现故障的可能性很小（这些故障一般影响的是全部气缸）。

3）两个缸“缺火”故障码的诊断。

① 对于桑塔纳3000的发动机，如果“缺火”的气缸是采用同一组点火线圈，如P0301和P0304，或P0302和P0304，则应重点检查点火线圈及控制信号。

② 对于卡罗拉发动机，或者桑塔纳3000发动机故障码对应的气缸不是同一组点火线圈控制，可参照单缸“缺火”的方法检查。

4）单边“缺火”故障码的诊断与排除。此类故障仅存在于“V形”发动机上（卡罗拉和桑塔纳3000都是直列4缸发动机，不存在这类情况）。如果“缺火”的故障码集中在同一边的气缸，如同时出现P0301、P0303、P0305的故障码，则应重点检查对应一边的机械装配（如是否维修过气缸盖）、进气管道、排气管道和氧传感器等。

5）多缸“缺火”故障码的诊断。如果读到的故障码是P0300（多缸“缺火”），或者除了P0300外还有其他气缸的故障码，则可以判断故障不是出现在某个缸，而是整体性的故障，必须对发动机进行全面检查。

① 排除机械系统的原因。检查气缸压力，如果气缸压力异常，则表明故障出现在机械方面。此时，必须对气门、活塞环等影响气缸压力的因素进行检修。

② 排除点火系统的原因。检查火花塞（前一步骤已经拆卸）、点火高压线（仅对桑塔纳3000）、点火线圈（含点火模块）及控制信号。特别注意火花塞的型号是否正确，以及火花塞电极状况是否良好。

③ 排除燃油系统的原因。测量燃油压力，如果燃油压力过低，则检查燃油泵和控制线路；拆卸全部喷油器，检查其工作情况。

目前，由于汽油品质差导致的燃油系统“缺火”占实际维修案例的比例很大，所以必须对燃油系统进行全面的清洁。

④ 排除进气系统的原因。检查空气滤清器、节气门体及进气管道，如果脏污，则必须对进气系统进行全面清洁。特别在空气污染严重的地区，进气管道堵塞也是造成发动机“缺火”的主要原因。

⑤ 排除排放控制系统的原因。重点检查三元催化转换器是否堵塞。

⑥ 排除传感器及控制系统的原因。使用诊断仪器读取与混合气相关的传感器数据流，如空气流量计、节气门位置传感器、冷却液温度传感器、氧传感器等，如果有异常，应对相

关传感器进行检修。

⑦ 如果经过以上检修，故障警告灯还是点亮并记忆同样的故障码，则原因可能如下。

原因一：如果发动机有抖动或尾气不良等异常现象，则表示故障仍未排除，即前文所述检修步骤有遗漏，应重新进行检修。

原因二：如果发动机工作平稳，尾气排放也基本正常，仅仅是故障指示灯亮，这种原因称为“假故障”，或监控太“灵敏”，其实质是发动机控制单元“缺火”监控太严格，将发动机正常的转速波动视为“缺火”故障，此时必须对控制单元进行重新编程（即修正控制程序）。特别提醒：出现这种情况时不要轻易下结论，应查找汽车生产厂家的相关资料，因为绝大部分厂家会对这类故障发出技术通报，要求4S店根据规定程序进行处理。

6）故障排除后，需要清除故障码，选择“清除故障码”，确认后显示“系统正常”。

2. “混合气不良”故障码的故障诊断

以下以丰田卡罗拉和桑塔纳3000发动机控制单元记忆“混合气不良”故障码为例，介绍“混合气不良”故障码的故障诊断方法。

（1）准备工作

1）防护装备：工作服、工作帽、手套、劳保鞋。

2）车辆、台架、总成：卡罗拉整车或发动机台架、桑塔纳3000整车或发动机台架。

3）检测设备：KT600诊断仪、万用表。

4）专用工具：气缸压力表。

5）手工工具：拆装工具一套。

6）辅助材料：翼子板布和前格栅布、三件套、抹布、手套、白板笔。

（2）故障码诊断步骤

⚠ **注意：**请仔细阅读诊断仪器的使用说明书。

1）故障码读取。确认并记录故障码。

2）数据流分析。利用诊断仪器读取数据流，对与混合气相关的数据流进行分析。图2-32所示为丰田卡罗拉“燃油修正”的数据流。

在图2-32a中，短期燃油修正的数据为1.6%（#1表示气缸排列为1缸侧，对于直列气缸无意义），说明控制单元接收到混合气稀的信号（氧传感器信号0.09V），增加1.6%的喷油量。在图2-32b中，氧传感器信号提升到0.72V，短期燃油修正结束（0.0%，负值表示有降低喷油量的趋势）。

两图中，长期燃油修正的数据均为-13.3%，表示控制单元认为混合气长期偏浓，降低13.3%的喷油量。

图2-32中的数据属于正常的燃油修正范围，控制单元不会记忆故障码。假设根据排放法规，长期燃油修正为-20.00%~20.00%，当控制单元修正值高于这个范围（即超出20%）时，记忆混合气过稀的故障码为P0171，即混合气过稀，控制单元增浓修正超出极限；当控制单元修正值低于这个范围（即超出-20%）时，记忆混合气过浓的故障码为P0172，即混合气过浓，控制单元降低浓度修正超出极限；如果发动机工作不稳定，混合气有时过稀有时过浓，则控制单元记忆P0170，即燃油修正错误。

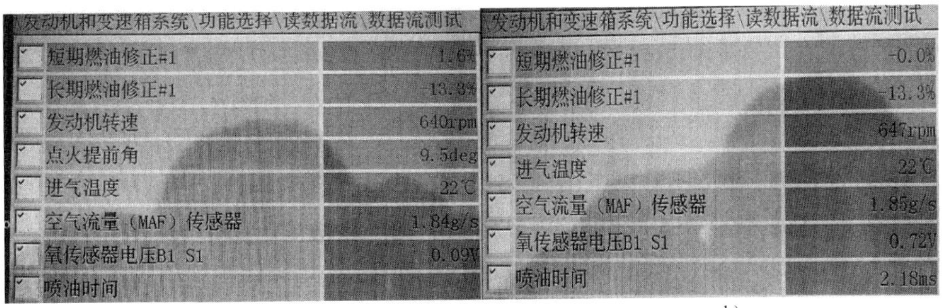

a)　　　　　　　　　　　　b)

图 2-32 “燃油修正”的数据流

3）混合气过稀故障码 P0171 的故障诊断。

① 排除燃油系统原因：燃油压力低、喷油器不工作或堵塞。

② 排除进气系统原因：进气系统泄漏。

③ 排除传感器及控制系统原因。分析数据流与喷油量相关的传感器信号，如果发现异常，则进行检修。特别注意氧传感器信号，如果氧传感器故障，提供了错误信息，则控制单元将无法正确修正混合气。

4）混合气过浓故障码 P0172 的故障诊断。

① 排除燃油系统原因。燃油压力高、喷油器泄漏。

② 排除进气系统原因。进气系统堵塞。

③ 排除传感器及控制系统原因。分析数据流与喷油量相关的传感器信号，如果发现异常，则进行检修。特别注意氧传感器信号，如果氧传感器故障，提供了错误信息，则控制单元将无法正确修正混合气。

5）燃油修正错误故障码 P0170 的故障诊断。发动机工作不正常造成此故障，必须对发动机进行全面检查。

① 检查气缸压力，如果异常则拆检发动机。

② 对发动机进行全面保养，包括燃油系统、进气系统、点火系统、排放系统的清洁和检查。

③ 排除传感器及控制系统原因。分析数据流与喷油量相关的传感器信号，如果发现异常，则进行检修。特别注意氧传感器信号，如果氧传感器故障，提供了错误信息，则控制单元将无法正确修正混合气。

④ 与“缺火”的故障相似，如果经过以上检修，故障警告灯还是点亮并记忆同样的故障码，则原因可能如下：

原因一：如果发动机有抖动或尾气不良等异常现象，则表示故障仍未排除，即前文所述检修步骤有遗漏，应重新进行检修。

原因二：如果发动机工作平稳，尾气排放也基本正常，仅仅是故障指示灯亮，是因为发动机控制单元为了满足严格的排放法规（特别是欧洲规格的车种），对“燃油修正”监控较严格，比如将长期燃油修正范围限定在 -15%~15% 甚至更低的范围，此时必须对控制单元进行重新编程（即修正控制程序）。特别提醒：出现这种情况时不要轻易下结论，应查找汽车生产厂家的相关资料，因为绝大部分的厂家会对这类故障发出技术通报，要求 4S 店根据规定程序进行处理。

6）故障排除后，需要清除故障码，选择“清除故障码”，确认后显示“系统正常”。

【拓展知识】

故障障码诊断流程

1. 卡罗拉故障码 P0300（发动机多次随机失火）

（1）故障码设置条件 电控发动机的气缸失火（点火线圈不点火）时，由于燃烧不好，高浓度的碳氢化合物进入排气系统，造成排放废气浓度增加，引起三元催化器温度升高，损坏三元催化器。为防止废气浓度过高及三元催化器因温度过高而损坏，发动机ECU将检测缺火，ECU通过曲轴位置传感器和凸轮轴位置传感器监测缺火，凸轮轴位置传感器识别缺火气缸；曲轴位置传感器检测曲轴转速变化，若转速变化超过设定极限值，则计算缺火次数，若缺火率超过设定极限值，引起排放恶化，则ECU储存故障码并点亮故障指示灯。

（2）故障诊断流程 卡罗拉故障码P0300的故障诊断流程见表2-2。

表2-2 卡罗拉故障码P0300的诊断流程

步骤	诊断内容	检测结果	结论	排除方法
1	连接诊断仪，读取故障码，确定是否还有P0300以外的其他发动机故障码	有	发动机系统多重故障	清除或排除其他故障码
		没有	转下一步	—
2	起动发动机，读取数据流，冻结数据，取得缺火转速、缺火气缸、缺火负荷数据	数据不清晰	偶发故障	反复试验，清除故障码
		可以读取数据信息	转下一步	—
3	关闭发动机，拆卸检查四缸及缺火气缸点火线圈与火花塞跳火是否良好	不良	点火系统不良	更换火花塞及不良点火线圈
		良好	转下一步	—
4	测试四缸气缸压力，以及缺火气缸压力是否符合标准	缸压不正常	气缸机械故障	排除气缸压力异常故障
		缸压正常	转下一步	—
5	安装点火系统，连接燃油压力表，测试燃油压力是否正常	异常	供油系统故障	更换油泵及燃油滤清器
		正常	转下一步	—
6	拆卸喷油器，在喷油器检测仪上检测四缸及缺火气缸喷油器的喷油量是否正常	不良	喷油系统故障	清洗或更换喷油器
		良好	转下一步	—
7	检查进气系统及缺火气缸的积炭是否严重	不正常	进气及气门系统故障	维修进气道，清洗气门积炭
		正常	转下一步	—

（续）

步骤	诊断内容	检测结果	结　论	排除方法
8	检查正时机构，确定正时记号是否正确	正时错误	正时机构故障	重新正时或更换正时带
		正时正确	转下一步	—
9	检查油箱中的燃油是否是标准燃油	燃油质量差	燃油品质故障	更换燃油
		燃油良好	转下一步	—
10	恢复车辆拆卸过的系统，起动发动机，清除发动机系统故障码，重新读取，观察是否仍然储存故障码 P0300	故障码消失	故障排除	—

2. 科鲁兹故障码 P0171（混合气过稀）

（1）故障码设置条件　电喷发动机的燃油修正和反馈补偿有关，而与基本喷油时间无关。燃油修正包括短期燃油修正和长期燃油修正，短期燃油修正是用来将空燃比持续保持在理论空燃比范围内的燃油补偿，来自氧传感器的信号根据理论空燃比来指导实际空燃比是过浓还是过稀，如果过浓，则喷油量减少；如果过稀，则喷油量增加。

由于发动机存在个体差异，随着长时间的磨损和操作环境的变化，短期燃油修正值将出现偏差，长期燃油修正用于控制整体燃油补偿，能补偿短期燃油修正的偏差。如果短期燃油修正与长期燃油修正都过浓或过稀，则 ECU 设定故障码，故障警告灯点亮。

（2）故障诊断流程　科鲁兹故障码 P0171 的故障诊断流程见表 2-3。

表 2-3　科鲁兹故障码 P0171 的诊断流程

步骤	诊断内容	检测结果	结　论	排除方法
1	连接诊断仪，读取故障码，确定是否还有 P0171 以外的其他发动机故障码	有	发动机系统多重故障	清除或排除其他故障码
		没有	转下一步	—
2	起动发动机，进行动作测试，改变喷油量，读取数据流，观察氧传感器电压数据是否变化	无变化	氧传感器故障	更换氧传感器
		有变化	转下一步	—
3	发动机怠速运转，读取数据流，显示怠速喷油脉宽是否过低	过低	燃油喷射系统故障	清洗喷油器
		正常	转下一步	—
4	读取数据流，显示怠速进气量是否过高	过高	空气流量计故障	更换空气流量计
		正常	转下一步	—
5	检查进气道系统是否堵塞不通	脏污	进气系统故障	更换空气滤清器，清洁进气道
		正常	转下一步	—

（续）

步骤	诊断内容	检测结果	结论	排除方法
6	读取数据流，显示冷却液温度信号是否过高	过高	水温传感器故障	更换水温传感器
		正常	转下一步	—
7	检查曲轴箱通风系统是否正常	堵塞	曲轴箱通风系统故障	更换 PCV 阀
		通风正常	转下一步	—
8	检查发动机进气真空系统是否漏气	真空泄漏	真空管系统故障	更换检修真空管
		正常	转下一步	—
9	诊断仪清除故障码，重新读取故障码，观察故障是否清除	未清除	ECU 故障	更换 ECU
		清除	转下一步	—
10	恢复车辆，试车，观察故障灯是否继续点亮	不亮	故障排除	—

【学习小结】

1. 发动机控制单元记忆的故障码分为两种类型：稳态故障和偶发故障。
2. 发动机控制系统的故障码常与“缺火”或“混合气不良”相关。
3. “缺火”故障码诊断步骤。
4. “混合气不良”故障码诊断步骤。

【自我评估】

1. 填空题

（1）稳态故障的故障码通常是由电子元件________、线路________及其他持续的故障造成的。

（2）偶发故障通常是线路________以及电子元件________故障。

2. 判断题

（1）偶发故障码表示故障已经排除，不会再发生。 （ ）

（2）“缺火”的故障码就是点火系统出故障。 （ ）

3. 简答题

（1）简述“缺火”故障码的故障诊断步骤。

（2）简述“混合气不良”故障码的故障诊断步骤。

学习单元5　发动机电控单元及其故障诊断

情境导入

一、情境描述

一辆卡罗拉轿车配备1ZR_FE发动机，行驶里程为15万km，客户反映发动机起动不着，发动机故障灯不亮，可能发动机电控单元损坏，需要维修或更换电控单元。你若接到工单，该如何处理和维修？

二、情境提示

发动机电控单元简称ECU，也称发动机控制模块，如果同时控制发动机系统和自动变速器系统，则称为动力控制单元（PCM）。ECU是发动机电控系统的核心部件，它既是发动机正常工作的控制主体，也是使发动机运行性能达到最佳效果的中枢机构。ECU不良会造成发动机不能起动，也会造成发动机运行异常。

学习目标

一、知识目标

1. 能描述发动机电控单元的功能。
2. 能描述发动机电控单元的工作原理。
3. 能描述检测电控单元故障的方法。

二、技能目标

1. 能在实车上查找电控单元的位置。
2. 能根据电路图查找电控单元各针脚功能。
3. 能检测故障诊断座各端子的数据。
4. 能诊断与排除电控单元不能通信的故障。

知识学习

1. 电子控制单元的功用

汽车电子控制单元（ECU，Engine Control Unit）也称发动机控制模块（ECM，Engine Control Module），如果同时控制发动机和自动变速器，则称为动力控制模块（PCM，Power Control Module）。电子控制单元是以单片微型计算机（即单片机）为核心所组成的电子控制装置，具有强大的数学运算、逻辑判断、数据处理与数据管理等功能。ECU是汽车电子控制系统的控制中心，其功用是分析和处理传感器采集到的各种信息，并向执行器发出控制指令，使之产生相应动作。

2. 电子控制单元的组成

电子控制单元主要由输入回路、微处理器和输出回路等组成，如图2-33所示。

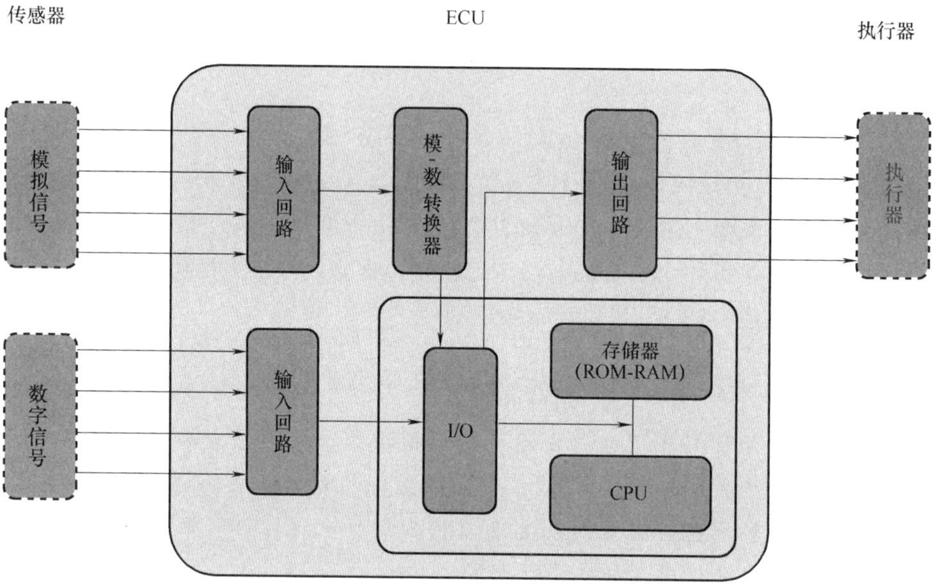

图2-33　电子控制单元的基本组成

(1) 输入回路　输入回路又称为输入接口或输入电路，具备A-D（模拟-数字）转换器功能。微处理器只能识别0~5V的方波数字信号，但传感器输送给ECU的信号有两种（模拟信号和数字信号），对于不同的输入信号，输入回路的作用也各不相同，如图2-34所示。

信号电压（或电流）随时间变化而连续变化的信号称为模拟信号，如冷却液温度传感器信号。由于微处理器无法识别模拟信号，因此需要先滤除杂波再通过A-D（模拟-数字）转换器将连续变化的模拟量转换成数字量之后才能输入微处理器。

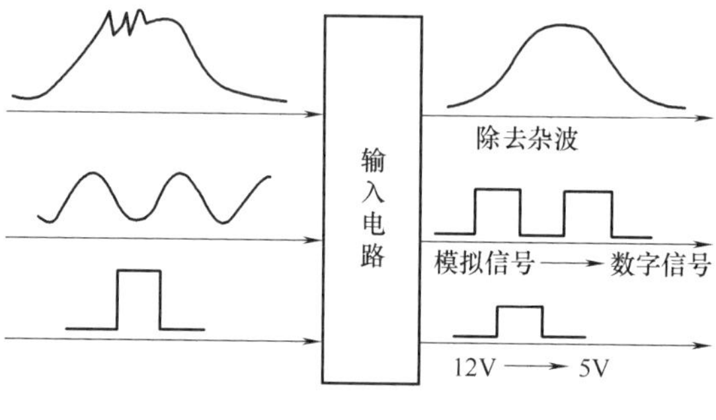

图2-34　输入回路的作用

信号电压（或电流）随时间变化不是连续变化的信号称为数字信号，如霍尔传感器（曲轴/凸轮轴位置、车速或轮速等）的信号为脉冲（方波）信号，需要通过输入回路的数字缓冲器进行限幅、整形和分频（如将曲轴位置传感器信号分频为1°信号等）处理后，才能传输到微处理器进行运算处理。

(2) 微处理器　微处理器在各种存储器的支持下，统一控制各组成部分，对输入信号进行运算处理并输出控制信号。微处理器主要由中央处理器（CPU）、数据存储器（RAM/ROM）和输入/输出（I/O）接口等组成。

1）中央处理器。中央处理器（CPU，Central Processing Unit）是整个控制系统的核心，所有数据都要在CPU内进行运算。它主要由进行算术和逻辑运算的运算器、暂时存储数据的寄存器、按照程序执行各装置之间信号传送及控制任务的控制器等组成。当接收到各传感器的信号后，中央处理器根据预先设计的程序进行算术运算和逻辑运算后发出控制指令，并控制燃油喷射、点火、怠速以及排放等系统。

2）存储器。存储器是一种保存数据的装置，分为随机存储器和只读存储器。随机存储器（RAM）可随时存取任何信息，只读存储器（ROM）则只能对已存入的信息进行读取。随着计算机技术的发展，又相继开发了 PROM、EPROM 和 EEPROM 等几种新型只读存储器。

① 只读存储器。只读存储器（ROM）用来存储固定数据，即存放各种永久性的程序和永久性、半永久性的数据。例如，控制电子系统工作的程序和与各种运行工况相关的理论空燃比及点火提前角等标准信息，一般都是在制造时由厂家一次性存入的，运用中无法改变其内容，即 ECU 工作时，新的数据不能存入，需要时能读出存入的原始数据资料。当电源切断时，存入 ROM 的信息不会丢失，通电后又可以立即使用。

② 随机存取存储器。随机存取存储器（RAM）主要用来存储 ECU 工作时的可变数据，如 ECU 输入、输出数据和计算过程中产生的中间数据等，根据需要，存储的数据可随时调出或更新。RAM 在 ECU 中起暂时存储信息的作用，当电源切断时，所有存入 RAM 内的数据会完全丢失。

③ 可编程只读存储器。在一些 ECU 中装有一种可拔插的可编程只读存储器（PROM，Programmable ROM），这种存储器可以和 ECU 分开进行维护。PROM 中存储有一些与车型有关的专用程序，如点火提前控制程序，这是为每一种车型的特殊要求设计的。例如，点火提前控制程序会随变速器或后桥传动比的不同而变化。

在一些 ECU 上还装有电子可擦除只读存储器（EEPROM，Electrical Erasable Programable ROM），如图 2-35 所示。生产厂商可以很容易地向这类存储器芯片内重新写入程序。此类芯片一般不能与 ECU 分开进行维护。

3）输入/输出接口。输入/输出（I/O）接口是 CPU 与传感器或执行器之间进行数据交换和下达控制指令的通道。由于传感器和执行器种类繁多，它们的信号速度、频率、电平、功率和工作时序等都不可能与 CPU 完全匹配。因此，必须根据 CPU 的指令，通过 I/O 接口进行协调和控制。

图 2-35　存储器

4）总线。总线（BUS）是 ECU 内部传递信息的连线电路。在 ECU 内部，CPU、ROM、RAM 与 I/O 接口之间的信息交换都是通过总线来实现的。

总线技术是提高 ECU 运算速度的关键技术。为了满足汽车上各种 ECU 之间实现快速通信的要求，目前大多数中高档汽车都已采用控制器局域网络通信总线（即 CAN 总线）技术。

（3）输出回路　输出回路是微处理器与执行器之间的中继站，其功用是根据微处理器发出的指令控制执行器动作。微处理器对采样信号进行分析、比较、运算后，由预定的程序形成控制指令并通过输出端子输出。由于微处理器只能输出微弱的电信号（如喷油脉冲、点火信号等），不能直接驱动执行元件，因此必须通过输出回路对控制指令进行功率放大、译码或 D/A 转换，变成可以驱动各种执行元件的强电信号。

3. 电子控制单元的工作过程

发动机起动时，电子控制单元 ECU 进入工作状态，某些运行程序或操作指令从存储器 ROM 中调入中央处理器 CPU。这些程序可以控制燃油喷射、点火时刻、怠速转速等。在 CPU 的控制下，一个个指令按照预先编制的程序有条不紊地进行循环，程序运行过程中所需要的发动机工况信息由各种传感器提供。

如图 2-36 所示，当曲轴位置传感器检测的发动机转速与转角信号（脉冲信号）、进气歧管压力传感器检测的负荷信号（模拟信号）和冷却液温度传感器检测的温度信号（模拟信号）等输入 ECU 后，首先通过输入回路进行信号处理。如果是数字信号，就根据 CPU 的安排经缓冲器和 I/O 接口电路直接进入 CPU；如果是模拟信号，则首先经过 A-D（模-数）转换器转换成数字信号，以便数字式单片机处理，然后才能经 I/O 接口电路输入 CPU。大多数信息暂时存储在 RAM 中，再根据控制指令从 RAM 传送到 CPU。

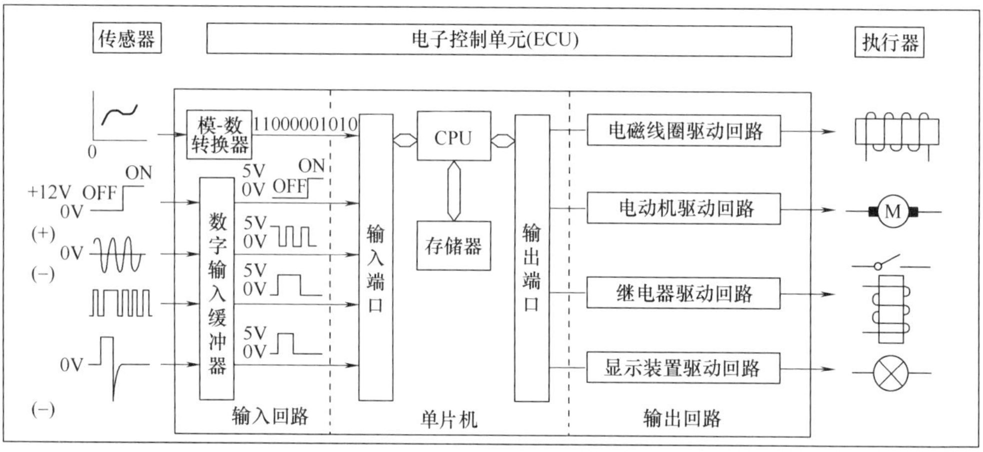

图 2-36 电子控制单元内部结构框图

CPU 将预先存储在 ROM 中的最佳试验数据引入 CPU，将传感器输入的信息与其进行比较。CPU 将来自传感器的各种信息依次取样，与最佳试验数据进行逻辑运算，通过比较作出判定结果并发出指令信号，经 I/O 接口电路、输出回路控制执行器动作。如果是喷油器驱动信号，就控制喷油开始时刻、喷油持续时间，完成控制喷油功能；如果是点火器驱动信号，就控制点火导通角和点火时刻，完成控制点火功能。如果执行器需要线性电流量驱动，单片机就控制占空比来控制输出回路的导通与截止，使流过执行器电磁线圈的平均电流线性增大或减小。

4. 电子控制单元的控制功能

电子控制单元根据接收到的各类传感器及开关输入电信号精确地实现对如下功能的控制。

（1）起动控制 发动机起动时，电子控制单元根据冷却液温度、进气温度、转速等信号控制喷油器增加喷油量，以及控制怠速控制机构（如步进电动机）保持最大开度。

（2）暖机和三元催化净化器的加热控制 当发动机温度较低时，电子控制单元控制增大喷油量和保持怠速控制机构最大的开度，以缩短发动机暖机时间。

电子控制单元采用适度推迟点火提前角的方法，利用废气对三元催化净化器进行加热，以缩短三元催化净化器进入正常工作的过渡时间，降低污染物的排放。

（3）加速/减速和倒拖断油控制 当汽车加速时，电子控制单元适量增加喷油量，以满足汽车加速时的动力性要求；当汽车减速时，电子控制单元适量减少喷油量，以实现汽车减速时的经济性要求；在急减速、发动机处于强制怠速工况（节气门全关，发动机转速比目标转速高）和倒拖工况（发动机在飞轮处提供的功率是负值的情况）下，电子控制单元将减少甚至切断喷油，以减少燃油消耗和控制污染物排放。

（4）怠速控制　为保证发动机在较低的怠速下稳定运行，电子控制单元的闭环怠速控制系统必须维持产生的扭矩与发动机“功率消耗”之间的平衡。

（5）混合气闭环控制　电子控制单元根据氧传感器的反馈信号，通过修正喷油持续时间来控制混合气的空燃比，使其更接近理论空燃比。

（6）蒸发排放控制　燃油箱内的燃油蒸气通过导管被收集在活性炭罐中，电子控制单元通过控制炭罐电磁阀，实现活性炭罐内的燃油蒸气被吸入进气歧管参加燃烧。

（7）燃油喷射控制　电子控制单元能够对喷油正时和喷油脉宽进行控制，从而为发动机提供最佳的空燃比。

（8）点火正时控制　电子控制单元根据发动机转速、进气量、发动机冷却液温度和大气压力信号控制点火初级电路中功率晶体管的导通和截止状态，从而控制点火正时。

（9）换挡时机控制　在换挡手柄处于不同工况位置时，电子控制单元通过检测换挡模式选择开关所处的位置、车速和节气门开度等信号，适时发出指令，开启或闭合系统输出装置中的换挡电磁阀，从而控制各换挡阀和执行机构中离合器与制动器的动作，使自动变速器准确而可靠地完成升挡或降挡变换。

（10）锁止时机控制　在汽车自动变速器电子控制系统的电子控制单元中，存有对应于每种换挡模式下控制锁止离合器接合与分离的计算机程序，按此程序的规定，电子控制单元根据接收到的车速、节气门开度等传感器信号，向锁止电磁阀发出指令，控制液力变矩器的锁止时机。与此同时，电子控制单元还通过控制流经锁止电磁阀的激励电流来调节作用于锁止离合器的油压，使该离合器的接合与分离平稳，改善乘坐舒适性。

（11）减速控制　当换挡手柄处于超速挡、车辆以不太高的车速行驶时，若进一步减速，则电子控制自动变速器并非由超速挡直接降至三挡，而是跳过三挡，先降至二挡，很短一段时间后再升至三挡。电子控制单元的这种减速控制功能可以减轻减速时由超速挡降至三挡而带来的振动。

（12）发动机转矩控制　当电子控制单元根据各输入传感器提供的信号，判定需进行升挡或降挡变换时，先发出一个控制信号通知发动机暂时延迟点火正时，以控制发动机所输出的转矩，使换挡平稳过渡。

（13）自诊断功能　当与排放控制有关的传感器或执行器检测到异常情况时，发动机警告灯（发动机检查灯）点亮，以此通知驾驶人存在异常。当传感器或执行器检测到异常情况时，对应于此异常情况的故障诊断码就会被输出。

5. 电控单元的特点

1）适应 ECU 的具体工作环境，采用可靠性设计。

2）电路采用模块化设计方法。

3）采用低功耗高性能的元器件，简化了电路、降低了功耗、提高了控制精度。

4）采用车上低压电池供电，选用先进的开关电源。

5）系统具有较好的抗震和抗电磁干扰能力，能在各种环境温度下可靠地工作。

6）ECU 硬件系统安装调试方便，便于维修，质量小。

7）采用标准化开放式设计方法，便于系统的扩展、移植和修改。

8）在软件设计中，采用层状结构体系和模块化技术，便于修改和扩展。

6. 电控单元的常见故障及其检测

（1）电控单元检测注意事项

1）拆装发动机电控单元前需要断开蓄电池电源。

2）不能用手触摸发动机电控单元中插接器的金属针脚。

3）严禁使用试灯测量发动机 ECU 及控制电路，只能使用数字万用表检测 ECU。

4）检测 ECU 前需要进行人体释放静电工作或保持人体接地良好。

5）严禁使用短接法或划火法测试电控单元及电控系统。

6）蓄电池正、负极不可接反，否则易烧毁电控单元。

7）插拔电控单元连接器前，须关闭点火开关。

8）安装电控单元要牢固，金属外壳要搭铁良好。

9）电控单元若断电（蓄电池、熔丝或插头断开），则其储存的信息可能丢失。

10）对车身进行焊接工作（电焊或氧焊）时，须先断开蓄电池，否则易烧毁电控单元。

（2）电控单元检测程序

1）利用诊断仪器读取 ECU 故障记录，如不能与 ECU 通信，则进行下一步操作。

2）检查 ECU 连接线是否完好，重点检查 ECU 电源供给（来自主继电器或蓄电池直接供给）、接地线路是否正常。

3）检查外部传感器工作是否正常，输出信号是否可信，其线路是否完好。

4）检查执行器工作是否正常，其线路是否完好。

5）更换 ECU 进行试验。

（3）电控单元的故障现象和原因

1）故障现象 1：仪表故障指示灯长亮。

故障备用系统在 ECU 的 CPU 电路故障时即会自动进入备用系统。例如，当 ECU 检测出 CPU 故障时，仪表板上的发动机警告灯点亮以警告驾驶员，同时备用系统产生作用，取代故障元件或系统。

2）故障现象 2：仪表故障指示灯不亮。

组合仪表发动机故障指示灯由 ECU 搭铁控制，检测 ECU 故障指示灯控制端子针脚搭铁正常，则为组合仪表故障；若 ECU 针脚不搭铁，则说明 ECU 内部故障，需更换 ECU；如 ECU 针脚至组合仪表针脚不导通，则说明之间线路断路，应检修线路。

3）故障现象 3：防盗触发。

现象：发动机不能起动或起动 2s 左右立即熄火。

原因：使用了错误的点火钥匙或其他原因导致防盗触发。

排除：根据制造厂的程序或仪器解除防盗。

⚠ **提示：**发动机控制单元储存有防盗信息，当发动机 ECU 无法接收防盗系统的密码信息时，发动机 ECU 将启动防盗锁止程序，不控制点火及燃油系统的工作。防盗锁止的表现如下：

① 组合仪表防盗指示灯点亮或闪烁。

② 发动机控制系统储存防盗锁止故障码。

③ 发动机不能起动或起动即熄火等。

防盗锁止时，可尝试更换新车钥匙，或使用诊断仪进行防盗匹配，解除防盗模式。若不能解除防盗状态，则需要更换 ECU，此时需要进行防盗匹配编程，这样 ECU 才能正常工作。

4）故障现象 4：控制单元控制程序错误。

现象：发动机不能起动或工作不良。

原因：控制单元未编程/编码，编程/编码错误或程序出错。

排除：采用制造厂专用仪器对控制单元编程/编码。

⚠ **提示：**有些发动机在工作过程中起动性能不好或运行不稳定，而电路控制系统无故障，一般是由于电控单元的软件程序出现了错误，需要对控制单元进行编程或重新刷新计算机。而进行清洗节气门或断电等操作后，发动机工作不稳定，也是 ECU 程序错误，需要进行 ECU 的初始化设置或自适应匹配，以恢复 ECU 的工作性能。

5）故障现象 5：信号输入回路故障。

现象：自我诊断系统记忆某个传感器的故障码，但检查发现该传感器元件、电路及外部可能影响因素都正常；或者虽然没有故障码，但不接收该传感器信号。

原因：控制单元信号输入回路故障。

排除：更换新的控制单元。

⚠ **提示：**如果读取到故障码，但故障码无法清除，则说明故障码所代表的元件及电路故障未排除，需要检测相关线路及更换相关电气元件，有些故障码不是相关元件故障产生故障码，而是相关元件检测到相应机械故障，ECU 保护性切断元件工作，从而报警，这样的故障需要排除相关机械故障。如失火故障码，有的是发动机机械故障，造成点火关闭，产生点火故障码，需要排除发动机机械故障，才能清除故障码。

6）故障现象 6：信号输出回路故障。

现象：自我诊断系统记忆某个执行器的故障码，但检查发现该执行器元件、电路及外部可能影响因素都正常；或者虽然没有故障码，但在相关信号正常的情况下，不控制该执行器动作。

原因：控制单元信号输出回路故障，通常是 ECU 内部驱动器损坏，使驱动执行机构不工作。

排除：更换新的控制单元。

7）故障现象 7：不能和外部的检测仪器通信。

现象：故障诊断接口（诊断座）通信电路正常，但控制单元无法与外部检测仪器通信（此时控制单元的其他控制功能可能正常，也可能不正常）。

原因：控制单元微处理器或其他电路故障。

排除：在确认检测仪器、操作程序、控制单元（包含诊断接口）电路正常的情况下，更换新的控制单元。

⚠ **提示：**诊断仪无法进入发动机控制单元进行诊断，可能诊断通信线路有故障。

① 测量诊断座 7#、6#或 14#端子针脚是否有电压，无电压则说明有故障。

② 测量诊断座 7#、6#或 14#端子与 ECU 针脚之间是否导通，不导通则说明存在线路断路故障。

③ 诊断信号线导通，但无电压信号，则说明 ECU 有故障，应更换 ECU 总成。

8）故障现象 8：外部原因导致控制单元故障。

现象：控制单元不工作或工作不良。

原因：碰撞、温度过高、发电机调节器故障，导致输出电压过高/过低、接地（搭铁）不良、线路接触等外部原因，连带 ECU 损坏或进入保护模式。

排除：排除外部因素，必要时更换新的控制单元。

基本技能

发动机电控单元故障诊断

如果诊断仪器不能与电控单元通信，并已经排除了仪器及操作错误的原因，则可以判断控制单元及其线路故障。以下以丰田卡罗拉轿车为例，介绍其发动机电控单元（以下称控制模块 ECM）故障的检测方法。

卡罗拉发动机控制模块 ECM 与故障诊断座（DLC3）的通信线路如图 2-37 所示。通信相关端子介绍如下：

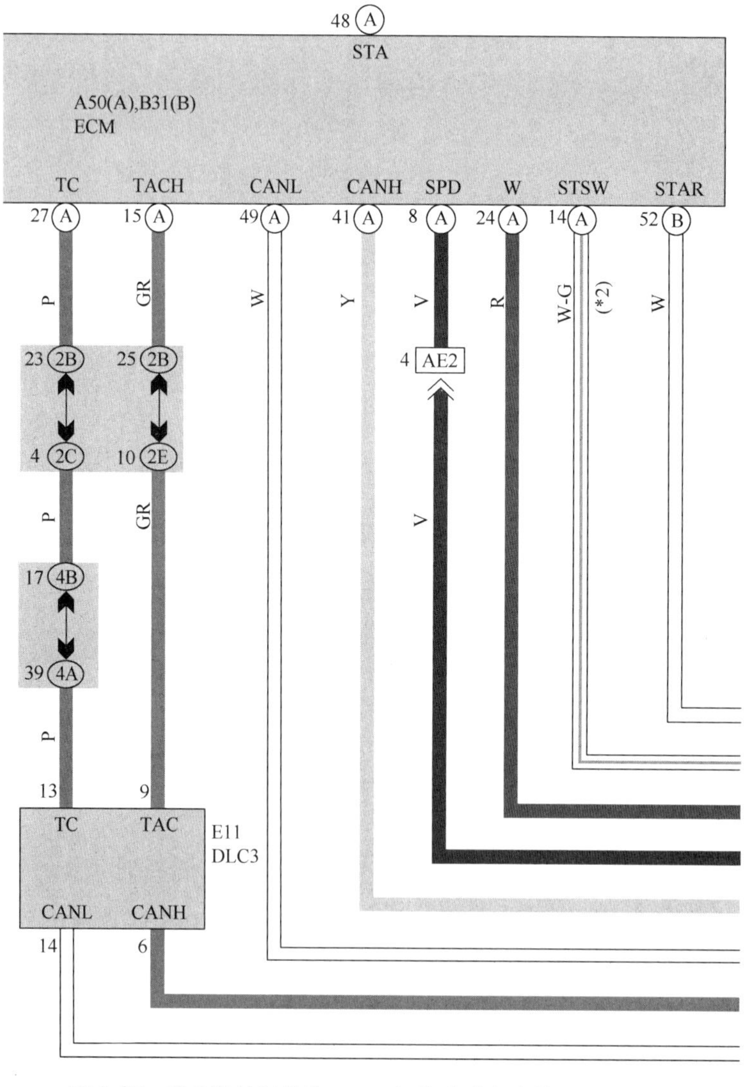

图 2-37 发动机控制模块 ECM 与故障诊断座的通信线路图

1）诊断座 13 号端子 TC 与 ECM A27 端子 TC 连接：在早期车型上用于手工读取故障码，如果采用短接线短接 13 号和 4 号端子（接地 E1），则发动机故障警告灯闪烁故障码。同时，在进行防启动钥匙匹配时，也需要短接 13 号和 4 号端子。

2）诊断座 9 号端子 TAC 与 ECM A15 端子 TACH 连接：控制模块到诊断座的发动机转速信号，提供给诊断仪器使用。

3）诊断座 6 号端子 CANH 与 ECM A41 端子 CANH 连接：车载网络 CAN 的高电位 H 通信线。

⚠ **提示**：图中诊断座和 ECM 的 CANH 未显示连接，但根据 CAN 原理，所有控制模块的 CANH 都是连接在一起的。

4）诊断座 14 号端子 CANL 与 ECM A49 端子 CANL 连接：车载网络 CAN 的低电位 L 通信线。

⚠ **提示**：图中诊断座和 ECM 的 CANL 未显示连接，但根据 CAN 原理，所有控制模块的 CANL 都是连接在一起的。

早期车型未采用 CAN 通信系统时，发动机 ECM 利用“K”线与诊断仪器通信，“K”线连接诊断座的 7 号端子。为了保证诊断仪器在没有专用的 CAN 系统诊断接头时仍然能进行故障诊断，大部分车型实际还保留着“K”线，但不一定在电路图中标出。

1. 准备工作

1）防护装备：工作服、工作帽、手套、劳保鞋。

2）车辆、台架、总成：卡罗拉整车或 E 发动机台架。

3）检测设备：KT600 诊断仪、万用表、二极管试灯。

4）技术资料：电路图和端子图。

5）手工工具：拆装工具一套。

6）辅助材料：翼子板布和前格栅布、三件套、抹布、手套、白板笔。

2. 实施步骤

1）连接诊断仪器，进入发动机系统的“功能菜单”，如图 2-38 所示。

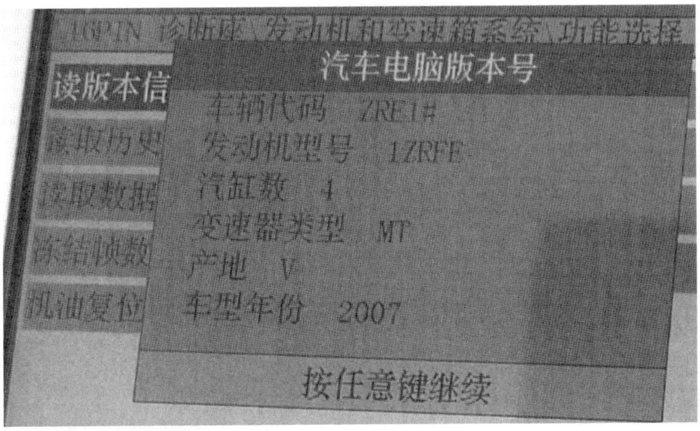

图 2-38　发动机电控系统功能菜单

如果诊断仪器不能进入“功能菜单”，即诊断仪器无法与发动机控制模块 ECM 通信，则可能原因如下：

① 仪器不良，包括主机、软件程序、连接线、诊断接头等。

② 操作不当：读取程序或操作错误（选择错误的车型/系统）。

③ 诊断系统不良：车辆诊断座及线路、ECM 不良（含电源搭铁）。

此时可以利用同样的诊断仪器，对其他同类车型进行检测，如果能够检测，则可排除仪器不良和操作不当的原因。如果诊断仪器还是无法与发动机 ECM 通信，则可以判断发动机 ECM 及其通信线路以及电源搭铁故障。

提示： 各种诊断仪器的使用方法大同小异，请根据仪器提示操作，或者仔细阅读使用说明书。

2）发动机控制模块电源及搭铁的检测。根据电路图和 ECM 端子的含义，测量 ECM 电源和搭铁（接地）线路是否导通正常。电源电路图如图 2-39 所示（BATT、+B、+B2 等端子），搭铁电路图（EC、E01-E04 等端子）如图 2-40 所示。

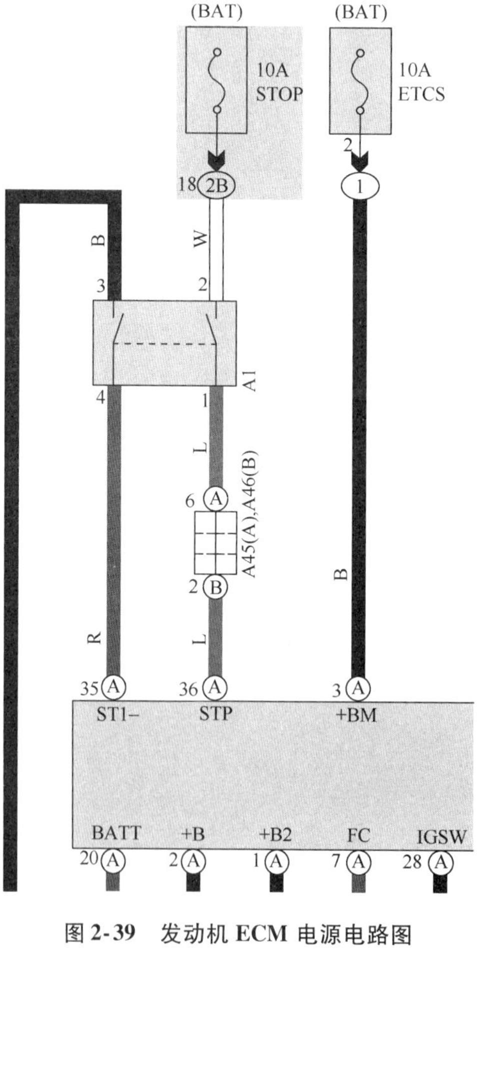

图 2-39　发动机 ECM 电源电路图

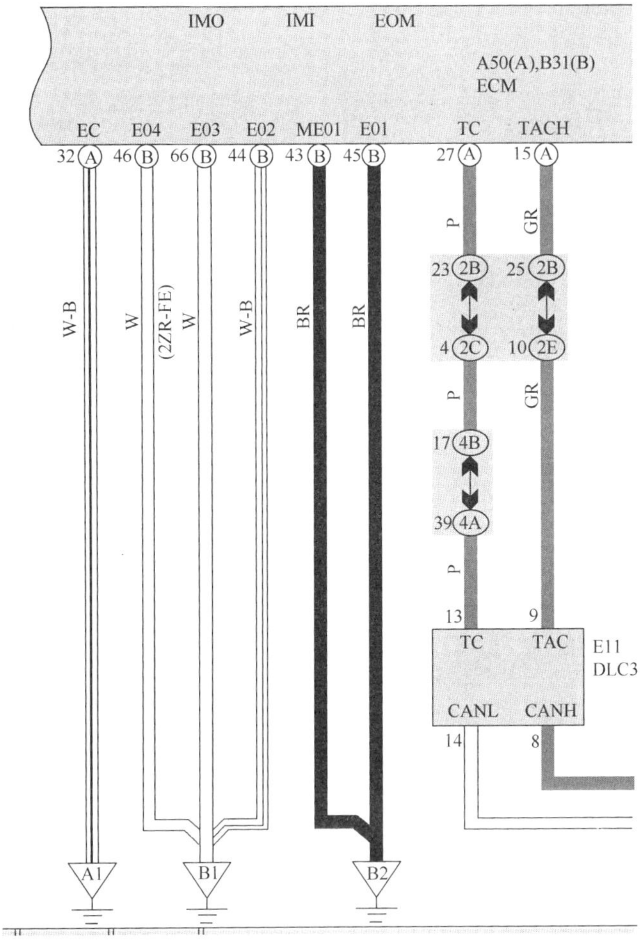

图 2-40　发动机 ECM 搭铁（接地）电路图

① 蓄电池是否有电源电压。

② IG 电源、点火开关置于 ON，是否有电源电压。

③ 搭铁线是否与车身导通。

3）诊断座电源和搭铁的检测。

① 诊断座电源。如图 2-41 所示，使用万用表测量诊断座 16 号端子的电压，若为蓄电池电压（常电），则表示电源正常；如果不正常，则说明线路断路或短路。

图 2-41　测量诊断座 16 号端子

② 诊断座搭铁。如图2-42 所示，测量诊断座4 号和5 号端子的信号电压，若为0V（接地线），则表示接地良好。

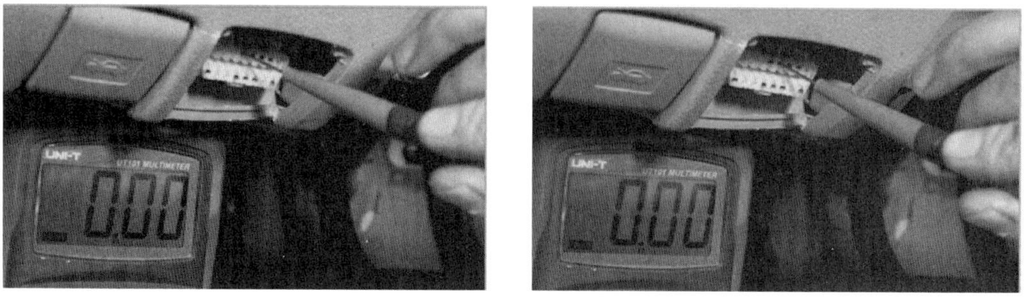

图 2-42　测量诊断座 4 号和 5 号端子

4）K 线的检测。如图 2-43 所示，测量诊断座 7 号端子，若有电压信号，则表示线路正常。

图 2-43　测量诊断座 7 号端子

5）CAN 通信线 H、L 的检测。如图 2-44 所示，测量诊断座 6 号端子（CAN 系统的 H 线）和 14 号端子（CAN 系统的 L 线），若有电压信号，则表示线路正常。

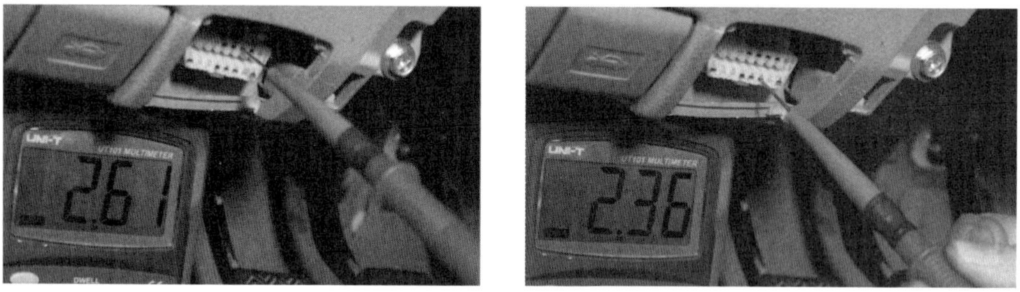

图 2-44　测量诊断座 6 号和 14 号端子

6）ECM 关于 CAN 系统的终端电阻。如图 2-45 所示，关闭点火开关，测量诊断座 6 号和 14 号端子的电阻，若所测电阻为 60 ~ 120Ω（CAN 系统的终端电阻），则表示 CAN 系统终端电阻正常；如果不正常，则应更换 ECM。

7）通过以上的检测，如果测量结果异常，则检修相关线路。如果诊断仪器还是无法与 ECM 通信，则说明 ECM 不良。

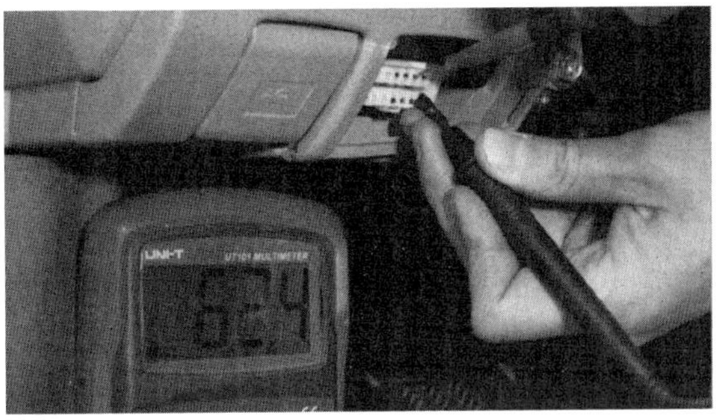

图 2-45　终端电阻数据

【拓展知识】

1. 电控单元的硬件故障

电控单元（ECU）硬件故障是指 ECU 内部电子元件电路出现故障。硬件故障严重的电控单元无法维修，但很多汽车 ECU 的内部硬件故障多是可以维修的。ECU 内部最容易出现问题的是电容、二极管、晶体管等元件发生烧毁、断路等故障。

（1）电源和搭铁电路断路　ECU 印制电路板出现故障时，首先确定主板的电源和搭铁电路是否有断路现象。由于电路板正极电源和负极搭铁电路电流比较大，容易产生印制电路断路的故障。因此，ECU 完全不工作时，应首先检查 ECU 电路板的电源和负极印制电路有无烧断或开路现象。

（2）内部继电器故障　有些 ECU 执行电源的继电器由 ECU 外部移至 ECU 内部，如 ABS 控制模块等，内部继电器的触点接触不良或继电器线圈工作不正常，将直接导致控制单元不工作或执行工作不正常。这类电控模块可以尝试更换一只继电器，以排除故障。图 2-46所示为 ECU 内部继电器。

（3）保护二极管击穿　汽车电控单元内部电路板设有稳压保护二极管（图2-47），若电控单元电压不稳或就车充电，或者蓄电池正、负极装反，容易击穿保护二极管，造成电控单元保护性失效或不能工作。一般可以通过观察发现稳压二极管击穿异常，如变形、烧煳、断裂、破损等，使用万用表进行检测，即可判断二极管性能是否良好。二极管发生故障时，只需更换一只大功率二极管即可，注意不要接反极性。

（4）功率晶体管损坏　电控单元的大部分输出级一般由大功率晶体管（图2-48）放大信号，控制执行器工作信号的输出。在汽车电路维修过程中，由于操作不良和检测不规范，如短路、搭铁试火、试灯测试等检测方法，以及线路的短路，极容易烧毁、击穿功率晶体管。对于电控单元的执行线路，如点火、喷油等电路，一般设有数个功能相同的功率晶体管，一般情况下，不会出现所有晶体管均烧毁的情况，往往是一个或数个晶体管烧毁，而其他晶体管正常，通过对同类功率晶体管的检测、比较，可以判断损坏的晶体管。对于功率晶体管故障，可以在市场上购买相同或替代的功率晶体管予以更换，排除故障。

图 2-46 ECU 内部继电器

图 2-47 电控单元中的稳压保护二极管

(5) 电容器失效 电容器（图2-49）的作用有整流、耦合、振荡、旁路、滤波、调谐、能量转换、控制电路等，汽车电控单元内部电路上设计有大量电容器。另外，电容器也是一个微型电源，给电控单元提供记忆储存的电源。电控单元老化、温度过高等，都会使电容器的容量下降或丧失，特别是电解电容器。电容器的容量下降或丧失，会引起电控单元的记忆功能异常或产生间歇性故障，如故障与温度有关等。汽车电控单元电容器故障可以用相同型号的电容器进行更换。

图 2-48 电控单元内部的功率三极管

图 2-49 电控单元内部的电容器

(6) 印制电路板断路 汽车电控单元采用大规模集成印制电路板，电路板的连接线路比较细小，通过的电流微弱，电控单元工作异常或过热等因素会造成电路板断路，引起电路不通。另外，电路板由于外力原因产生裂纹等，也会引起电路断路。对于单线电路断路，可以使用细线连接并焊接稳妥。图 2-50 所示为 ECU 内部印制电路板电路断路的情况。

(7) 集成芯片损坏 集成芯片出现故障后将无法修复，也很难更换维修，只能更换电控单元总成。对于储存记忆数据的芯片，如防盗密码芯片、气囊数据芯片等，则可以更换新的数据芯片。

（8）电控单元进水 水是电控单元的大忌，因此电控单元的密封性能一般是良好的。但由于各车型上各电控单元的安装位置各异，所处环境不同，有的电控单元相对容易进水。电控单元进水会对其造成重大损坏，因此保持电控单元的安装安全尤为重要。对于安装于底板的电控单元，要防止汽车底板进水；对于安装在发动机舱的电控单元，需要保证防水密封安全，禁止在没有防护的条件下清洗发动机舱。

图 2-50 ECU 内部印制电路板电路断路

（9）电控单元插接器故障 电控单元接插器的端子比较多，接插器的连接一般是比较牢固的，但其金属针脚由于拆装、检测等原因，容易产生变形、移位、松旷甚至脱落，从而造成电控单元插头的接触不良，而电控单元插头又是整体安装的，所以难以确定哪一只针脚虚接，因此增加了电控单元故障诊断的难度。

（10）电控单元高温 电控单元工作时会升温，由于电控单元的安装位置比较密闭，散热不良，故其工作时间过长，就会引起温度过高而产生故障。部分电控单元内部设计有散热风扇，大部分汽车电控单元内部虽未设计专门的散热风扇，但设有散热金属片装置。电控单元散热不良会加速其故障的产生。

2. 电子控制系统的学习设定、编程、编码、匹配

在电控汽车维修中，经常会出现因拆过蓄电池桩头或更换控制单元而引发一些故障的情况，需要按一定程序或用专用仪器重新设定。下面列举几种常见情形，供参考。

（1）基本怠速设定 基本怠速是指在怠速补偿装置全关无作用的状况下，完全由节气门开度或空气旁通道来保持发动机的最低且持续稳定运转的怠速。一些车型在调整基本怠速时要求让控制单元进入自诊断状态（丰田），或者跨接设定线（三菱），或者拆下节气门位置传感器或怠速控制阀接头（日产），目的是让怠速补偿不起作用，以正确调整基本怠速。

（2）TPS 设定 TPS 是指节气门开关或位置传感器在怠速时应有的信号电压的调整设定值。若拆过蓄电池接线或清洗过节气门体，则应用专用仪器重新设定，否则会产生怠速太高、怠速不稳等故障。

（3）怠速学习设定 怠速学习设定是指控制单元因曾拆过蓄电池线或出现记忆故障码，使控制单元记忆资料消失或不正确，所以必须以特定步骤或程序来重新建立怠速运转状况资料模式的一种设定。如果车辆仅仅是因为拆过蓄电池线或清洗一些元件后，就出现耗油、混合比过浓或过稀、怠速不稳等症状，应进行怠速学习记忆设定。可以使用仪器或按以下程序操作：

1）拉起驻车制动器，挡位置于 P 位或 N 位。

2）起动发动机，并使之达到工作温度，即冷却风扇运转。

3）挡位置于 N 位，维持怠速 1min，再置于 D 位，维持怠速 1min。

4）路试：使节气门保持在 20%～50% 的范围内加速，提升挡位到最高挡位；再使车辆保持在 80～100km/h 的车速下匀速行驶几分钟；最后进行制动，怠速 1min。

5）重复步骤 4）几次。

（4）换挡点设定 换挡点设定是指电控自动变速器依据发动机负荷条件与自动变速器

控制单元间互相确认的最佳性能模式更换自动变速箱各档位，升降挡时，车速及转数的一种设定。如果因曾拆过蓄电池线或变速器而出现换挡冲击现象，则应做控制单元学习记忆，可以参照怠速学习设定的程序。

(5) 编程 编程是指控制单元（模块）从原厂供货时，未将记忆体的资料输入确认PROGRAM，必须利用专用仪器输入程序资料的设定。

(6) 再编程 再编程是指控制单元（模块）中的记忆体资料可能因有错误或有新修正资料，而利用专用仪器重新整理控制单元记忆资料的设定。

(7) 编码 编码是指新的控制单元可提供给多种车型使用，当要使用时，必须利用专用仪器输入一组确认代码的设定。

(8) 再编码 再编码是指控制单元已使用在车上，但因系统变更或有修正，要重新修改确认码来改变控制单元的控制模式。

(9) 网络学习设定（匹配） 网络学习设定是指全车系中有数个控制单元之间均有连线，但因电源曾经中断或资料连线曾经中断，而必须使各控制单元之间恢复正确连线的特定程序步骤的设定作业。

(10) 网络省电设定 网络省电设定是指对于全车系控制单元，在点火开关KEY-OFF并等待60~180s后，全车计算机会进入省电模式，最大电流应在0.3A以下，如果超过比值，则必须依据一定的程序来设定恢复网络省电模式。

【学习小结】

1. 发动机电控单元的功能是分析处理传感器采集到的信息，向执行器发送指令，控制发动机的工作。
2. 电控单元由微处理器、模-数转换电路、输入/输出电路、总线等组成。
3. 存储器主要有只读存储器、随机存储器、可编程序只读存储器三种。
4. 发动机电控单元的检测主要根据电路原理图，检测ECU各端子针脚的信号是否正常。
5. 发动机电控单元的主要故障有电源断路、搭铁不良、防盗锁止、无法诊断、程序错误。

【自我评估】

不定项选择题

(1) 电控发动机的电控顺序控制程序存储在ECU的（　　）中。

A. RAM　　B. ROM　　C. PROM　　D. EPROM

(2) 下列不需要进行模-数转换的信号是（　　）。

A. 进气温度传感器信号　　B. 霍尔信号

C. 空调开关信号　　D. 车速信号

(3) 在汽车电控单元中，输入信号处理电路的（　　）功能，可使I/O装置与微处理器在数据传送速度上得到匹配。

A. 识别各指示数据传送地址　　B. 数据缓冲和暂存

C. 信息格式转换　　D. 传送主机控制命令

(4) 拆下蓄电池电缆后，会对电控系统计算机内的（　　）部件造成影响。

A. RAM　　B. ROM　　C. A-D　　D. EPROM

(5) 汽车上的计算机不能够做以下哪些工作（　　）。

A. 接收输入数据　　B. 按程序处理输入数据并监控输出作用

C. 控制传感器的信号输出　　D. 存储数据和信号

(6) 发动机电子控制系统主要由（　　）组成。

A. 输入回路　　B. A-D 转换器

C. 微型计算机　　D. 输出回路

E. 控制器

(7) 在更换汽车发动机计算机的 PROM 时，应该（　　）。

A. 将新的 PROM 保存在一个保护包装盒中，直到准备为 PCM 安装 PROM 为止

B. 将手腕用金属导线与一良好搭铁线连接起来

C. 穿防静电衣服

(8) 电控发动机的故障码不能通过（　　）的方法清除。

A. 拔下 EFI 熔丝　　B. 断开 ECU 电源

C. 拆下蓄电池负极　　D. 关闭点火开关

(9) 当（　　）时，电控燃油喷射发动机将启用备用功能。

A. 节气门位置传感器失效　　B. 点火信号丢失

C. 进气歧管压力传感器失效　　D. 进气流量信号丢失

(10) 电控燃油喷射发动机的 ECU 在使用时要注意（　　）等。

A. 防水　　B. 防热

C. 不能随便拆电源线　　D. 电压稳定

(11) ECU 内部具有逻辑判断功能的是（　　）。

A. CPU　　B. ROM　　C. RAM　　D. EPROM

(12) 电控发动机起动后，故障指示灯不亮，这表明（　　）。

A. 电控系统有故障　　B. 故障指示灯有故障

C. 电控系统工作正常　　D. 供油部分有故障

(13) 车用计算机根据传输信号的不同，总线的分类中不包括（　　）。

A. 数据总线　　B. 地址总线　　C. 读取总线　　D. 控制总线

学习单元6　发动机不能起动故障诊断

情境导入

一、情境描述

一辆丰田卡罗拉轿车配 1ZR-FE 发动机，行驶里程为 10 万 km，拖至维修店，客户反映发动机不能起动，经检验，没有点火迹象。若将此故障车交给你，你会如何排除故障？

二、情境提示

发动机无法起动是指起动机运转正常、发动机不能正常起动，并且没有点火的迹象。一般发动机无法起动的本质原因，在于发动机气缸内并没有发生点火燃烧的做功工作，而且只要不排除故障，就一直无法工作。

学习目标

一、知识目标

1. 能够描述电控发动机正常工作的基本条件。
2. 能够描述电控发动机不能起动的故障现象及检修部位。
3. 能够描述诊断与排除发动机不能起动故障的思路及方法。

二、技能目标

能根据故障现象分析并排除发动机无法起动故障。

知识学习

1. 汽油发动机正常工作的必要条件

汽油发动机能正常起动并稳定地工作，需要具备以下四个必要条件：

1）强大而稳定的点火能量。

2）空燃比合适的混合气。

3）足够的气缸压力。

4）准确的点火正时及进气正时。

以上四个必要条件对发动机不能起动的影响各不相同。

（1）气缸压力 气缸压力是发动机产生压缩和做功的前提条件，所有内燃机都需要具备气缸压力才能有压缩做功，发动机才能运转工作。随着发动机的工作磨损，气缸压力一般会越来越低，但不会突然消失，而气缸压力下降，对发动机的运行、做功和动力均有一定的影响，对发动机的起动也有影响。缸压过低，发动机的起动会更困难，但只要有气缸压力，就不会造成发动机不能起动，因此，气缸压力下降不是发动机不能起动的关键原因。

（2）正时机构 发动机正时包括点火正时和进气正时，错误的点火正时及进气正时，将导致发动机不能准确起动，并可能导致发动机运转异常而产生严重故障，一旦正时错误，发动机在起动时将会产生异常的表现，如异响、进气管回火、排气管放炮、曲轴反转等。

正时错误虽然会造成发动机不能正常起动，但发动机仍然有做功动作，只是错乱做功。所以正时对于发动机不能起动的影响是复杂的，正时错误的表象在起动时能够体现出来 。

（3）混合气 发动机起动时，燃烧的混合气浓度过浓或过稀都将影响其正常起动。混合气的浓度关键在于燃油量的大小，因为起动时节气门处于关闭状态或开度较小，进气量是恒定较小，混合气浓度主要由喷油量决定，因此混合气影响起动的主要因素是喷油量。

（4）点火能量 点火能量在发动机起动时起重要作用，特别是有无高压点火直接关系到发动机能否起动。点火能量的大小只决定发动机的工作性能，而有无点火则决定着发动机能否起动。

综上所述，发动机能否起动的关键因素是燃油与点火。在诊断与排除发动机不能起动的故障时，主要检测和诊断燃油与点火系统故障。

2. 发动机不能起动的故障现象及检修部位

（1）故障现象1

现象：起动时，发动机不转或转动缓慢。

怀疑部位：

1）蓄电池亏电。

2）起动机及其线路。

3）点火开关及其线路。

4）挡位P/N开关（AT）或离合器开关（MT）。

5）发动机机械“抱死”。

6）防盗触发（某些车型，如上海通用等防盗系统触发时起动线路被锁止）。

（2）故障现象2

现象：起动时，发动机可以拖转但不能成功起动。

怀疑部位：

1）发动机：气缸压力不足。

2）点火系统：检查火花塞是否跳火。没有跳火：检查曲轴位置传感器、点火线圈、ECM等有关元件和电路；有跳火：火花太弱或点火正时不正确。

3）燃油系统：是否建立合适的油压。没有合适油压：检查油箱、汽油滤清器、燃油泵及控制电路（部分车型装备油路惯性开关，碰撞时切断了油路）；有合适油压：喷油器电源、控制信号以及相关电路元件。

4）防盗触发：绝大部分车型防盗触发时，发动机控制单元锁止喷油信号，发动机会在起动2s左右后再熄火（没有喷油信号）。也有的车型同时锁止点火和起动机电路。

⚠ **提示：** 发动机不能起动的检修重点是查看有没有起动的征兆，有起动征兆即发动机有“突突”的声音，有起动的迹象。无起动征兆时，说明机械、点火、供油系统中的多个系统完全失效；有起动征兆时，说明机械、点火、供油系统中有多个系统达不到工作条件。

基本技能

卡罗拉发动机不能起动故障诊断步骤

以下以丰田卡罗拉轿车为例，介绍其发动机不能起动的故障诊断步骤。

1. 准备工作

1）防护装备：工作服、工作帽、手套、劳保鞋。

2）车辆、台架、总成：卡罗拉整车或发动机台架。

3）检测设备：KT600诊断仪、万用表。

4）手工工具：拆装工具一套。

5）辅助材料：翼子板布和前格栅布、三件套、抹布、手套、白板笔。

2. 诊断步骤

提示：以下步骤遵循从简单到复杂的原则，实际检修时根据具体情况进行，不一定严格按步骤进行。

（1）排除防盗系统触发的原因 检查防盗指示灯是否闪烁，如果闪烁则说明防盗系统触发，必须用正确的点火钥匙起动发动机或用特定的程序解除防盗状态。

（2）排除起动系统的原因 分别检查蓄电池、起动机及其线路、点火开关及其线路、挡位 P/N 开关（AT）或离合器开关（MT）。

（3）排除控制系统的原因 连接诊断仪器，读取故障码，如果有和发动机不能起动相关的故障码（如曲轴位置传感器等），根据故障码内容进行检修。如果诊断仪器不能和发动机控制单元通信，则检查控制单元及其线路。

（4）排除发动机的机械原因 检测气缸压力，如果发动机不能运转或发动机气缸压力不足，则应拆检发动机机械部分。

（5）排除点火系统的原因 测试火花塞是否跳火，如果没有跳火，则检查曲轴位置传感器、点火线圈、ECM 等有关元件和电路；如果有跳火，则检查火花是否太弱，如果火花弱则检查或更换火花塞、点火线圈及线路；检查点火正时，如果不正确，则拆检正时机构并重新对正时。

（6）排除燃油系统的原因 检查燃油压力，如果没有合适的油压，则检查油箱燃油量、汽油滤清器、燃油泵及控制电路；如果有合适的油压，则检查喷油器是否喷油，如不喷油则检查电源和控制信号。

【拓展知识】

更换发动机 ECU 的后续工作

发动机不能起动，如果确定发动机的 ECU 有故障，则需要更换 ECU。更换 ECU 后不能直接起动发动机，因为发动机 ECU 带防盗功能，新的发动机将不能工作，需要做防盗匹配设置，发动机 ECU 才能正常工作。

大部分车辆的防盗匹配需要使用厂家的诊断仪器进行编程操作，少数车辆可以用人工的方法进行匹配。以丰田轿车为例，其发动机 ECU 的防盗匹配方法如下（无法匹配成功的，需要使用仪器匹配）：

1）断开蓄电池电源。

2）更换新的 ECU，接上蓄电池。

3）使用专用短接线，短接 OBD 诊断座的 4 号与 13 号端子；如图 2-51 所示。

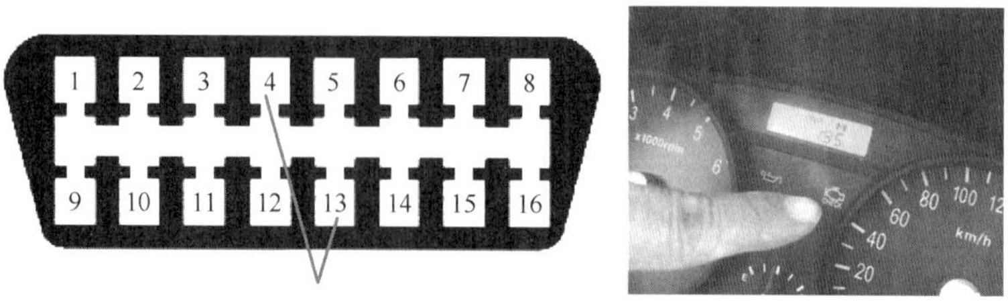

图 2-51 丰田更换发动机 ECU

4）点火开关置 ON，等待 30min 以上（关闭车门，以防蓄电池漏电）。

5）观察组合仪表，看发动机故障灯是否闪烁。

6）30min 后，发动机故障指示灯熄灭，关闭点火开关。

7）起动发动机，发动机正常工作。

【学习小结】

1. 发动机正常工作的必要条件有高能点火，合适的混合气、气缸压力和点火正时。

2. 发动机不能起动有两种情况：起动时，发动机不转或转动缓慢；起动时，发动机可以拖转但不能成功起动。

3. 发动机无法起动时，应按从简单到复杂的顺序排除各系统故障。

【自我评估】

不定项选择题

（1）下列哪些条件是电控汽油发动机正常起动的必要条件（　　）。

A. 强大、稳定的点火　　B. 防盗未锁止　　C. 合适的混合气

D. 仪表灯指示　　E. 油箱有油　　F. 足够的气缸压力

G. 准确的正时

（2）造成卡罗拉发动机既无点火，又无喷油的故障原因，可能有（　　）。

A. 发动机 ECU 故障　　B. 防盗触发　　C. 无转速信号

D. 组合仪表故障　　E. 可变正时系统故障

学习单元 7　发动机起动困难故障诊断

情境导入

一、情境描述

一辆丰田卡罗拉 GL 轿车，装备 1ZR-FE 汽油电控发动机，行驶里程为 15 万 km，进厂维修，客户反映发动机不容易起动，每次起动好几次才能着车，以往是一次点火就发动。如果将这张派工单给你，你会如何诊断并排除此故障？

二、情境提示

起动困难是电控发动机常见的故障，起动困难并不是无法起动，而是有明显的着车征兆，但不能起动，或者需要连续多次起动或长时间转动起动机才能起动，或者在某种特定条件下才好起动。总之，起动困难不同于无法起动，无法起动是不经过维修无法排除的起动故障。

学习目标

一、知识目标

1. 能描述发动机起动困难的常见原因。
2. 能描述诊断发动机起动困难的故障思路。

二、技能目标

1. 能根据发动机起动表象，分析发动机起动困难的原因。
2. 能根据诊断思路查找并排除发动机起动困难的故障。

知识学习

发动机起动困难的常见故障包括冷车起动困难、热车起动困难、间歇性或任何时候都起动困难。其故障现象及原因分析如下。

1. 故障现象 1

（1）现象 冷车起动困难。

（2）怀疑部位 在低温状况下，发动机的机械结构紧密，运转阻力大，需要较优先的起动条件，当这些优先条件不成熟时，冷车起动就变得困难。为保证发动机在温度低的情况下起动性好，发动机 ECU 设定了冷车起动程序，即温度传感器监测发动机温度，低温时，发动机 ECU 调整混合气，便于提高起动性能。若温度监测及应变环节出现故障，则会产生冷车起动困难的故障。

（3）主要故障原因

1）起动机转速过低。发动机在冷车时机件阻力大，需要较大的起动机运转力矩，而冷车时蓄电池电压也相对较低，使得发动机转动较慢，影响了起动性能。故在冷车起动时，应首先排除起动机运转转速过低故障。起动机转速过低的故障原因有：

① 蓄电池电压过低或存电不足。

② 蓄电池接线柱接触不良。

③ 发动机电源、搭铁线不良。

④ 起动机性能变差。

2）点火性能不良。电控发动机在低温起动时需要更大的点火能量，点火过弱会引起发动机冷车起动困难。冷车起动困难的点火系统故障有：

① 点火线圈性能不良。

② 火花塞型号不对。

③ 高压线漏电。

④ 点火模块不良。

⑤ 发动机 ECU 故障。

3）燃油供给不良。燃油系统引起冷车起动困难的原因主要在于燃油保持压力不足。冷车多是车辆长时间没有发动，燃油系统发生泄压，油压无法保证起动时的足够压力，造成冷车起动困难。

连接燃油压力表，测试燃油保持压力，若30min内燃油压力下降达50%以上，则说明燃油保持压力不足。燃油系统引起冷车起动困难的故障原因有：

① 燃油泵不良。

② 燃油滤芯不良。

③ 燃油泵保压性能不良。

④ 回油调压阀不良。

⑤ 燃油品质差。

4）混合气浓度不良。混合气的浓度直接影响到发动机的点火性能，混合气浓度过浓或过稀都会引起冷车起动困难的故障。图2-52所示为通过火花塞判断混合气浓度的状况。混合气引起起动困难的故障原因和部位有：

a)　　b)

图2-52　根据火花塞判断混合气浓度

a）过浓　b）过稀

① 空气滤芯脏堵。

② 燃油滤芯堵塞。

③ 喷油器堵塞。

④ 燃油蒸气回收炭罐及控制线路故障。

⑤ 节气门过脏。

5）发动机ECU及控制线路不良。电喷发动机的起动完全由发动机ECU控制，ECU检测信号错误或不良以及ECU内部故障都会导致发动机冷车起动困难。ECU及线路引起起动困难的故障有：

① 冷却液温度传感器及线路故障。

② 进气温度传感器及线路故障。

③ 发动机ECM及线路故障。

④ 怠速电动机及其线路不良。

⑤ 电子节气门单元及线路故障。

6）发动机机械故障。冷车状况下，发动机机件比较紧凑，运转不够灵活，导致各方面工况不能达到最佳状态，发动机起动也比较困难。常见发动机冷车起动困难的机械方面的原因有：

① 气门关闭不严。气门积炭、胶质物等使气门关闭不够严密，引起气缸压力不足，导致起动困难，一旦发动机温度上升，积炭或胶质物软化，气门状况变好，起动性能又得到改善。图2-53所示为气门积炭和胶质物。

② 机油润滑不良。

③ 涡轮增压器故障。

④ 可变进气系统故障。

⑤ 气缸压力不足。

⑥ 点火正时安装不准确。

图 2-53　气门积炭和胶质物

2. 故障现象 2

（1）现象　热车起动困难。

（2）怀疑部位　热车起动困难多与发动机及其部件受高温发热影响引起性能变差有关。热车起动困难在发动机温度降低后，起动性能将有所改善或恢复。

（3）主要故障原因

1）点火系统。点火系统故障主要是点火线圈或点火控制模块高温发热后损坏、失效或性能变差，可通过高压火花强度判断点火性能及元件性质。点火系统的易发热部件有点火线圈、点火模块（放大器）、主继电器。

2）燃油系统。燃油系统引起热车难起动的主要原因是燃油泵性能或燃油气阻引起供油不畅，主要故障原因和部位有：

① 燃油泵电动机。燃油泵电动机因为高温发热引起性能变差、运转不良，造成燃油压力下降，以致供油不畅，发生起动困难；或者因燃油泵继电器发热工作不良，引起油泵工作不良。

② 燃油气阻。燃油在油管内流动，当外界温度升高后，部分燃油在油管内挥发，形成燃油蒸汽，挤占油管空间，形成一股股压力气体，即“气阻”，影响发动机供油。“气阻”多发生在夏季气温较高时段。对于燃油气阻现象，应及时清洗燃油滤清器，保证油路畅通，这是最基本的防止办法。一旦燃油系统产生气阻，应对燃油管路进行排气；或者高速运行发动机，使油路畅通，消除“气阻”。

3）机械故障。热车起动困难的机械故障原因主要是气缸垫有轻微冲蚀，当发动机温度上升后，气缸垫产生泄漏；而发动机温度下降后，症状会有所改善或恢复。图 2-54 所示为轻微冲蚀的气缸垫。

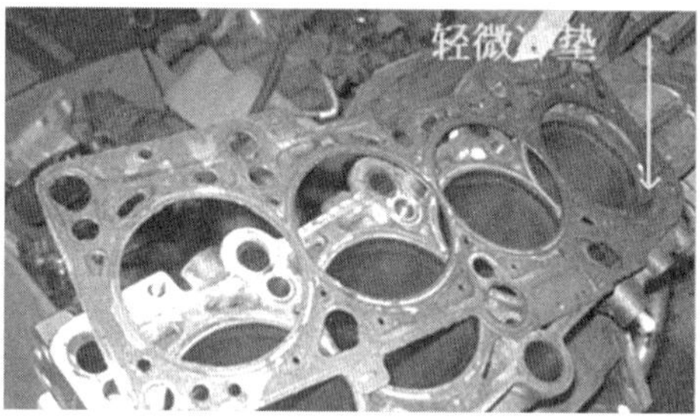

图 2-54　轻微冲蚀的气缸垫

4）冷却液温度过高。当发动机温度过高后，有些车辆的机件会发生变形，或者发动机 ECM 检测到温度过高而保护性切断起动功能，也容易产生起动不着的现象。发动机冷却后故障消失，又可正常起动。这类故障不需要维修，只需要等待发动机温度下降，但要防止发动机温度过高损坏机件。

5）传感器故障。有些传感器，特别是曲轴位置传感器，在高温的情况下，会发生性能变差而产生故障，当温度下降后，其性能又有所恢复，发动机又可以起动。对于此类传感器，最好更换新件，以保证起动性能正常。

6）发动机 ECU。发动机 ECU 在工作时间过长、工作温度过高的情况下会产生故障，引起起动困难的故障现象；或者发动机 ECU 内部自带散热风扇失效，引起发动机 ECU 温度偏高，ECM 的保护性丧失功能，当温度下降后，功能自行恢复。

3. 故障现象 3

（1）现象　间歇性起动困难，或者不论冷车还是热车都起动困难。

（2）主要故障原因

1）燃油系统间歇故障。燃油泵随机发生卡滞、燃油滤芯堵塞，都会引起供油不畅，发生间歇性起动困难。

2）发动机 ECU。发动机 ECU 偶发故障及发动机 ECU 线路、传感器信号偶发错误，均会引起发动机 ECU 判断错误，产生发动机间歇起动困难故障。

3）继电器、线路间歇故障。继电器接触不良、工作不正常，熔丝、线路连接不良，均会引起发动机间歇性起动困难故障。

基本技能

卡罗拉起动困难故障诊断步骤

1. 准备工作

1）防护装备：工作服、工作帽、手套、劳保鞋。

2）车辆、台架、总成：卡罗拉整车或发动机台架。

3）检测设备：KT600 诊断仪、万用表、测试灯泡、专用短接线、二极管试灯、燃油压力表。

4）专用工具：燃油管拆装专用工具。

5）手工工具：拆装工具一套。

6）辅助材料：翼子板布和前格栅布、三件套、抹布、白板笔。

2. 冷车起动困难诊断步骤

（1）排除起动系统原因　起动发动机，检查起动时蓄电池电压降是否正常。如果电压降很大或起动机运转无力，则需充电或更换蓄电池。

（2）排除控制系统原因　连接诊断仪器，读取故障码，如果有与混合气相关的故障码（如空气流量计、冷却液温度传感器等），则根据故障码内容进行检修。

读取数据流，重点检查冷却液温度信号，如果在发动机还是冷车时，冷却液温度的数值比较高（热车），则检查冷却液温度传感器及其线路。

（3）排除进气系统原因　检查进气系统是否堵塞，节气门体部位是否积炭，如有积炭，则必须予以清除。

（4）排除发动机机械原因　检测气缸压力是否偏低，如果偏低则检查气门是否积炭。

（5）排除点火系统原因　测试高压火花强度，如果火花弱，则检查并更换火花塞或点火线圈。

（6）排除燃油系统原因

1）测试燃油压力是否偏低，并检查燃油保持压力，如果不正常，则更换燃油泵及燃油滤清器。

2）检查喷油器是否堵塞或泄漏。

3. 热车起动困难诊断步骤

（1）排除控制系统原因

1）连接诊断仪器，读取故障码，如果有与混合气相关的故障码（如空气流量计、冷却液温度传感器等），则根据故障码内容进行检修。

2）读取数据流，检查冷却液温度信号，如果在发动机还是热车时，冷却液温度的数值偏低，则检查冷却液温度传感器及其线路。

3）读取数据流，检查空气流量计、节气门位置传感器、氧传感器等，这些与混合气相关的传感器如果发送错误信号给控制单元（不一定记忆故障码），将使控制单元控制喷油器的喷油时间太长，导致混合气过浓，造成热车起动困难。

（2）排除点火系统原因 测试高压火花强度，如果火花弱，则检查并更换火花塞或点火线圈。

提示：点火线圈容易因温度升高而工作不良。

（3）排除燃油系统原因

1）测试燃油压力是否正常，燃油压力偏高会导致混合气太浓；燃油泵容易因温度过高而工作不良，导致燃油压力偏低。

2）检查喷油器是否堵塞或泄漏，喷油器堵塞或泄漏都会导致混合气不良。

（4）排除其他容易因温度高而工作不良的元件 线圈类元件，如曲轴位置传感器、点火线圈、燃油泵等，不论是传感器还是执行器，在温度过高时均容易工作不良；控制单元也可能因温度过高而发生故障。

提示：必要时，可以用吹风机加热可疑的元件，如果故障更快发生，则判断该元件不良。

4. 间歇性或任何时候都起动困难故障诊断步骤

对于间歇性起动困难，应首先检查燃油品质，如果正常，应等到故障发生时，参照冷车和热车程序进行故障诊断。即诊断步骤为：

1）检查燃油品质。

2）排除控制系统原因。

3）排除进气系统原因。

4）排除发动机机械原因。

5）排除点火系统原因。

6）排除燃油系统原因。

【拓展知识】

1. 发动机冷车起动冒“白烟”

发动机排气管冒白烟，实际上是冒“白汽”，是排气管排出的水蒸气。发动机在冷车时，特别是在冬天，排气管冒“白烟”，热车后消失，属正常现象。若冷却液温度上升后仍冒“白烟”，则属异常现象，说明发动机存在故障。

发动机冒“白烟”的根本原因是发动机燃烧气缸有水进入，在高温变成水蒸气，通过排气管排出，遇冷便变成白汽。

2. 发动机 ECU 高温保护

发动机 ECU 具备高温自我保护功能，在工作温度过高的情况下，会自动切断保护，使发动机熄火不工作，当温度下降后，功能又自行恢复。

对于发动机 ECU 高温自我保护状态，可以不必维修，温度降低后故障会自动消失。

【学习小结】

1. 起动困难的常见故障包括冷车起动困难、热车起动困难、间歇性或任何时候都起动困难。

2. 发动机冷车起动困难的主要原因有起动机转速过低、点火性能不良、燃油供给不良、混合气浓度不良、发动机 ECU 及控制线路不良、发动机机械故障。

3. 发动机热车起动困难的主要原因有点火系统高温、燃油系统燃油泵性能或燃油气阻、机械故障、冷却液温度过高、传感器故障、发动机 ECU 过热。

4. 发动机间歇性发生起动困难的原因有燃油系统间歇故障，发动机 ECU 偶发故障，继电器、线路间歇故障。

【自我评估】

1. 填空题

（1）发动机起动困难的常见故障包括__________起动困难、__________起动困难、__________起动困难。

（2）发动机在冷车时，机件__________，需要较大的起动机运转力矩。

（3）造成热车起动困难的点火系统故障，是点火线圈或点火控制模块__________后损坏、失效或性能变差。

（4）燃油泵随机发生卡滞、燃油滤芯堵塞，都会引起供油不畅，导致__________起动困难。

2. 判断题

（1）发动机起动困难，无论是冷车、热车、间歇性的故障，都可能和发动机 ECU 有关。(　　)

（2）气门积炭、胶质物等使气门关闭不够严密，会引起气缸压力不足。(　　)

（3）曲轴位置传感器若没有信号，则发动机根本不能起动，因此起动困难和曲轴位置传感器无关。(　　)

（4）对于冷车和热车起动困难的故障，进行数据流诊断时应重点检查冷却液温度传感器。(　　)

学习单元8　发动机怠速不良故障诊断

情境导入

一、情境描述

一辆丰田卡罗拉 GL 轿车，装备 1ZR-FE 汽油电控发动机，行驶里程为 10 万 km，客户报修发动机怠速不稳。如果将这张派工单给你，你会如何诊断并排除此故障？

二、情境提示

怠速是指维持发动机没有做功时正常运转的最低转速，是发动机空转时的一种工作状况。怠速不良不仅影响发动机运行的稳定性，还会增加尾气中有害气体的排放，怠速不良多数还伴随有加速不良故障。

学习目标

一、知识目标

1. 能描述发动机怠速不稳的故障原因。
2. 能描述发动机怠速异常的常见故障现象。
3. 能描述诊断和排除发动机怠速不良的故障思路与方法。

二、技能目标

1. 能根据发动机怠速症状，分析发动机怠速不良的原因。
2. 能诊断并排除怠速异常故障。

知识学习

怠速不良的常见故障包括：怠速偏低、怠速偏高、怠速不稳、怠速游车（也称“失速”，转速忽高忽低）、无怠速、负荷变化时不提速。

1. 故障现象1

（1）现象 怠速偏低。

（2）怀疑部位 大部分汽油发动机的怠速在750r/min左右，转速过低，发动机会出现运转不稳定、工作抖动的现象，甚至容易熄火，此时即可断定为怠速偏低。怠速过低的根本原因是进气量太少。

（3）主要故障原因 根据控制进气量的因素，怠速偏低的故障原因主要有如下方面。

1）怠速控制阀故障（仅对于非电子节气门车型）。怠速控制电动机（怠速阀）关闭、打不开，将导致怠速空气减少，引起怠速过低。

处理方法：清洗怠速控制阀（步进电动机）（图2-55）或更换怠速控制电动机。

2）节气门故障（仅对于电子节气门车型）。电子节气门卡滞打不开，会导致进气量过小，造成发动机怠速过低。

处理方法：清洗节气门（图2-56），对节气门进行初始化设置。

3）发动机气缸工作不平衡。有一缸或多缸不工作或工作不良，将影响发动机的功率输出，降低发动机动力，导致怠速过低，造成发动机熄火。

处理方法：通过断缸法，找出不工作或工作不良的气缸，检修并排除故障。

4）进气管堵塞或漏气。进气管堵塞主要是指空气滤芯过脏或堵塞，直接导致进气量减小；而进气管漏气，是指进气系统的管道或真空管泄漏，导致混合气过稀，引起怠速下降。

处理方法：排除堵塞或漏气部位故障。

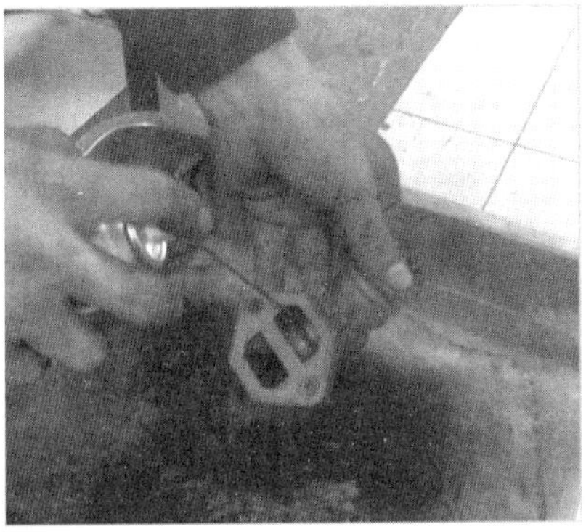

图 2-55　清洗怠速阀

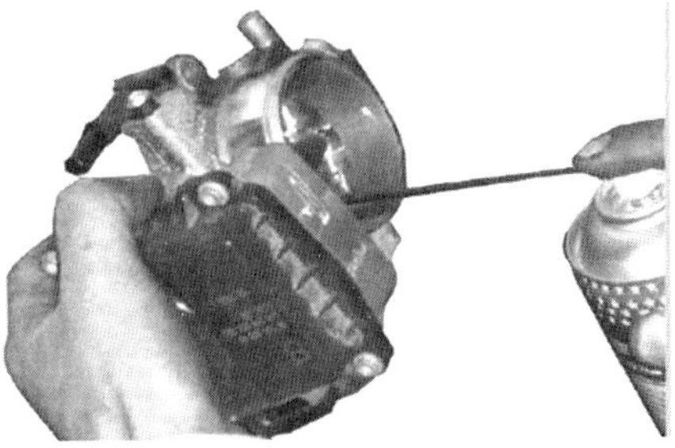

图 2-56　清洗电子节气门

5）怠速调整不当。对于怠速可调整的发动机，若怠速调整得过小，会引起怠速偏低。

处理方法：可以尝试反复调整怠速螺钉（图 2-57），直至怠速值处于规定范围。

6）曲轴箱通风系统故障。曲轴箱通风系统单向阀失效，引起发动机进气量发生变化，造成发动机怠速过低抖动。

处理方法：更换单向阀。

7）点火正时不正确。点火时间不正确会引起怠速发动机抖动。

处理方法：重新校对和调整点火正时。

2. 故障现象 2

（1）现象　怠速偏高。

（2）怀疑部位　在发动机运转平稳的前提下，其转速越低越好，各车型均有标准怠速，怠速高于标准值，即可断定为怠速过高。怠速过高会增加油耗，并影响车辆起步功能。

（3）主要故障原因

1）节气门开度过大。节气门开度过大，进气量过多，则发动机怠速将增高。造成节气门开度过大的主要原因有：

① 节气门过脏，图 2-58 所示为需要清洗的节气门。

图 2-57　怠速调整螺钉

图 2-58　需要清洗的节气门

② 节气门卡滞，开闭不灵活。

③ 节气门位置调整不当。

④ 节气门位置传感器故障。

处理方法：通过诊断仪读取节气门开度数据流，确定节气门开度是否在正常范围内。多数车型怠速时的节气门开度为8°~10°，若节气门开度偏大，则需要清洗、调整节气门。

2）怠速控制电动机故障。怠速电动机（怠速阀）卡滞在开度大的位置时，会引起怠速过高。

处理方法：清洗或更换怠速电动机（怠速阀）。

3）进气系统漏气。进气系统漏气，特别是漏气量较大时，进入气缸的空气将变多，从而引起怠速偏高故障。

处理方法：排除并检修漏气位置。

4）燃油压力过高。燃油压力过高时，增加了喷油器的喷油量，提高了发动机的运转速度。

处理方法：连接燃油压力表，仔细检测燃油压力是否符合规定值。如果太高，则检查燃油压力调节器及回油管路。

5）冷却液温度传感器故障。发动机冷却液温度传感器及其线路断路时，发动机ECU判断冷却液温度过低，会提高转速，进入暖机模式，引起怠速过高。

处理方法：检测冷却液温度传感器及其线路。

6）喷油量过大。喷油量的大小决定了发动机转速的高低，怠速高，必然是喷油量较大，怠速状态下喷油量较大，必然是因为发动机ECM接收到了不正常的控制信号，然后发出加大喷油量的指令。影响喷油量的信号的传感器及元件有节气门位置传感器、空气流量计、进气压力传感器、冷却液温度传感器、进气温度传感器和发动机控制单元等。

处理方法：通过诊断仪，读取故障码和数据流，确定故障部位及元件。

3. 故障现象3

（1）现象 怠速不稳。

1）怠速不稳的故障现象。怠速不稳是发动机最常见的故障之一，是指发动机怠速运转时工作不稳定、抖动，其故障现象比较复杂。确定怠速不稳的标准如下：

① 观察发动机缸体的抖动程度，也可以观察机油尺晃动的程度，平稳发动机的油尺很清晰，抖动发动机的油尺看起来是双影的。

② 从发动机转速表或读数观察，转速以怠速期望值（设定怠速或需求怠速）为中心抖动或在期望值一侧剧烈抖动。程序中的怠速期望值包括标准怠速值、负荷（打开灯光、自动变速器挂上挡等）怠速值、空调怠速值、暖车怠速值。

③ 原地起动发动机，坐在座椅上，能感觉到车身的振动。

2）怠速不稳的故障分类：冷车怠速不稳、热车怠速不稳、无规律的抖动。

（2）主要故障原因

1）直接原因。是指机械零件脏污、磨损、安装不正确等导致个别气缸功率发生变化，从而造成各气缸功率不平衡，致使发动机出现怠速不稳故障。

2）间接原因。是指发动机电控系统不正常，导致混合气燃烧不良，造成各气缸功率难以平衡，使发动机出现怠速不稳故障。

（3）怠速不稳的故障诊断

1）进气系统故障。

① 进气歧管或各种阀泄漏。若不该进入的空气、汽油蒸汽、燃烧废气进入了进气歧管，会造成混合气过浓或过稀，使发动机燃烧不正常，造成发动机怠速抖动。

② 节气门和进气道积垢过多。节气门和周围进气道的积炭、污垢过多，空气通道截面积发生变化，使得控制单元无法精确检测怠速进气量，造成混合气过浓或过稀，使燃烧不正常。

③ 怠速空气执行元件故障。怠速控制元件有故障，会导致怠速空气控制量不准确，引起怠速不稳。

④ 进气量失准。控制单元接收了错误信号而发出错误的怠速控制指令，引起发动机怠速进气量控制失准，使发动机燃烧不正常，属于怠速不稳的间接原因。

处理方法：清洗和更换损坏部件。

2）燃油系统故障。

① 喷油器故障：喷油器的喷油量不均、雾化不良，会造成各气缸的功率不平衡，从而产生发动机工作抖动。

② 燃油压力故障：燃油压力不稳定，如油泵或回油管路故障，造成喷油器的喷油不稳定，引起怠速发抖。

③ 喷油量失准：各传感器或线路故障，导致控制单元发出错误喷油指令，使喷油量不正确，造成混合气过浓或过稀，属于怠速不稳的间接原因。

④ 喷油器滴漏或堵塞，使其无法按照 ECM 的指令喷油，从而造成混合气过浓或过稀，使个别气缸工作不良，导致发动机怠速不稳。

处理方法：清洗和更换损坏部件。

3）点火系统故障。

① 点火模块与点火线圈故障：新款汽车多将点火模块与点火线圈集成一体，点火模块或点火线圈有故障，会引起高压火减弱，高压火不稳定，点火能量不足，从而引起发动机工作发抖。

② 火花塞与高压线：火花塞、高压线故障，导致点火能量下降或失火，引起怠速不稳定。

③ 点火提前角失准：传感器及线路故障，导致控制单元发出错误指令，造成点火提前角不正确或大范围波动，引起怠速不稳。

处理方法：更换损坏部件，调整正时。

4）发动机机械系统故障。气缸内气体作用力的变化（一个或几个气缸气体作用力变化）引起各气缸功率不平衡，导致活塞在做功行程时的水平方向分力不一致，使对发动机横向摇倒的力矩不平衡，从而产生发动机抖动。凡是引起发动机气缸内气体作用力变化的故障都有可能导致发动机怠速抖动，常见的故障原因有：

① 配气机构。配气相位错误会使气门不按规定时刻开闭，致使进入气缸内的空气量不稳定。同时，窜气也使进气歧管内的温度有所升高，使发热元件的冷却程度降低，输出给 ECU 的电压信号就低，喷油量就会减少，容易造成发动机在怠速时运转不稳。

② 发动机缸体、活塞连杆机构。活塞连杆机构故障会使个别气缸功率下降过多，从而使各气缸功率不平衡，导致发动机怠速运转不稳定而抖动。

③ 其他原因。曲轴、飞轮、曲轴传动带轮等运转部件动平衡不稳定；发动机支脚垫断

裂、损坏；发动机底护板因变形与油底壳相撞击等，也会造成发动机振动而影响转速。图 2-59 所示的帕萨特曲轴飞轮由两片齿轮盘通过橡胶件连接于一体，当连接橡胶老化断裂后，两片齿轮盘分裂，飞轮运转时将产生动态不平衡，从而引起发动机抖动。

图 2-59 帕萨特曲轴飞轮

处理方法：清洗和更换损坏部件。

5）其他故障原因。自动变速器、空调、转向助力器等存在故障会增加怠速负荷，引起怠速不稳。发动机控制单元与空调、自动变速器控制单元之间的怠速提升信号中断；CAN-BUS 总线系统故障，电控单元的搭铁线不良，发动机与车身的搭铁线不良，均会造成发动机怠速运行不稳。

处理方法：检修线路，更换损坏部件。

4. 故障现象 4

（1）现象 怠速游车。

（2）主要故障原因 怠速游车是指发动机转速有规律或无规律地在一定转速范围内上下波动的现象。造成发动机怠速游车的根本原因是发动机 ECU 在检测到不正确的传感器信号或判断进气混合比不正常时，不断修正发动机空燃比，从而引起发动机怠速不稳定的现象。据此原则，电控发动机怠速游车的故障原因主要有：

1）燃油压力不稳定。

2）进气系统真空管漏气。

3）氧传感器失效或反馈控制电路有故障。

4）空气流量计故障。

5）EGR 阀故障。

6）燃油蒸气回收控制系统故障。

7）发动机 ECU 及线路、插接器不良等故障。

处理方法：检修线路，更换损坏部件。

5. 故障现象 5

（1）现象 无怠速。

（2）主要故障原因 无怠速是指松掉加速踏板则发动机熄火，只有将加速踏板踩下，才能稳住发动机转速的工作状态。根据无怠速的现象，可以判断无怠速是由没有足够的进气量造成的，而在怠速状态下，进气量的控制主要依靠怠速控制元件（怠速阀、怠速电动机或节气门电动机）的作用，因此无怠速的故障部位在怠速控制元件。无怠速的常见故障原因和部位有：

1）怠速电动机卡死，打不开。

2）节气门体故障。

3）电子节气门单元故障。

4）发动机 ECU 及线路故障。

处理方法：清洗脏污元件，检修线路，更换损坏部件。

6. 故障现象 6

（1）现象　负荷变化不提速。电控发动机在负荷增加，如开空调、转向、挂挡、开前照灯等时，发动机怠速会自动提高。若发动机执行提速操作时不能提速，则发动机将怠速运转不稳、抖动，甚至熄火。

（2）主要故障原因　根据开关信号的控制原理，电控发动机不提速的故障原因有：

1）开关信号传送错误或不良。

2）发动机 ECU 故障。

3）执行元件：怠速控制阀不良，电子节气门电动机故障。

4）开关、ECU、执行元件的线路不良。

处理方法：清洗脏污元件，检修线路，更换损坏部件。

基本技能

卡罗拉怠速不良故障诊断步骤

1. 准备工作

1）防护装备：工作服、工作帽、手套、劳保鞋。

2）车辆、台架、总成：卡罗拉整车或发动机台架。

3）检测设备：KT600 诊断仪、万用表、测试灯泡、专用短接线、二极管试灯、燃油压力表。

4）专用工具：燃油管拆装专用工具。

5）手工工具：拆装工具一套。

6）辅助材料：翼子板布和前格栅布、三件套、抹布、白板笔。

2. 诊断步骤

（1）确认故障现象　起动发动机，怠速运行，确定怠速是否正常。如果不正常，则判断故障现象的类型。

（2）故障码读取　连接诊断仪器，读取发动机系统故障码，则如有故障码，则根据内容检修后清除故障码。

提示：以下步骤分别针对怠速不良的现象进行重点检查。

（3）怠速过低或无怠速　读取节气门开度的数据流，如果比正常值低，则清洁节气门体。

（4）怠速过高

1）读取节气门开度的数据流，如果比正常值高，则清洁节气门体。

2）读取冷却液温度传感器数据，如果比发动机实际的冷却液温度低，则检查冷却液温度传感器。

3）如果曾经清洁过节气门或拆卸过线束连接器，则进行节气门设定。

（5）怠速游车

1）检查进气系统是否漏气。

2）检查重要的传感器，如空气流量计、节气门位置/加速踏板位置传感器、氧传感器的数据流是否正常。如果这些传感器中的某个传感器信号不正常，控制单元会进行混合气修正，造成转速忽高忽低的现象。

（6）发动机负荷变化但转速不提速 检查数据流，确认负荷变化信号（如空调 A-C 信号）是否发送到控制单元。如图 2-60 所示，当空调开关打开或转向盘转动时，数据应从“OFF”变成“ON”。

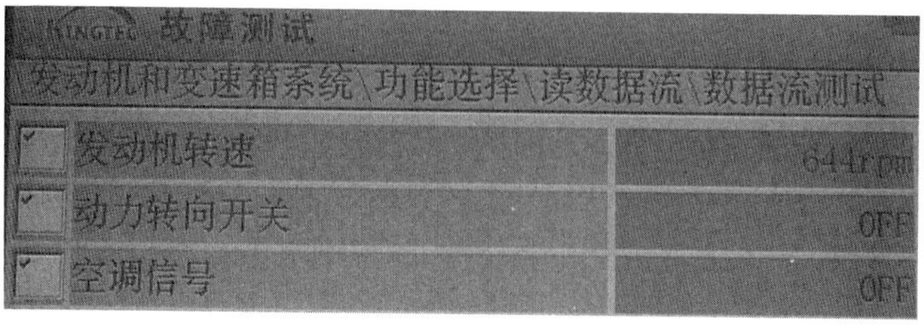

图 2-60 负荷变化数据流

（7）怠速不稳

1）排除发动机机械原因：检测气缸压力，各气缸压力应基本一致或在误差范围内。

2）排除点火系统原因：检查火花塞、点火线圈；检查点火正时。

3）排除燃油系统原因：检查燃油压力是否偏低；检查喷油器是否工作，有无堵塞、泄漏，以及供油量是否一致。

4）排除进气系统原因：检查进气管道是否泄漏、堵塞；检查节气门体是否积炭。

5）排除排放控制系统原因：检查燃油蒸气系统是否常工作；检查三元催化器是否堵塞。

【拓展知识】

1. 怠速调整

电控发动机的怠速主要通过怠速阀控制，同时节气门关闭，但仍保持一定的微小开度。当怠速阀不能打开时，通过节气门的开度控制进气量，维持怠速，怠速阀无法调整，为保持怠速的微调，节气门设置有调整螺钉，其作用是调节节气门的开度。

调整怠速的工作必须在发动机温度正常、气门间隙适当、点火系统正常、各管道密封良好、节气门能够关闭严密等正常状况下进行。

调整时，首先旋出节气门开度调整螺钉，使发动机达到最低稳定转速，接着用螺钉旋具旋入怠速调整螺钉，当发动机快要熄火时，再缓慢旋出怠速调整螺钉，使发动机稳定运转并达到高速。然后再将节气门开度调整螺钉旋出，使发动机的转速降到最低，接着调整怠速调整螺钉，使发动机转速提高。如此反复进行，直到节气门开度最小，发动机在最低稳定转速下运转。最后提高转速并突然关闭节气门，以发动机不熄火仍然转动为宜。

2. 进气系统/真空管漏气检查

电控发动机的进气系统比较复杂，特别是真空管较多。当进气道或真空管漏气时，将引起发动机怠速抖动，而检查漏气点十分困难，这是因为漏气量小，采用直观法往往难以找到漏气点。这时可以采取一些特殊方法，帮助查找漏气点。

检查漏气方法：起动发动机，怠速运行，在保证安全的条件下（无高压漏电），使用清洗剂沿着进气系统的各管道接口、真空管部件喷射，若喷到某处后发动机怠速抖动消失，或怠速发生变化，则说明该处有漏气故障。

检查原理：进气漏气引起怠速抖动的原因是漏进的空气改变了空燃比，造成怠速不稳，清洗剂（可燃）与漏气混合后可以改变或恢复空燃比，发动机怠速会恢复正常或发生变化，说明该处即漏气部位。

【学习小结】

1. 发动机怠速不良的主要故障有怠速偏低、怠速偏高、怠速不稳、怠速游车、无怠速、不提速等。

2. 怠速过低的根本原因是怠速进气量过小，怠速进气量过小的主要原因是怠速阀故障、节气门开度过小、怠速调整过低等。

3. 怠速过高故障的根本原因是节气门开度过大，节气门开度过大的主要原因是怠速阀开度过大、燃油压力过高、喷油量过多、冷却液温度传感器不良等。

4. 怠速不稳的常见原因有点火性能不良、喷油器不良、机械故障、进气系统漏气。

5. 无怠速故障的主要原因是节气门关闭、开度太小或怠速阀开度过小。

6. 不提速故障的主要原因是发动机 ECU 未接收到提速开关信号或不执行提速动作。

【自我评估】

1. 填空题

（1）怠速不良的常见故障包括怠速__________、怠速偏高、怠速__________、怠速游车、无怠速、不提速等。

（2）怠速过高故障的主要原因是节气门__________过大。

2. 不定项选择题

（1）汽车发动机大修后，必须怠速运转稳定，转速波动不能大于（　　）r/min。

A. 100　　B. 50　　C. 80　　D. 150

（2）怠速阀有故障可能会导致发动机（　　）。

A. 怠速偏高　　B. 怠速偏低　　C. 无怠速　　D. 怠速游车

（3）当节气门急剧关闭时，空燃比大幅度变化，这时怠速阀处于全开状态，目的是（　　）。

A. 减少 NO_x 排放　　B. 减少 HC 和 CO 排放

C. 实施发动机制动　　D. 提高发动机转速

（4）下列（　　）情况下发动机需要提速。

A. 开空调　　B. 转弯　　C. 巡航　　D. 挂挡（A/T）

（5）怠速电控阀在发动机（　　）时起作用。

A. 中等负荷　　B. 低温起动　　C. 负荷大　　D. 高转速

（6）在怠速控制中，怠速控制阀可以调节尾气中的（　　）排放量。

A. CO　　B. HC　　C. NO　　D. CO_2

(7) 氧传感器不良，可能引起发动机（　　）。
A. 怠速偏高　　B. 怠速偏低　　C. 怠速游车　　D. 无怠速
(8) 发动机进气系统真空管漏气会引起（　　）故障。
A. 怠速偏高　　B. 怠速偏低　　C. 怠速游车　　D. 无怠速
(9) 一辆丰田卡罗拉轿车在清洗节气门后怠速偏高，可采取如下（　　）方法恢复怠速。
A. 断开蓄电池负极 30s 以上　　B. 丰田仪器设置
C. ECU 编程　　D. 试车 10min
(10) 燃油压力不稳，会引起发动机（　　）故障。
A. 怠速偏高　　B. 怠速偏低　　C. 怠速游车　　D. 无怠速

学习单元 9　发动机加速不良故障诊断

情境导入

一、情境描述

一辆丰田卡罗拉轿车，装备 1ZR-FE 汽油电控发动机，行驶里程为 12 万 km，客户反映车辆行驶加不上油，加速慢。如果将这张派工单交给你，你会如何诊断并排除此故障？

二、情境提示

加速性能是评价发动机动力性能的最重要指标，加速不良是发动机的常见故障之一。加速不良是指发动机加不上油，故障现象是踩下加速踏板后，发动机转速不能马上升高，有迟滞现象，有时加速会引起发动机抖动、“回火”“放炮”，甚至熄火现象。

学习目标

一、知识目标

1. 能描述发动机加速的工作原理。
2. 能描述发动机常见的加速不良的故障现象。
3. 能描述发动机加速不良故障的诊断方法。

二、技能目标

1. 能分析发动机加速不良的故障现象。
2. 能诊断与排除发动机加速不良的故障。

知识学习

1. 发动机加速原理

图 2-61 所示为发动机加速原理。加速踏板接到驾驶员的加速意愿后，加速踏板位置传感器将加速信号传给发动机 ECU，发动机 ECU 控制电子节气门打开更大的开度，节气门进

入更多新鲜空气，空气流量计检测到更多的空气流量，将进气信号发送给 ECU，ECU 喷入更多的燃油，组成更多混合气，发动机做功增加，转速上升。随着转速上升，气缸产生更大的真空度，吸入更强的空气，如此反复，使发动机转速不断提高，产生加速度。

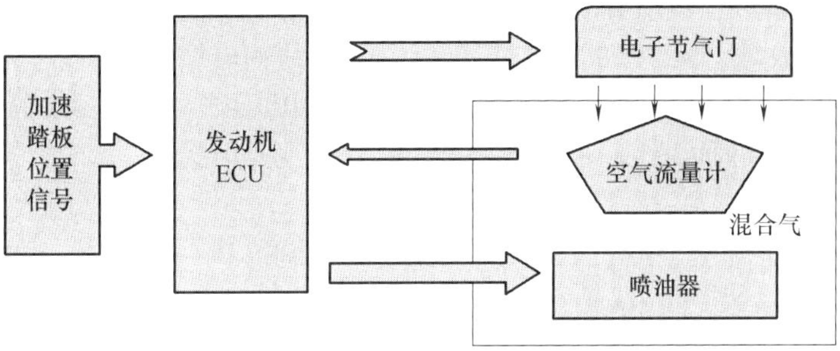

图 2-61　发动机加速原理

2. 发动机加速不良故障现象及检修部位

根据发动机加速原理，加速系统的任何一个环节有故障，发动机就会产生加速不良故障。电控发动机的点火系统、燃油系统、进气系统、排气系统及机械系统产生故障，都会造成发动机加速不良。

（1）点火系统故障　点火系统引起发动机加速不良的原因有单缸或多缸不工作或工作不良，点火能量不足和点火时间不正确。

1）单缸工作不良。一缸不做功或做功不好，四缸的动力由三缸完成，会造成发动机加速不良。对于单缸或多缸不工作或工作不良的故障，可以通过断缸法检查判断，即断开某一缸的点火或喷油，若发动机怠速无变化，则可判断该缸工作不良或不工作。

2）点火能量不足。点火能量不足，火花塞高压火花过弱，会造成发动机混合气燃烧不充分，做功不能达到最大化，从而导致发动机动力不足的现象。图 2-62 所示为火花塞点火的高压火花强弱图，造成点火能量不足的主要原因有：

图 2-62　火花塞点火火花强弱

① 点火线圈性能不良。

② 火花塞间隙过大或过小。

③ 高压线老化、漏电。

④ 点火放大器（点火控制模块）故障。

⑤ 发动机控制单元及线路。

3）点火正时不正确。点火正时不正确，会造成发动机工作不正常，从而引起动力不足，产生加速不良的故障现象。

通过踩踏加速踏板加速，根据发动机的运转声音判断发动机点火时间是否过早或过迟；也可以通过点火提前角测试仪测试发动机点火提前角度。发动机怠速时，点火提前角为一稳定的点火提前角度；加速时，点火提前角将加大。

点火提前角过大或过小，都会引起发动机加速不良故障。点火正时不良的主要故障原因有：

① 正时传动安装错误。

② 正时齿轮错齿、跳齿。

③ 可变正时系统故障。

④ 曲轴、凸轮轴位置传感器故障，给 ECU 提供了错误信息。

(2) 进气系统故障 发动机加速，靠进气、燃油的相应增加来实现，而喷油量的增加依据的是进气量参数，若进气量数据信号错误，则发动机会产生加速不良的故障现象。进气系统的常见故障部位和原因有：

1）进气管堵塞。

2）空气滤清器脏堵。

3）节气门或电子节气门不良。

4）空气流量计及线路不良。

5）可变进气系统故障。

6）涡轮增压系统故障。

7）发动机控制单元及线路故障。

(3) 燃油系统故障

1）燃油压力低。燃油压力过低，会导致发动机动力不足，产生加速不良的故障现象。当燃油压力不正常时，需要检查燃油泵、燃油滤芯、燃油压力调节器等元件的性能。

2）燃油品质不良。燃油品质不良，将直接导致混合气燃烧质量下降，发动机工作不正常，同时造成排放异常，还会产生爆燃等故障现象。图 2-63 所示为燃油品质差引起的氧传感器损坏。

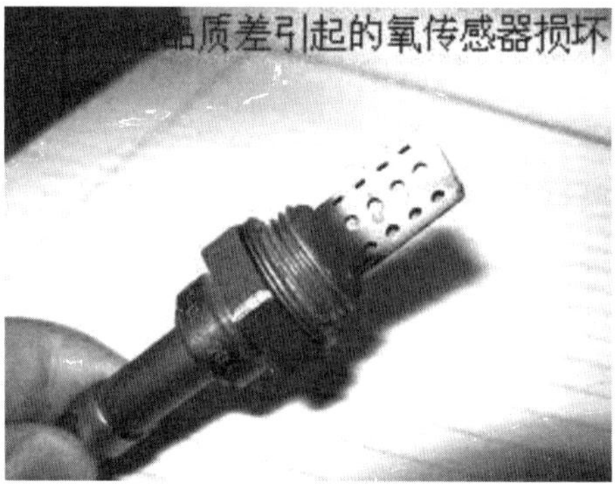

图 2-63 损坏的氧传感器

燃油品质不良主要指如下情况：

① 燃油标号不对。

② 使用了含铅量高的汽油。

③ 燃油添加剂异常。

④ 燃油中水分过多。

⑤ 燃油中杂质含量超标。

3）燃油喷射不良。

① 喷油器故障。发动机的加速状况通过喷油器增加喷油量实现，喷油器喷油性能不良或喷油器控制异常，会造成发动机加速不良。喷油器的性能检测与维护可以通过喷油器清洗检测仪实施。

② 喷油器控制故障。喷油器喷油不良与其 ECU 控制有关，ECU 控制喷油器信号异常，可能是 ECU 接收到了不正常的传感器信号，或者 ECU 本身有故障，或者控制线路故障。

(4) 排气系统故障 发动机排气系统堵塞，排气性能降低，将直接影响发动机的加速性能。发动机发生加速不良故障时，需要检查发动机排气系统是否畅通，而排气系统最常见的故障是三元催化器堵塞。

(5) 发动机机械系统故障 发动机机械系统性能降低，如气缸磨损、曲轴变形、凸轮轴磨损、气缸漏气、活塞环密封性能变差等都会引起发动机动力性变差，具体表现为加速不良。对于机械故障引起的加速不良，需要测量气缸压力，如果低于规定的标准压力值，则必须进行发动机大修，以恢复发动机动力性能。机械原因引起的加速不良故障的常见原因有：

1）活塞或缸套磨损过度。

2）气门间隙过大。

3）缸盖烧蚀或变形，密封不良。

4）其他机械磨损及其原因（曲轴、凸轮轴磨损等）。

基本技能

卡罗拉加速不良故障诊断步骤

1. 准备工作

1）防护装备：工作服、工作帽、手套、劳保鞋。

2）车辆、台架、总成：卡罗拉整车或发动机台架。

3）检测设备：KT600 诊断仪、万用表、测试灯泡、专用短接线、二极管试灯、燃油压力表。

4）专用工具：燃油管拆装专用工具。

5）手工工具：拆装工具一套。

6）辅助材料：翼子板布和前格栅布、三件套、抹布、白板笔。

2. 诊断步骤

首先验证故障现象，排除其他系统造成的故障。

1）起动发动机，待发动机温度正常后，试验加速是否正常。

2）排除其他系统造成的故障，如加速防滑系统工作异常等。

提示：加速防滑系统工作时（驱动轮打滑），会通过 CAN 系统控制发动机降低功率。可以拔掉其熔丝或继电器进行试车，如果故障消失，则是加速防滑系统导致的故障。

（1）排除控制系统原因　连接诊断仪器，读取故障码，如果有与加速相关的故障码（如空气流量计、节气门位置/加速踏板位置传感器等），则根据故障码内容进行检修。

读取数据流，重点是空气流量计、节气门位置传感器、加速踏板位置传感器等相关数据，不正常则检查对应的传感器及线路。

（2）排除进气系统原因

1）检查空气滤清器的滤芯是否过脏或堵塞，不正常则清洁或更换。

2）检测节气门是否工作正常，如存在发卡等故障，则清洗节气门或更换节气门体。

3）检查可变进气 VVT 系统是否有动作。

（3）排除发动机机械原因　检测气缸压力是否偏低，若偏低则拆检发动机，检查气门和活塞环等。

（4）排除点火系统原因

1）测试高压火花强度，如果火花弱，则检查更换火花塞或点火线圈。

2）检查点火正时，观察加速时正时是否能够提前以及提前的角度是多少。如不正常，则检查正时记号和爆燃传感器信号。

（5）排除燃油系统原因

1）测试燃油压力是否偏低，并检查燃油保持压力，如果不正常，则更换燃油泵及燃油滤清器。

2）检查喷油器是否堵塞或泄漏。

3）检查燃油品质。

（6）排除排放控制系统原因 检查排气管（三元催化器）是否堵塞，不正常则更换三元催化器及消声器。

【拓展知识】

1. 巡航控制系统的功能和工作原理

1）功能。巡航控制系统是一种利用电子控制技术，保持汽车自动定速行驶的系统。当汽车在高速公路上长时间行驶时，接通巡航控制主开关，设定希望的车速，巡航控制系统将根据汽车行驶阻力的变化，自动增大或减小节气门开度，使汽车按设定的车速等速行驶，驾驶员不必操纵加速踏板。图2-64所示为组合仪表上的巡航指示灯。

巡航系统可以减轻驾驶员的疲劳，增加舒适性，还能保持车速的平稳性，改善发动机的燃油经济性和排放性能。

巡航功能有定速巡航、加速巡航、减速巡航。

2）工作原理。巡航控制系统分为独立巡航控制系统和发动机ECU直接控制巡航系统。新型汽车多采用发动机ECU直接控制巡航系统。

发动机ECU直接控制巡航系统是指发动机ECU内设计有巡航控制程序，发动机ECU接到巡航开关信号后，直接控制电子节气门动作，使电子节气门保持在一定的开度，稳定车速，当接到撤销巡航指令信号或制动灯开关信号时，则取消巡航功能。巡航控制工作原理如图2-65所示。

图2-64　组合仪表上的巡航指示灯

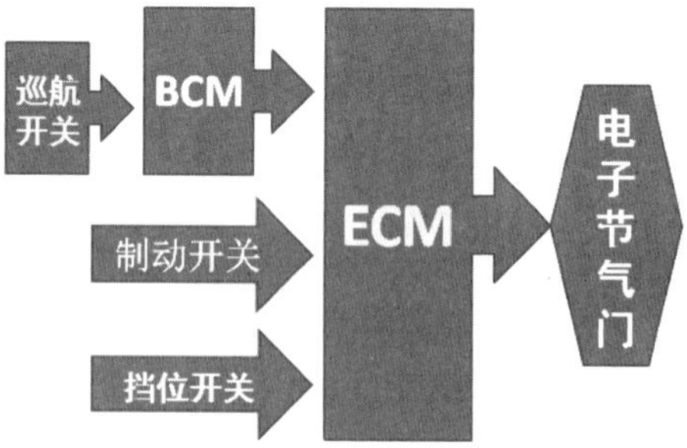

图2-65　巡航控制原理

2. 巡航系统故障诊断

（1）读取故障码 分别读取发动机控制单元和车身控制单元故障码，确定无巡航故障码。巡航相关故障码有巡航开关故障码、制动灯开关故障码、车速传感器故障码、节气门故障码等。

（2）读取数据流　选择读取数据流，选取巡航开关项目，拨动巡航开关，观察数据流变化，若数据流变化不符合开关相应动作，则说明巡航开关及线路故障。

【学习小结】

1. 导致加速不良的因素包括点火性能、混合气浓度、排气系统性能、机械系统性能、电控单元等。

2. 点火性能引起加速不良的故障原因为点火能量不足、点火线圈性能不良（主要原因）。

3. 进气系统引起的加速不良的主要原因是电控单元检测进气流量信号不准确。

4. 排气管堵塞会造成发动机加速不良。

5. 发动机气缸磨损、缸压不足，会导致加速不良，动力不足。

6. 发动机 ECU 发生故障会引起加速不良故障。

【自我评估】

1. 填空题

（1）加速踏板接到驾驶员的加速意愿后，__________传感器将加速信号传给发动机 ECU，发动机 ECU 控制电子节气门打开更大的开度。

（2）电控发动机的点火系统、__________、进气系统、__________及机械系统产生故障，都会造成发动机加速不良。

2. 不定项选择题

（1）影响电控发动机加速性能的传感器有（　　）。

A. 冷却液温度传感器　B. 节气门位置传感器　C. 空气流量计

D. 进气压力传感器　E. 加速踏板位置传感器　F. 氧传感器

（2）发动机加速不良会导致（　　）。

A. 动力不足　B. 油耗过高

C. 冷却液温度升高　D. 排放超标

（3）下列（　　）单元有故障，会造成发动机加速不良。

A. 电子节气门　B. 涡轮增压器　C. 点火放大器

D. 可变正时调节器　E. 三元催化器　F. 燃油泵

（4）同一挡保持节气门开度不变，若汽车所遇到的阻力不同，则汽车（　　）。

A. 发动机转速不变　B. 车速不变　C. 发动机扭矩不同

D. 耗油率不同　E. 发动机输出功率不同

（5）巡航控制系统一般在车速低于（　　）km/h 时不起作用。

A. 15　B. 25

C. 35　D. 45

（6）爆燃传感器的信号会影响（　　）。

A. 点火提前角　B. 喷油正时

C. 怠速性能　　　　　　　　D. 加速性能

(7) 汽油发动机加速时有突爆声，释放节气门立即消失，是由于（　　）。

A. 点火过晚　　　　　　　　B. 点火过早

C. 点火次序错乱　　　　　　D. 混合气过稀

(8) 下列（　　）发动机故障会造成加速不良。

A. 气门漏气　　　　　　　　B. 活塞环漏气

C. 机油泄漏　　　　　　　　D. 排气管漏气

学习情境三 汽车底盘故障诊断

学习单元1 离合器打滑与分离不彻底故障诊断

情境导入

一、情境描述

一辆卡罗拉手动挡轿车，客户描述车子在急加速和上陡坡时明显感觉动力不足。你能排除这个故障吗?

二、情境提示

根据故障现象分析，可能是由于离合器片过度磨损导致离合器打滑，需要对离合器进行检查。

学习目标

一、知识目标

1. 能描述离合器打滑的故障现象和原因。
2. 能描述离合器分离不彻底的故障现象和原因。

二、技能目标

1. 能够对离合器打滑进行故障诊断与排除。
2. 能够对离合器分离不彻底进行故障诊断与排除。

知识学习

离合器典型的故障现象有离合器打滑和离合器分离不彻底等。

1. 离合器打滑

(1) 离合器打滑造成的故障现象

1) 汽车用低速挡起步，放松离合器踏板时，不能起步或起步困难。

2）汽车加速行驶时，车速不能随发动机转速升高而提高，行驶无力，产生焦煳味或冒烟等现象。

（2）离合器打滑的原因

1）离合器踏板没有自由行程，使分离轴承压在分离杠杆上。

2）从动盘摩擦片、压盘或飞轮工作面严重磨损。

3）离合器盖与飞轮连接松动，使压紧力减弱。

4）从动盘摩擦片有油污、烧灼、表面硬化、铆钉外露、表面不平、摩擦力因数下降。

5）压力弹簧疲软或折断，膜片弹簧疲劳或开裂，使压紧力下降。

6）离合器操纵杆卡滞，分离轴承套筒与导管间有油污、尘腻等，使分离轴承不能回位。

7）分离杠杆弯曲变形，出现运动干涉，不能回位。

2. 离合器分离不彻底

（1）离合器分离不彻底造成的故障现象

1）离合器踏板踩到底时，离合器处于半接合状态，其从动盘没有完全与主动盘分离，换挡困难。

2）挂低速挡时，离合器踏板尚未完全放松，汽车就有起步发抖或发动机熄火的现象。

（2）离合器分离不彻底的原因

1）离合器踏板行程过小，使离合器分离不彻底。

2）离合器液压管路进入空气。

3）主缸或分离缸漏油、变形和发卡。

4）从动盘翘曲、铆钉松脱，摩擦衬片松动。

5）压盘受热变形翘曲。

6）摩擦片弹簧的弹力减弱或分离指端磨损过度。

7）摩擦片弹簧分离指端不平齐。

8）离合器操纵机构中拉索端头紧固螺栓松动或紧固螺栓失效。

9）离合器操纵机构拉索发卡，离合器踏板踩不到底。

10）其他相关的原因。

基本技能

离合器典型故障诊断

对于离合器打滑或分离不彻底的故障，都应该对离合器进行就车检查和总成检查。

1. 准备工作

1）防护装备：工作服、工作帽、手套、劳保鞋。

2）车辆、台架、总成：卡罗拉整车、离合器总成。

3）专用工具：离合器总成安装工具（09301-0020）、膜片弹簧顶端检查工具（09333-00013）、检查离合器管路工具（09992-00242）。

4）测量工具：钢直尺、游标卡尺、带滚子的百分表、刀口形直尺。

5）手工工具：拆装工具一套。

6）辅助材料：翼子板布和前格栅布、三件套、三支离合器分离缸总成安装螺栓、离合器花键润滑脂、制动液回收瓶、抹布、白板笔。

2. 就车检查

离合器系统故障的诊断流程如图 3-1 所示。

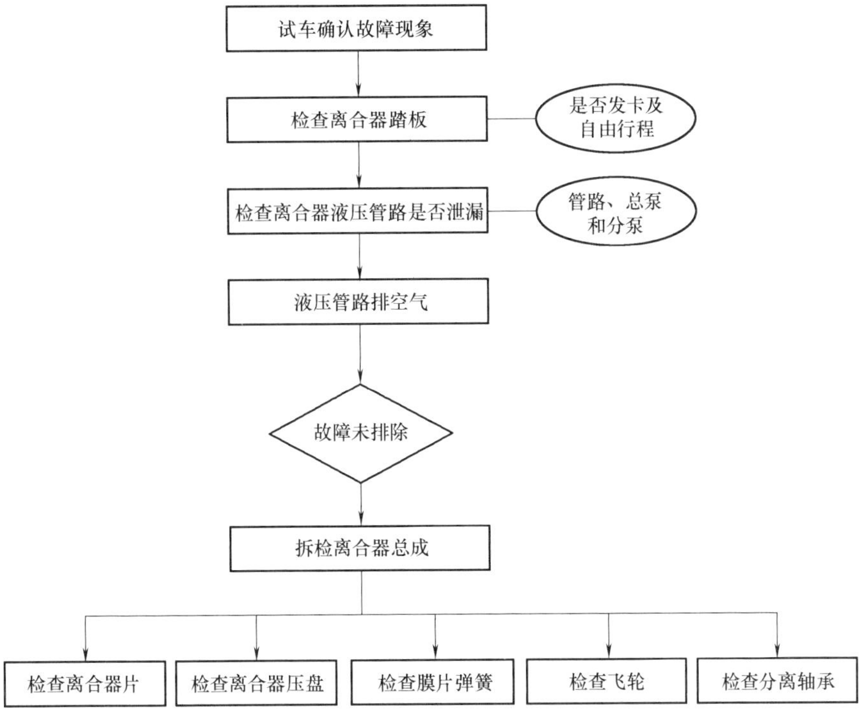

图 3-1　离合器检查流程图

(1) 检查离合器踏板是否发卡　如图 3-2 所示，看有无异物导致离合器踏板发卡或不能踩到底。

(2) 检查离合器踏板高度　如图 3-3 所示，测量并调节离合器踏板高度（143.6 ~ 153.6mm）。

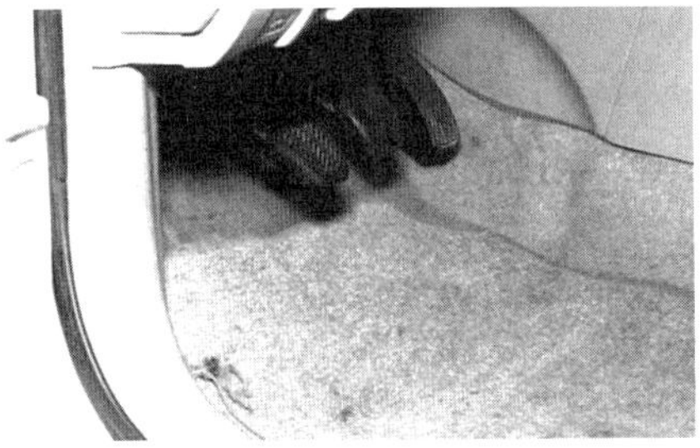

图 3-2　检查离合器踏板附近有无障碍物

图 3-3　离合器踏板高度的检查

⚠ **注意：** 若测量时钢直尺与离合器踏板不垂直，则会导致测量数据错误。

(3) 检查离合器液压管路　如图 3-4 所示，检查离合器液压管路有无裂纹和漏油，如有异常，则必须进行更换或维修。

(4) 检查离合器主缸和分离缸　如图 3-5 所示，检查离合器主缸（制动总泵）有无漏油、变形、发卡现象；检查离合器分离缸（分泵）有无漏油、变形、发卡现象。

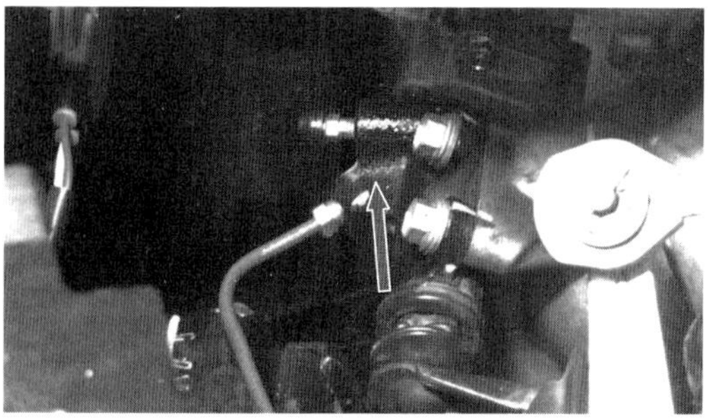

图 3-4　离合器液压管路的检查

图 3-5　离合器分离缸的检查

（5）离合器液压管路排气　如图 3-6 所示，完全排出液压管路中的气体。

3. 离合器总成检查

拆卸离合器总成（参照离合器检修或维修手册的拆卸步骤，如已经拆卸，则省略本步骤），并做如下检查。

（1）检查离合器片外观　如图 3-7 所示，检查离合器片有无脏污、烧蚀、油污、破裂等现象。

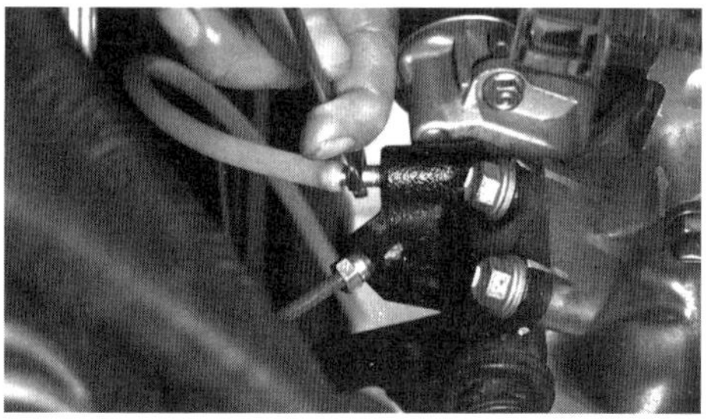

图 3-6　离合器管路排气

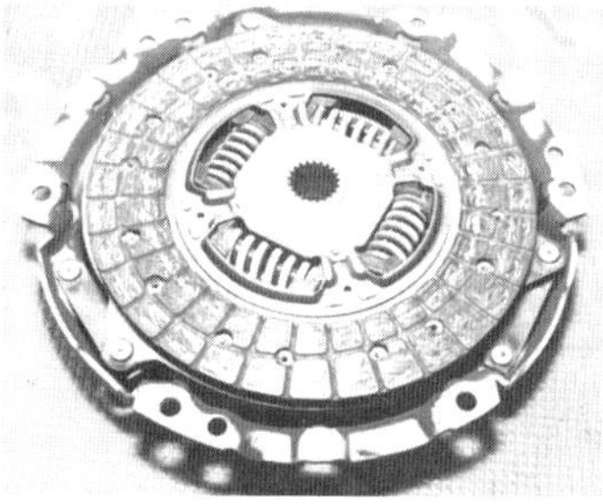

图 3-7　离合器的外观检查

（2）测量离合器片　如图 3-8 所示，测量离合器片的铆钉深度。铆钉深度应不小于 0.3mm，否则应更换离合器片。

（3）测量离合器压盘　如图 3-9 所示，使用百分表测量离合器压盘的轴向圆跳动量，或者用刀口形直尺测量其平面度误差。最大轴向圆跳动为 0.8mm，平面度不应超过 0.2mm，大于规定值则更换离合器压盘总成。

图 3-8　离合器片的测量

（4）测量离合器膜片弹簧　如图 3-10 所示，使用游标卡尺测量离合器膜片弹簧的磨损深度和宽度。最大磨损深度为 0.5mm，超出规定值则更换离合器盖总成；最大磨损宽度为 6.0mm，超出规定值则更换离合器盖总成。

（5）测量飞轮的轴向圆跳动　如图 3-11 所示，使用百分表测量飞轮的轴向圆跳动。最大轴向圆跳动量为 0.6mm，超出规定值则更换飞轮总成。

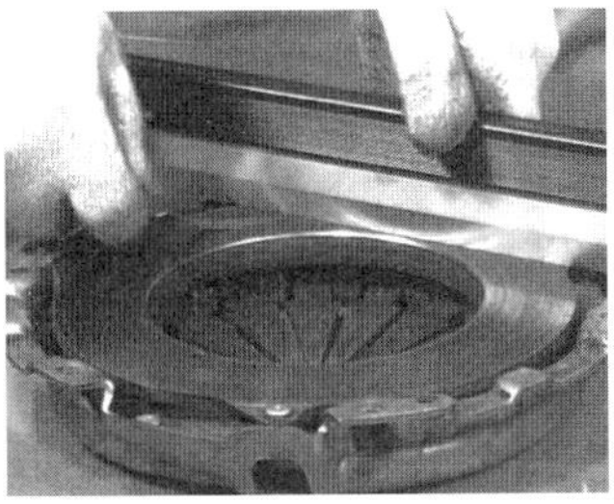

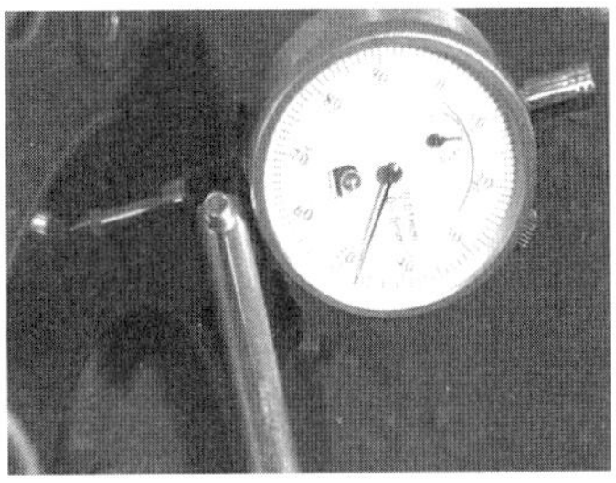

图 3-9　离合器压盘的测量

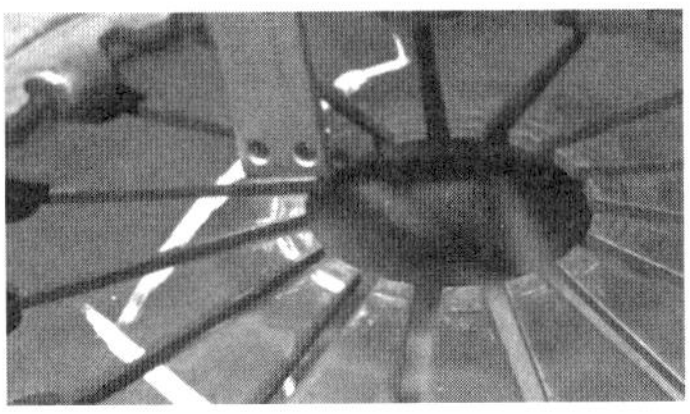

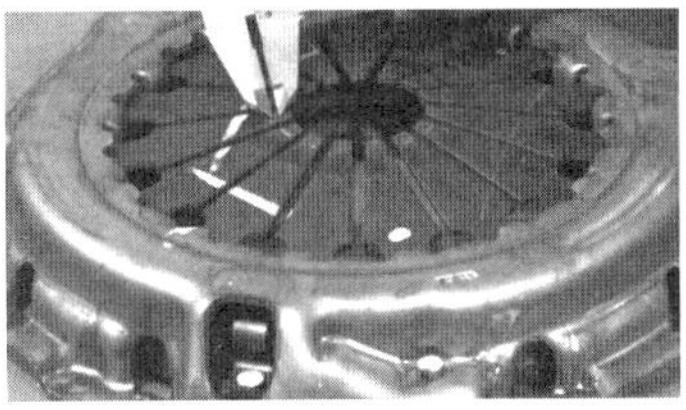

图 3-10　测量离合器膜片弹簧的磨损深度和宽度

图 3-11　测量飞轮的轴向圆跳动

（6）检查离合器分离轴承

1）目视检查离合器分离轴承是否损坏和磨损。

2）如图 3-12 所示，在轴向施力时，旋转离合器分离轴承总成的滑动部件，检查并确认离合器分离轴承总成移动平稳且无异常阻力。

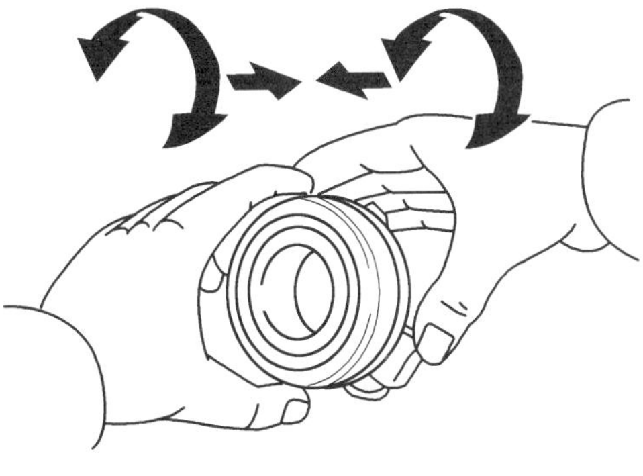

图 3-12　检查离合器分离轴承

【拓展知识】

1. 科鲁兹离合器打滑的故障原因及排除方法（见表3-1）

表3-1 科鲁兹离合器打滑的故障原因及排除方法

故障原因	排除办法
离合器踏板高度不正确，无法使离合器主缸回位	调整离合器踏板位置开关
离合器踏板回位弹簧破损或缺失	更换离合器踏板回位弹簧
离合器踏板卡滞或卡住	1）清除所有可能接触踏板的物品 2）检查踏板衬套是否易于移动 3）若有故障，则更换离合器踏板
离合器主缸卡滞或卡死	更换离合器主缸
离合器执行气缸卡滞或卡死	更换离合器执行气缸
离合器执行气缸前管扭结或损坏	1）检查离合器执行气缸前管布线是否正确 2）使离合器执行气缸前管布线正确 3）检查发动机支座是否存在使离合器执行气缸前管扭结或夹住或松动的故障 4）更换有故障的发动机支座 5）如果损坏，则更换离合器执行器气前管
离合器盘有润滑脂或被机油污染	1）检查机油泄漏源 2）修理润滑脂泄漏源 3）清除离合器部件上的污染物 4）如果不能清除这些污染物，则更换离合器总成
离合器盘浸油	查找泄漏源并安装一个新的离合器盘
膜片弹簧不耐用	更换离合器总成
离合器盘表面磨损	更换离合器总成
离合器盘烧毁或磨光	更换离合器总成

2. 科鲁兹离合器分离不彻底的故障原因和排除办法（见表3-2）

表3-2 科鲁兹离合器分离不彻底的故障原因和排除办法

故障原因	排除办法
离合器盘损坏	更换离合器总成
输入轴花键上的离合器盘毂卡滞	更换离合器总成
离合器盘翘曲或弯曲	更换离合器总成
离合器踏板卡在最大行程位置	1）检查是否有阻碍离合器踏板踩至地板的障碍物 2）清除离合器踏板区域下的所有障碍物，如地板垫或内饰板
离合器踏板和液压离合器主缸之间行程过大	1）检查离合器踏板衬套是否磨损 2）如果离合器踏板衬套磨损，则将其更换

（续）

故障原因	排除办法
液压离合器主缸卡死或卡滞	1）检查主缸活塞是否能够自由移动并能在整个行程范围内移动 2）必要时更换离合器主缸
离合器液压系统中有空气	排出离合器液压系统中的空气。
液压离合器执行气缸卡死或卡滞	1）检查离合器执行器活塞是否能自由移动 2）如果活塞卡滞，则更换离合器执行气缸
液压离合器主缸内部泄漏	1）检查离合器踏板余量是否正确：将离合器踏板升到一半，踩下离合器踏板几次，离合器检查以确保仍有适当的踏板余量 2）如果不能保持踏板余量，则更换离合器主缸

【学习小结】

1. 离合器打滑的故障现象和原因。
2. 离合器分离不彻底的故障现象和原因。
3. 离合器典型故障的诊断与排除步骤。

【自我评估】

1. 判断题

（1）离合器液压系统进入空气将导致离合器打滑。（　　）

（2）离合器膜片弹簧过度磨损会导致离合器打滑。（　　）

（3）离合器膜片弹簧损坏会导致离合器打滑。（　　）

（4）离合器液压管路进入空气会导致离合器分离不彻底。（　　）

2. 问答题

（1）离合器打滑有哪些原因？

（2）离合器分离不彻底有哪些影响因素？

学习单元2　手动变速器无法挂挡故障诊断

情境导入

一、情境描述

一辆卡罗拉手动挡轿车，出现变速杆无法挂入任何一个挡位的故障。你能排除这个故障吗？

二、情境提示

根据故障现象分析，可能为手动变速器操纵机构或内部原因所致，需要对变速器进行检查。

学习目标

一、知识目标

1. 能描述手动变速器无法挂挡的故障现象。
2. 能描述手动变速器无法挂挡的原因。

二、技能目标

能够对手动变速器无法挂挡故障进行诊断与排除。

知识学习

手动变速器典型的故障是无法挂挡，可能是一个挡位，也可能是全部挡位出现故障。

1. 手动变速器无法挂挡造成的故障现象

1）变速器不能顺利挂入任何挡位。

2）手动变速器不能挂入某个挡位，其他挡位正常。

2. 手动变速器无法挂挡的原因

（1）所有挡位都无法挂入

1）离合器不分离或分离不彻底。

2）变速杆变形或挡位操纵机构调整不当。

3）拨叉弯曲变形。

4）同步器滑块卡滞或磨损。

5）自锁或互锁装置卡滞。

（2）变速杆不能挂入一个挡位，而其他挡位能挂入

1）同步器不良。

2）齿轮端面毛糙。

3）变速杆松旷。

4）齿轮与轴配合不良。

基本技能

手动变速器无法挂挡故障诊断

手动变速器无法挂挡故障诊断流程如图 3-13 所示。

1. 准备工作

1）防护装备：工作服、工作帽、手套、劳保鞋。

2）车辆、台架、总成：卡罗拉整车、变速器总成。

3）车间设备：举升机。

4）专用工具：带滚子的百分表。

5）测量工具：塞尺、游标卡尺。

6）手工工具：拆装工具一套。

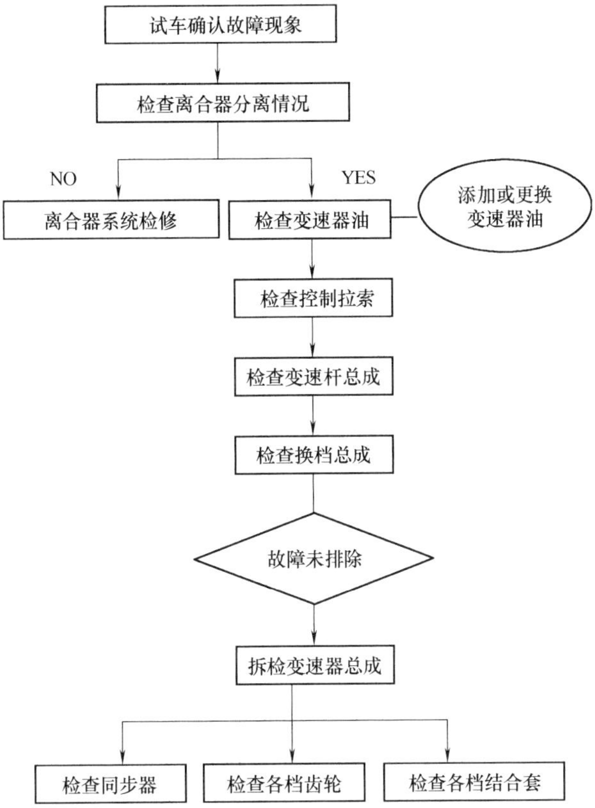

图 3-13　手动变速器无法挂挡故障诊断流程

7）辅助材料：翼子板布和前格栅布、三件套、变速器油、抹布、白板笔。

2. 就车检查

（1）检查离合器的分离情况

1）举升车辆离地 10cm 左右。

2）起动发动机，怠速运转。

3）踩下离合器挂入一挡，观察车轮是否转动，如车轮转动，则拆卸离合器并检查离合器总成。

（2）检查变速器油

1）检查变速器是否漏油，如漏油，则查明原因。

2）检查变速器油质，若油质不好，则更换变速器油。

3）检查变速器油位，若不够，则应加到规定范围，如图 3-14 所示。

（3）检查变速器控制拉索

1）举升车辆，检查变速器拉索是否松动或过度磨损。

2）如图 3-15 所示，打开变速器控制拉索调节盒，检查变速器控制拉索的位置，如不对，应进行调整。

（4）检查变速杆总成

1）拆卸变速器换挡总成。

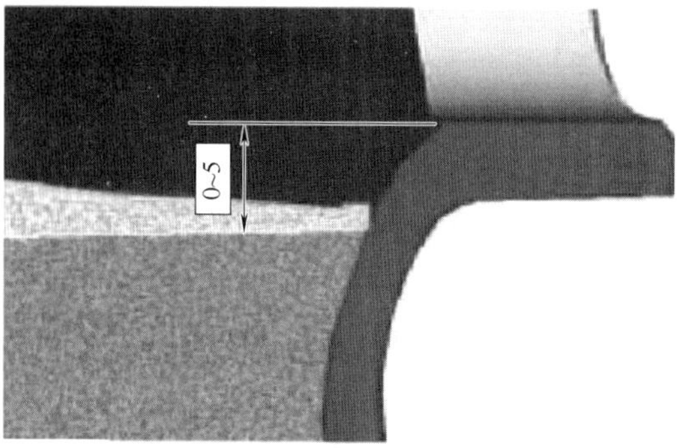

图 3-14 变速器油油质、油位的检查

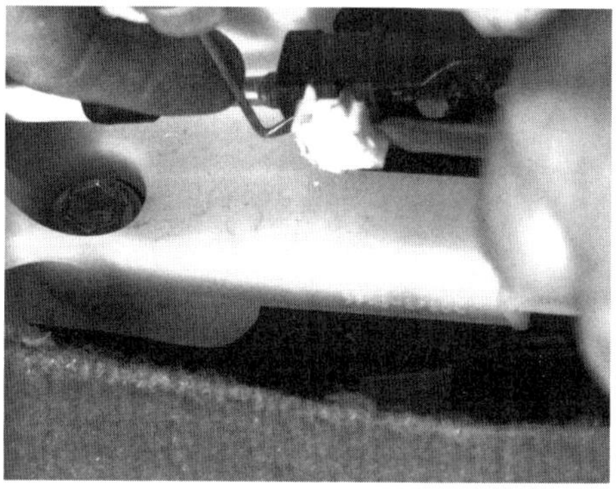
图 3-15 打开变速器控制拉索调节盒

2）检查换挡总成的磨损情况。

3）如图 3-16 所示，检查换挡总成控制拉索端子的磨损情况。

（5）检查变速器换挡总成

1）检查换挡总成的自锁、互锁情况。

2）如图 3-17 所示，检查换挡总成的磨损情况。

图 3-16 检查变速器拉索的磨损情况

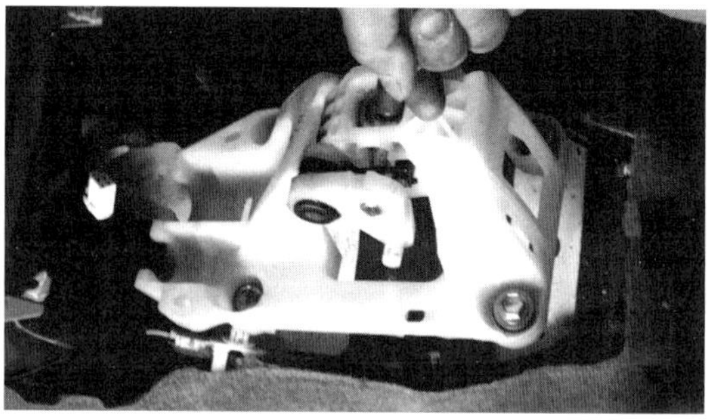
图 3-17 换挡总成磨损情况的检查

3. 分解检查

（1）拆解手动变速器 拆解变速器总成（参照变速器传动机构检修或维修手册的拆解步骤，如已经拆解则省略本步骤）。

（2）检查变速器同步器

1）外观检查同步器有无破裂。

2）检查同步器的转动情况。

3）如图 3-18 所示，用塞尺测量各同步器锁环与花键端部的间隙，并与规定值进行比较。标准间隙为 0.75 ~ 1.65mm，如果间隙小于最小值，则必须更换同步器锁环。

（3）检查变速器齿轮

1）检查各齿轮的磨损、缺齿情况。

2）检查各齿轮的轴向间隙，并与规定值进行比较。

3）如图 3-19 所示，检查各齿轮的径向间隙，并与规定值进行比较，标准间隙为0.10 ~ 0.35mm（以 3 挡为例）。

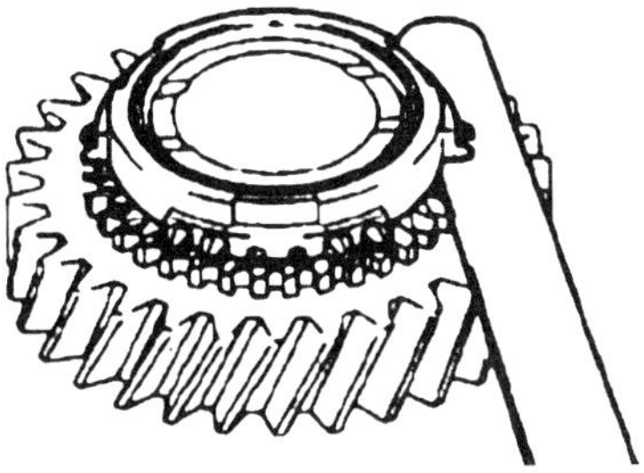

图 3-18　测量同步器锁环与花键齿轮端部间隙

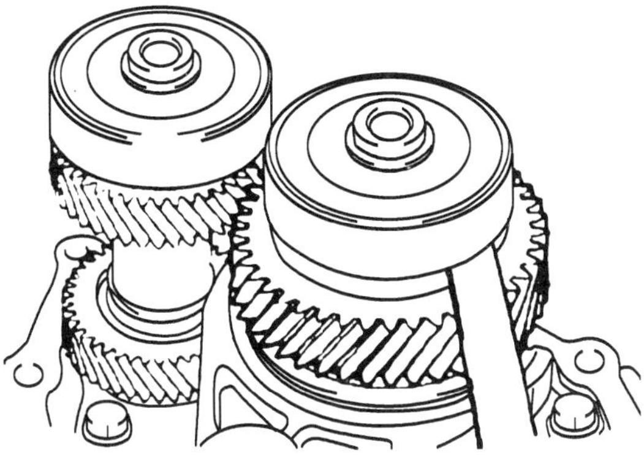

图 3-19　检查各齿轮的径向间隙

（4）检查接合套

1）检查各接合套和对应离合器毂的滑动情况。

2）检查并确认各接合套的花键端部未磨损。

3）如图 3-20 所示，用游标卡尺测量各接合套凹槽的宽度和对应拨叉卡爪部分的厚度，计算间隙并与标准值进行比较。标准间隙为 0.15～0.35mm。如果间隙超出规定范围，则必须更换结合套和换挡拨叉。

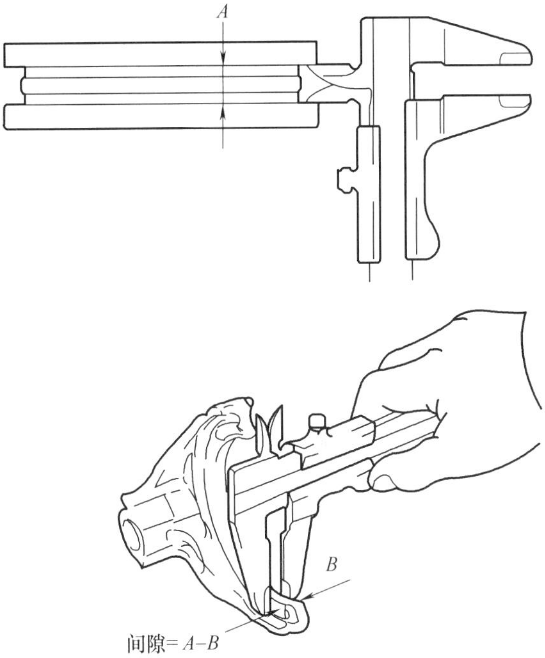

图 3-20　测量各接合套凹槽的宽度和对应拨叉卡爪部分的厚度

【学习小结】

1. 手动变速器无法挂挡造成的故障现象。

2. 手动变速器无法挂挡的原因。

3. 手动变速器无法挂挡的诊断思路。

【自我评估】

1. 判断题

（1）离合器分离不彻底将导致无法挂挡。（　　）

（2）同步器损坏只可能导致一个挡位无法挂入。（　　）

2. 问答题

变速器无法挂挡有哪些影响因素？

学习单元3　自动变速器失速试验

情境导入

一、情境描述

一辆2010款丰田卡罗拉GL轿车，装备U340E自动变速器，车辆行驶无力及加速不良。若你的主管将任务交给你，你能独自完成这项工作任务吗?

二、情境提示

根据故障现象，可能是发动机动力不足，也可能是自动变速器故障。需要通过失速试验确定具体的故障部位，在进行失速试验之前一定要了解失速试验的目的、方法及安全注意事项。

学习目标

一、知识目标

1. 能描述自动变速器失速试验的目的。
2. 能描述自动变速器失速试验的方法及安全注意事项。

二、技能目标

1. 能够对典型车型自动变速器进行失速试验。
2. 能通过失速试验对自动变速器故障进行诊断。

知识学习

自动变速器失速试验概述

1. 失速试验的目的

1）检查发动机的输出功率。

2）检查液力变矩器的性能。

3）检查自动变速器的离合器和制动器是否打滑。

2. 失速试验的条件

1）发动机冷却液达到正常温度。

2）自动变速器油温度达到正常温度（50～80℃）。

3）汽车轮胎气压正常。

4）汽车制动系统工作正常。

3. 失速试验的注意事项

1）从迅速踩下加速踏板到读出失速转速后放松加速踏板，全过程时间不得超过5s。

2）在完成了一个挡位的失速试验后，应使发动机在 N 位或 P 位下怠速运转 1min 以上，以使自动变速器油充分冷却。

3）在失速试验过程中，如果出现车轮转动的情况，则应立刻放松加速踏板，停止试验。

基本技能

失速试验操作程序与结果分析

1. 准备工作

1）防护装备：工作服、工作帽、手套、劳保鞋。

2）车辆、台架、总成：卡罗拉自动变速器整车。

3）车间设备：举升机、车轮挡块。

4）手工工具：拆装工具一套。

5）辅助材料：翼子板布和前格栅布、三件套、抹布、白板笔。

2. 实施步骤

1）确认满足安全条件，遵守安全注意事项。

2）确认车辆满足失速试验条件。

3）确认知晓失速试验的注意事项。

4）进行以下操作，并记录结果：

① 将汽车停在平坦的场地，安装车轮挡块。

② 拉紧驻车制动器，起动发动机。

③ 用左脚踩住制动踏板，将变速杆置于 D 位。

④ 迅速将加速踏板踩到底，使发动机全负荷运转。当发动机转速上升至稳定值时，读取发动机的转速，此转速即为失速转速，并迅速放松加速踏板。

⑤ 将变速杆置于 N 位或 P 位，让发动机怠速运转 1min 以上。

⑥ 将变速杆置于 R 位，再测一次 R 位的失速转速。

⑦ 将实测值与标准值进行对比分析。

3. 结果分析

（1）D 位和 R 位转速均值低于正常值

1）发动机输出动力不足。

2）液力变矩器导轮的单向离合器打滑。

（2）D 位和 R 位转速均值高于正常值

1）主油路油压过低。

2）液力变矩器叶片损坏。

3）离合器或制动器打滑。

（3）只有 D 位转速高于正常值

1）前进挡控制油路油压过低。

2）前进档离合器或单向离合器打滑。

（4）只有 R 位转速高于正常值

1）倒挡控制油路油压过低。

2）倒挡离合器或制动器打滑。

【拓展知识】

现以上海通用凯越自动变速器 Aisin（81-40LE）的失速测试程序为例，进行失速试验的介绍。失速测试的目的是通过测量前进挡（D）和倒挡（R）时的失速速度，检查自动变速器（A/T）和发动机的整体性能。具体步骤如下：

1）用楔片卡住 4 个车轮，并完全打开驻车制动器，将车辆的位置锁定，左脚将制动踏板踩到底。

2）注意事项：不要连续运行超过 5s，因为这样可能极大地增加机油温度。分别挂前进挡（D）和倒挡（R），右脚将加速踏板踩到底。

3）规格。标准失速速度为 2240～2540r/min，确保两次失速测试之间间隔 1min 以上。当失速测试结果异常时，可能的故障原因见表 3-3。

表 3-3　失速测试结果与故障原因

失速测试结果	故 障 原 因
前进挡（D）和倒挡（R）时都低于标准值	1）发动机功率下降 2）变矩器单向离合器故障
只在前进挡（D）时高于标准值	1）管路压力下降 ① 压力控制电磁阀（PCS）故障 ② 主调节阀故障 2）前进挡离合器（C1）故障，打滑 3）2 号单向离合器（F2）故障
只在倒挡（R）时高于标准值	1）管路压力下降 ① 压力控制电磁阀（PCS）故障 ② 主调节阀故障 2）倒挡离合器（C3）故障，打滑 3）1 挡和倒挡制动器（B3）故障，打滑
前进挡（D）和倒挡（R）时都高于标准值	1）管路压力下降 ① 压力控制电磁阀（PCS）故障 ② 主调节阀故障 2）机油泵故障 3）机油滤网故障，堵塞 4）各挡位油路漏油

【学习小结】

1. 失速试验的目的是检查发动机的输出功率、液力变矩器的性能，以及自动变速器离合器和制动器是否打滑。

2. 失速试验的条件：发动机冷却液达到正常温度；自动变速器油温达到正常温度（50 ~80℃）；汽车轮胎气压正常；汽车制动系统工作正常。

3. 失速试验的注意事项：从迅速踩下加速踏板到读出失速转速后放松加速踏板，全过程时间不得超过5s；在完成了一个挡位的失速试验后，应是发动机在N位或P位下怠速运转1min以上，以使自动变速器油充分冷却；在失速试验过程中，如果出现车轮转动的情况，则应立刻放松加速踏板，停止试验。

【自我评估】

1. 自动变速器失速试验的目的及条件是什么？
2. 自动变速器失速试验应注意什么？
3. 简述自动变速器失速试验的操作步骤。

学习单元4　转向沉重故障诊断

情境导入

一、情境描述

一辆丰田卡罗拉手动挡轿车出现转向沉重的故障。你能排除这个故障吗？

二、情境提示

根据故障现象，必须先明确造成转向沉重的原因，才能进一步诊断和排除故障。

学习目标

一、知识目标

1. 能描述转向沉重的故障现象。
2. 能描述转向沉重的原因。

二、技能目标

能够对转向沉重进行故障诊断与排除。

知识学习

转向系统典型的故障是转向沉重。

1. 转向沉重的故障现象

1）汽车行驶中驾驶人向左右转动转向盘时，感到沉重费力，无回正感。

2）当汽车以低速转弯行驶或掉头时，转动转向盘吃力，甚至打不动。

2. 转向沉重的故障原因

（1）转向助力系统不工作

1）液压助力转向系统。

① 助力泵缺油。

② 助力泵传动带打滑。

③ 助力泵磨损，不工作。

④ 液压系统有空气。

⑤ 油管堵塞，油路不畅。

2）电动转向系统。电动机及线路故障（进行自诊断）。

（2）机械转向机构故障

1）横直拉杆球头连接调整过紧或缺油。

2）转向器内部机械故障。

（3）其他系统故障

1）前轮轮胎气压不足。

2）前轮定位失准。主销后倾过大、主销内倾过大或前轮负外倾。

3）悬架系统故障。

基本技能

转向沉重故障诊断

1. 准备工作

1）防护装备：工作服、工作帽、手套、劳保鞋。

2）车辆、台架、总成：卡罗拉整车。

3）车间设备：举升机、台虎钳。

4）专用工具：SST 9960—20010。

5）手工工具：拆装工具一套、气动工具。

6）辅助材料：翼子板布和前格栅布、三件套、抹布、白板笔等。

2. 实施步骤

转向系统故障诊断流程如图 3-21 所示。

（1）排除其他故障 排除轮胎气压、四轮定位、悬架系统造成的故障。

（2）检查助力转向系统

1）液压助力转向的车型。

① 检查助力转向液液位。首先在发动机怠速时，保持汽车原地不动转动转向盘数次，使转向液温度上升到 40～80℃，然后回退转向盘到中间位置；接着将发动机熄火，拧开转向助力油储液罐盖，检查储液罐中的液位是否处于规定的范围内（MAX 和 MIN 之间），如图 3-22 所示。

⚠ **注意：** 不要使转向盘完全停留在任何一侧超过 10s。

② 助力转向系统排空气。发动机怠速运转，原地转动转向盘数次，直到储液罐中没有气泡出现。

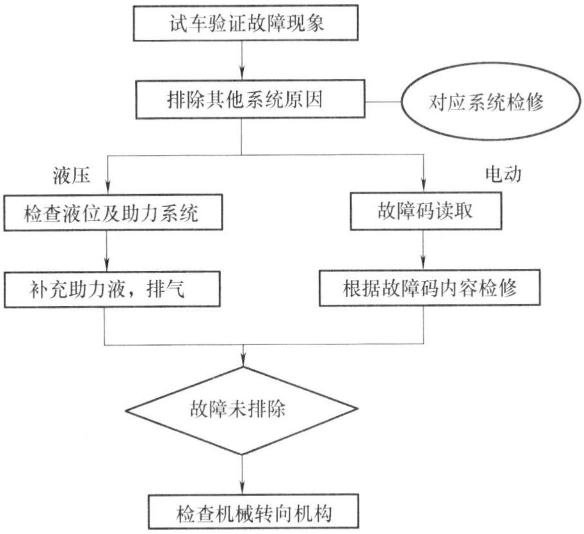

图 3-21　转向系统故障诊断流程图

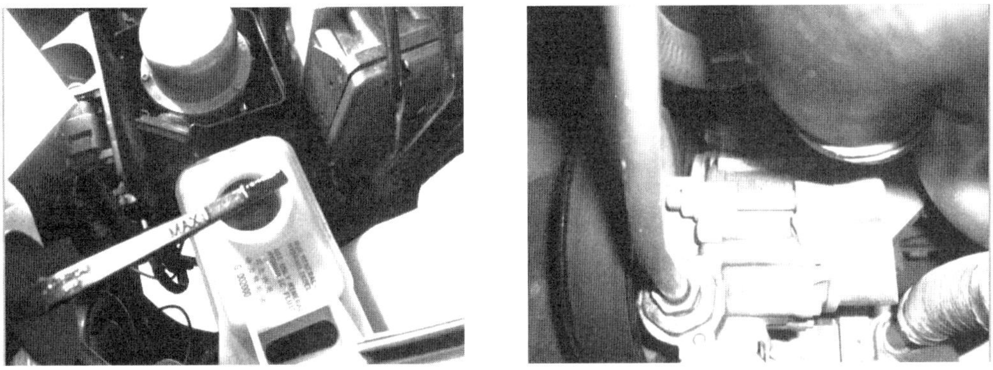

图 3-22　检查助力转向系统

③ 检查助力泵传动带是否磨损和打滑。

④ 如果以上都正常，则分解检查助力泵是否磨损。

2）电动助力转向的车型。如卡罗拉采用电动转向系统（图 3-23），应使用检测仪器进行故障自诊断。如果有故障码，则根据故障码内容检修。

（3）机械转向机构故障　检查横直拉杆球头和转向机（转向器），如有损坏，则必须更换新件（转向机构涉及行车安全，不可维修）。

图 3-23　卡罗拉电动助力转向系统

【拓展知识】

1. 液压助力转向系统

由于机械转向系统很难同时满足转向轻便和转向灵敏两方面的要求，所以在中型以上的载货汽车以及大部分乘用车的转向系统中，均采用了助力转向装置。助力转向装置是以发动机输出的部分动力为能源来增大驾驶人操纵转向轮转向的力量，从而使转向操纵轻便，同时转向器的角传动比比较小，故又能满足转向灵敏的要求。

助力转向系统按传能介质的不同，可分为液压式和气压式两种。液压助力转向系统的部件结构紧凑、尺寸小、工作滞后时间短、工作时无噪声、能吸收冲击和振动，故目前广泛应用于各类各级汽车。

液压助力转向系统由机械转向器、转向控制阀、转向动力缸以及将发动机输出的部分机械能转换为液压能的转向油泵、油罐等组成，如图 3-24 所示。

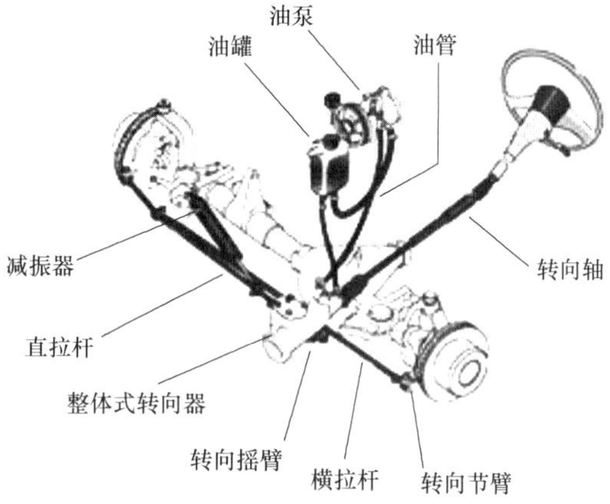

图 3-24　液压助力转向系统

2. 电动助力转向系统

电动助力转向系统可使汽车在停车或低速行驶时转向操纵力减小，而在高速行驶时又可适当增大转动操纵力，从而提高了整车的操纵稳定性和行车的安全性，达到了令人满意的汽车驾驶性能。

电动助力转向系统根据动力源不同，可分为电控液压助力转向系统和电控助力转向系统。

电控液压助力转向系统（简称 EHPS）（图 3-25a）是在传统的液压助力转向系统的基础上，增设了控制油液流量的电磁阀、车速传感器和电子控制单元等。电子控制单元根据检测到的车速信号控制电磁阀，使转向动力放大倍率实现连续可调，从而满足高、低速时的转向助力要求。

电控助力转向系统（简称 EPS）（图 3-25b）是利用直流电动机作为动力源，电子控制

a)

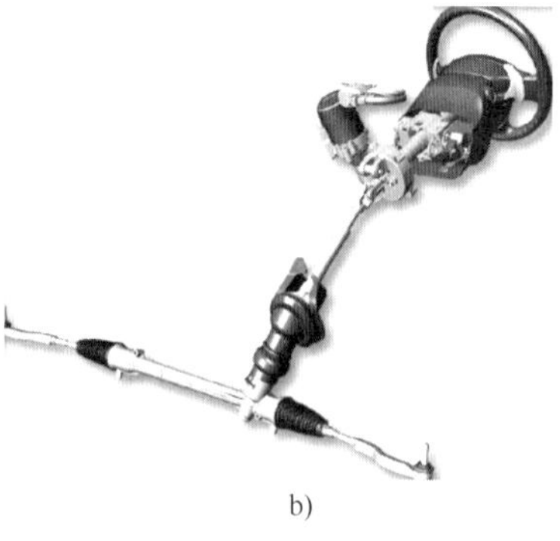
b)

图 3-25　电控助力转向系统示意图

单元根据转向参数和车速等信号控制电动机转矩的大小和方向。电动机的转矩由电磁离合器通过减速机构减速增转矩后，加在汽车的转向器上，使之得到一个与工况相适应的转向作用力。

【学习小结】

1. 转向沉重的故障现象。
2. 转向沉重的原因。
3. 转向沉重的故障诊断思路。

【自我评估】

1. 转向沉重的因素有哪些？
2. 简述转向沉重的诊断步骤。

学习单元5　制动力不足与跑偏故障诊断

情境导入

一、情境描述

一辆卡罗拉轿车，客户描述说制动时车子刹不住，好几次差点造成追尾事故。你能排除这个故障吗？

二、情境提示

根据故障现象，必须对制动系统做全面检查。

学习目标

一、知识目标

1. 能描述制动力不足的故障现象和原因。
2. 能描述制动跑偏的故障现象和原因。

二、技能目标

1. 能够对制动力不足进行故障诊断与排除。
2. 能够对制动跑偏进行故障诊断与排除。

知识学习

制动系统典型的故障是制动力不足和制动跑偏等。

1. 制动力不足

（1）制动力不足的故障现象

1）汽车制动时，制动效果不明显。

2）紧急制动距离过长。

（2）制动力不足的故障原因

1）制动液缺乏或变质。

2）制动管路系统有空气。

3）制动液泄漏。

4）制动主缸（总泵）磨损（内部泄漏）。

5）制动分泵泄漏。

6）制动摩擦片磨损、脏污。

7）制动摩擦片间隙过大。

8）制动踏板自由行程过大。

9）制动盘磨损。

10）真空助力器泄漏。

2. 制动跑偏

（1）制动跑偏的故障现象 车辆行驶过程中，如果踩下制动踏板，车辆会偏向一边，严重时甚至出现甩尾。制动系统故障指示灯正常。

（2）制动跑偏的故障原因

1）与ABS相关的原因。

① ABS控制单元收到某个车轮轮速太高（打滑）的信号，对相应车轮施加更大的制动力。

② ABS液压总成的电磁阀不良，导致某个车轮的制动力和其他车轮不一致。

2）与制动器相关的原因。如果制动时车辆向一侧偏转，通常是因为制动力不均。首先校验另一侧制动器的运行是否正常，车辆会向制动器工作的一侧偏转。制动偏转的原因包括：

① 衬块沾染了制动液、油或脂。

② 制动卡钳被卡住。

③ 活塞粘在制动卡钳内。

④ 制动卡钳松动。

⑤ 衬片不匹配。

⑥ 制动衬块弯曲或扭曲。

3）与制动系统无关的原因。

① 轮胎型号或气压不一致。

② 四轮定位参数不准。

③ 悬架弹簧或减振器失效，悬架部件松动。

基本技能

1. 准备工作

1）防护装备：工作服、工作帽、手套、劳保鞋。

2）车辆、台架、总成：卡罗拉整车或其他同类车辆。

3）车间设备：举升机。

4）检测设备：KT600 诊断仪、万用表。

5）测量工具：千分尺、百分表。

6）手工工具：拆装工具一套、气动工具。

7）辅助材料：翼子板布和前格栅布、三件套、抹布、白板笔等。

2. 制动力不足故障诊断步骤

制动力不足故障诊断流程如下（图 3-26）：

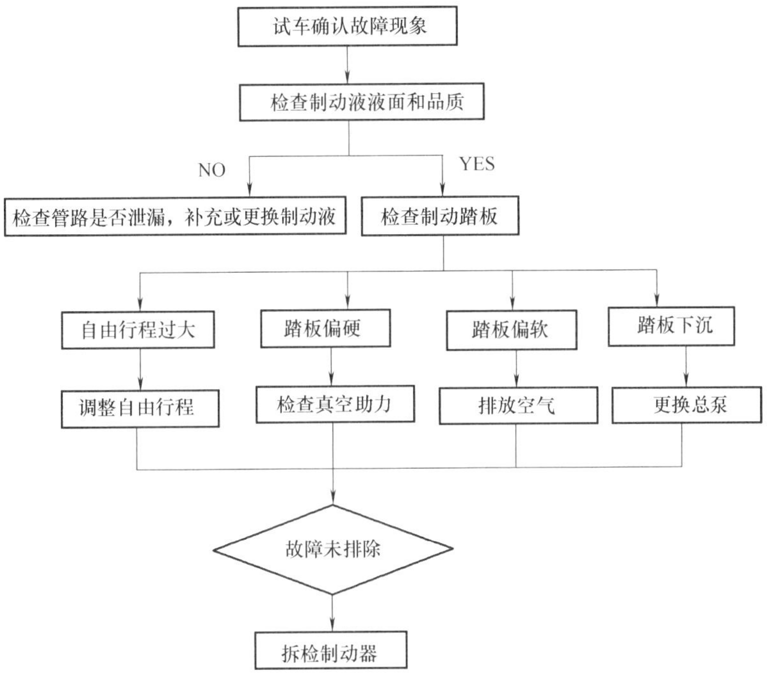

图 3-26　制动力不足故障诊断流程图

1）询问驾驶人制动液的更换时间或检测制动液，不正常时应更换制动液。

2）如果制动液不足，应检查液压管路是否泄漏。

3）检查制动踏板的自由行程，若不正确，则应进行调整。

4）如图 3-27 所示，起动发动机，踩下制动踏板，如果觉得“软”，则排除系统中的空气。

5）踩住制动踏板，如果踏板缓慢下沉，则说明制动总泵泄漏。

6）起动发动机，反复踩踏制动踏板，如果觉得“很硬”，则检查真空助力器是否泄漏真空。

7）如图 3-28 所示，拆卸车轮制动器，检查制动分泵、制动蹄片、制动盘，若异常则更换。

图 3-27　踩下制动踏板

3. 制动跑偏故障诊断步骤

下面以丰田卡罗拉为例，具体介绍制动跑偏的故障诊断与排除方法。

故障诊断流程如下（图 3-29）：

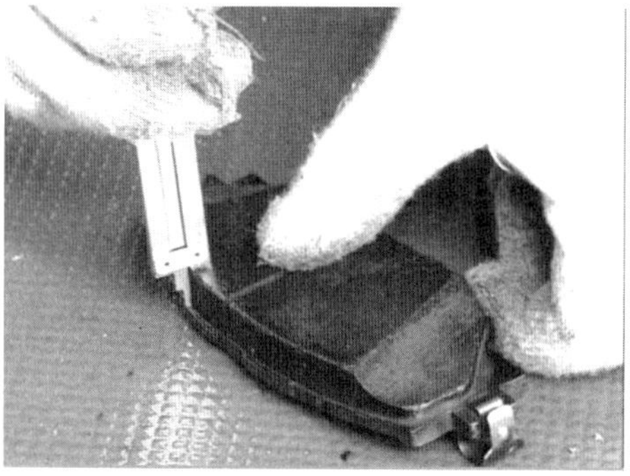

图 3-28　检查制动蹄片

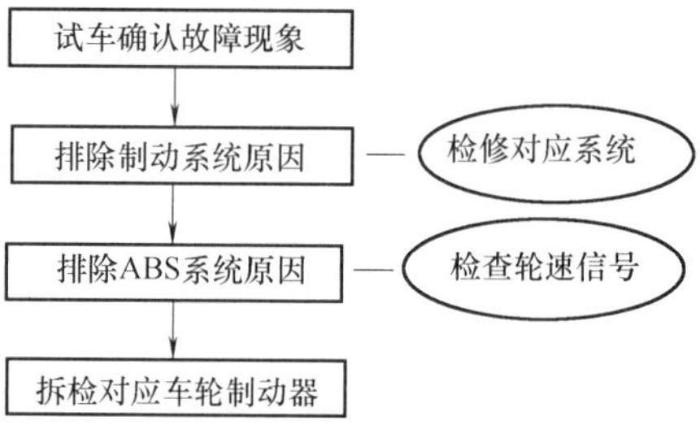

图 3-29　制动跑偏故障诊断流程图

（1）排除和制动系统无关的原因　检查轮胎型号和气压、四轮定位参数，以及悬架系统等和制动系统无关的因素。

（2）排除 ABS 系统的故障　如图 3-30 所示，拆下 ABS 的熔丝、继电器或电控单元的插接器，让 ABS 系统不工作（此时故障指示灯亮）并进行试车。如果故障还存在，则说明故障原因不在 ABS 系统，需进行如下检查。

⚠ **警告：** ABS 系统不工作时，必须由经验丰富的驾驶人小心驾驶试车。

1）检查轮速传感器信号。读取轮速传感器数据流（因故障出现时 ABS 指示灯不亮，即使轮速信号异常，但没达到故障码设定条件，系统也可能不记忆故障码），观察车辆直线行驶时 4 个轮速传感器数据流，如果某个轮速不一致，则检查对应的传感器，不正常则更换。

2）如果轮速信号正常，则故障出现在液压制动系统，检查对应的制动分泵及管路，必要时更换分泵。如果故障依旧，则更换液压控制总成。

⚠ **提示：** 制动系统的元件涉及行车安全，请勿分解和修理，必须更换。

（3）检查制动蹄片　如图 3-31 所示，测量制动蹄片的厚度，看是否存在不均匀磨损。

图 3-30　中断 ABS 控制单元电源

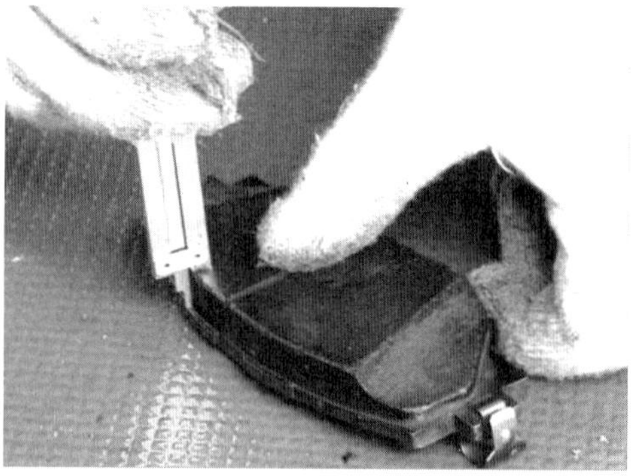

图 3-31　检查制动蹄片

（4）检查制动分泵　如图 3-32 所示，检查制动分泵活塞是否生锈或有划痕；检查制动分泵防尘罩有无老化、破损，如有必要，则更换防尘罩或盘式制动器分泵总成。

提示：在安装新的防尘罩前，须涂抹锂皂基乙二醇润滑脂。

（5）检查制动器制动缸滑套　如图 3-33 所示，检查滑套有无老化、破损，如有必要，则更换制动器制动缸滑套。

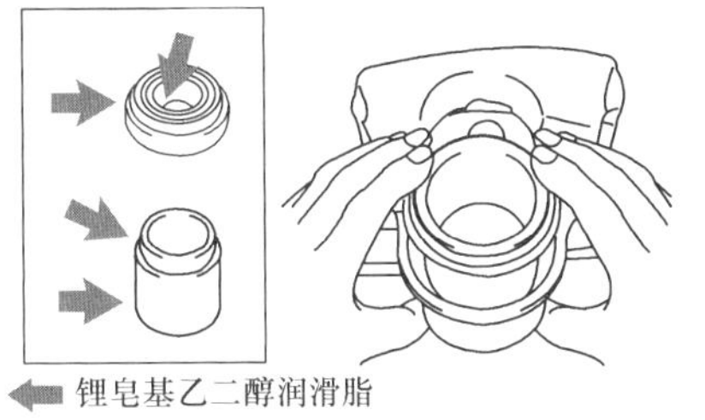

图 3-32　检查制动分泵活塞

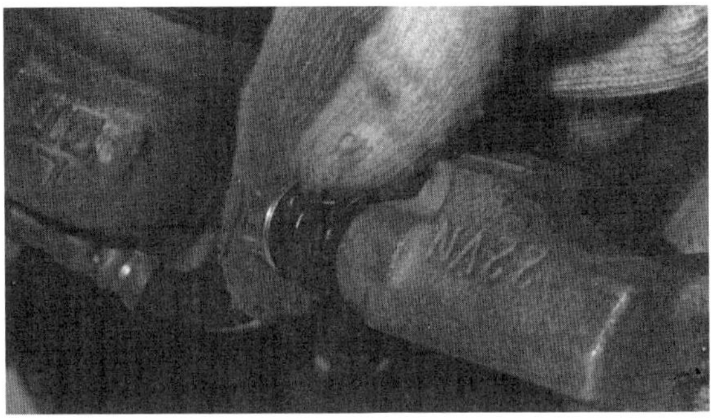

图 3-33　检查制动缸滑套

（6）检查制动器制动缸滑销　如图 3-34 所示，检查滑销在滑销孔中的运动情况，即能否自由运动，有无卡滞，有如必要，则清洁滑销及滑销孔。

（7）检查制动盘

1）外观检查。观察制动盘是否存在擦伤。

2）制动盘厚度检查。如图 3-35 所示，用螺旋测微器测量制动盘的厚度，标准厚度为 19 ~ 22mm。如果制动盘厚度小于最小值，则更换前制动盘。

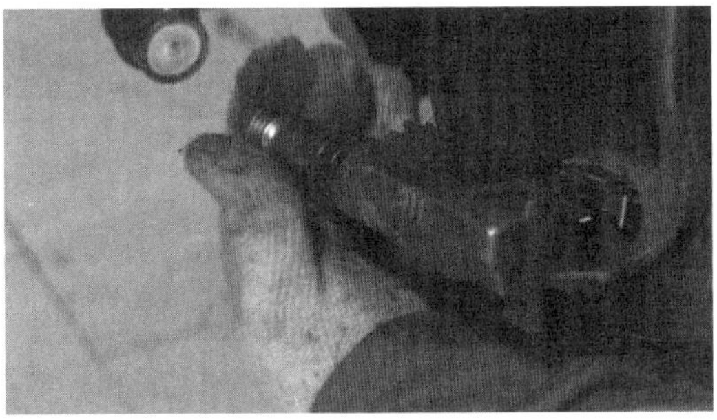

图 3-34　检查盘式制动器制动缸滑销

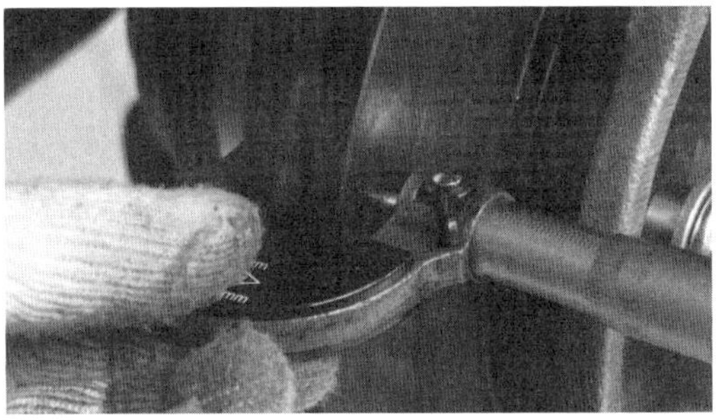

图 3-35　测量制动盘的厚度

3）制动盘轴向圆跳动检查。如图 3-36 所示，固定制动盘，在距离前制动盘外缘 10mm 处，用百分表测量制动盘的轴向圆跳动。制动盘的最大允许轴向圆跳动为 0.05mm，如果实际轴向圆跳动超过最大值，则改变车桥轮毂上制动盘的安装位置以减小轴向圆跳动。如果安装位置改变后轴向圆跳动仍超过最大值，则抛光制动盘。如果制动盘厚度小于最小值，则更换前制动盘。

图 3-36　检查制动盘轴向圆跳动

【学习小结】

1. 制动力不足的故障现象和原因。
2. 制动跑偏的故障现象和原因。
3. 制动力不足的故障诊断步骤。
4. 制动跑偏的故障诊断步骤。

【自我评估】

1. 选择题

（1）制动衬块磨损不均，说明（　　）部件很可能存在问题。

A. 轮缸　　B. 制动衬块紧固件

C. 制动卡钳　　D. 制动衬块紧固螺栓。

（2）在更换盘式制动系统的制动蹄片时，下列（　　）操作步骤是错误的。

A. 在松开制动钳，拆卸蹄片前，必须将多余的制动液从制动主缸内抽出

B. 在更换新的制动蹄片前，必须用活塞回位工具把活塞推回缸筒内

C. 从制动钳上取下活塞，清除活塞上的锈、腐蚀点和灰尘

D. 对滑销涂上少量的高温润滑脂

（3）关于制动盘的说法，以下不正确的是（　　）。

A. 制动盘的厚度极限可以从盘上得到

B. 不需要检查制动盘的厚度，达到规定的行驶公里后直接更换即可

C. 制动盘可以进行打磨处理，但完成后需进行测量

D. 安装制动盘时不能轻易改变其安装位置

2. 简答题

（1）制动力不足的影响因素有哪些?

（2）制动偏转的影响因素有哪些?

学习情境四
汽车电器故障诊断

学习单元1　前照灯不亮故障诊断

情境导入

一、情境描述

一辆2010年款的卡罗拉，发现前照灯不亮进厂维修。你的主管把这个任务安排给你，你能完成吗?

二、情境提示

前照灯不亮的原因很多，应对灯泡、线路、开关等进行检查。

学习目标

一、知识目标

1. 能描述前照灯不亮的故障现象与可能原因。
2. 能描述前照灯不亮故障的排除方法。

二、技能目标

能进行前照灯不亮的故障诊断与排除。

知识学习

1. 前照灯不亮故障现象与可能原因

以丰田卡罗拉为例，当其发生前照灯不亮故障时，可使用表4-1所列故障表诊断故障原因。表中以递减的顺序表示故障原因的可能性，可按顺序检查每个可疑部位，必要时维修或更换有故障的零件或进行调整。

2. 前照灯相关元件位置图

图4-1所示为前照灯相关元件位置图。

表 4-1 前照灯不亮故障诊断表

症 状	可疑部位
一侧近光前照灯没有亮起	H-LP LHLO 熔丝或 H-LP RHLO 熔丝
	灯泡
	线束或插接器
	灯控 ECU（HID 前照灯）
左、右侧近光前照灯均没有亮起	H-LP MAIN 熔丝
	前照灯继电器
	前照灯变光开关总成
	线束或插接器
一侧远光前照灯没有亮起	H-LP LHHI 熔丝或 H-LP RHHI 熔丝
	灯泡
	线束或插接器
左、右侧远光前照灯均没有亮起（近光前照灯正常）	前照灯变光继电器
	前照灯变光开关总成
	线束或插接器
“远光闪光”前照灯没有亮起（会车灯功能）	前照灯变光开关总成
近光前照灯或远光前照灯不熄灭	前照灯变光开关总成
	线束或插接器

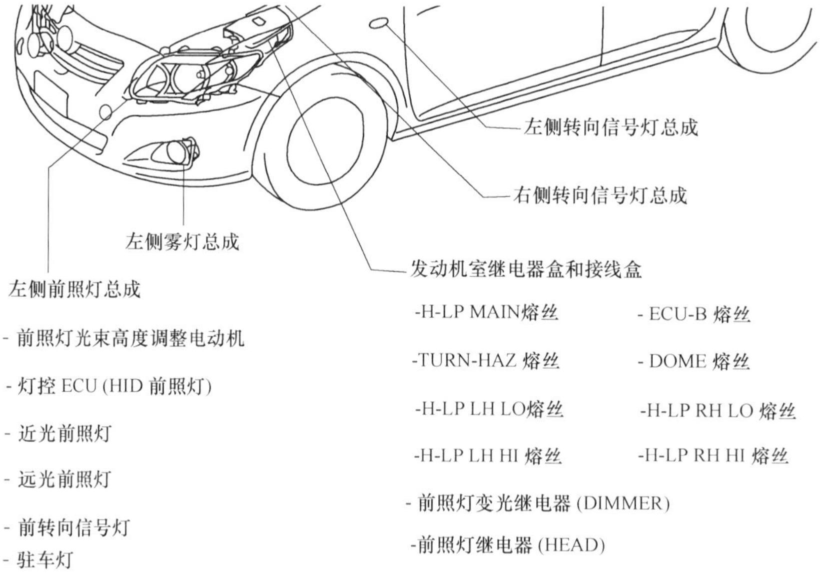

图 4-1 前照灯相关元件位置图

3. 前照灯相关的线路图

图 4-2 所示为前照灯相关的线路图。

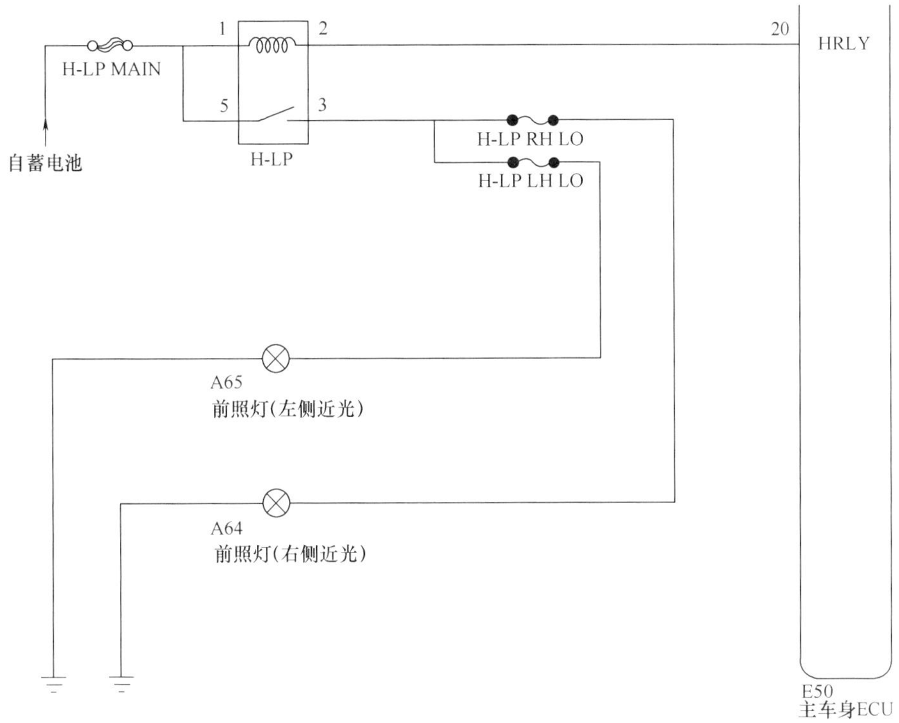

图 4-2 前照灯相关的线路图

基本技能

右侧近光不亮故障诊断与排除

参照故障诊断表（表 4-1）、元件位置图（图 4-1）和线路图（图 4-2），以卡罗拉轿车右侧近光灯不亮故障为例，介绍其诊断和排除步骤。

1. 准备工作

1）防护装备：工作服、工作帽、手套、劳保鞋。

2）车辆、台架、总成：卡罗拉整车。

3）诊断设备：万用表。

4）手工工具：拆装工具一套。

5）辅助材料：翼子板布和前格栅布、三件套、抹布、白板笔。

2. 实施步骤

（1）试车 试车验证故障现象，并准确记录故障现象。

（2）检查右侧近光灯熔丝

1）根据元件位置图找到右侧近光灯熔丝（H-LP RH LO）。

2）如图 4-3 所示，取下右侧近光灯熔丝，目测检查或用万用表检查其是否损坏，如果损坏则更换熔丝。

（3）检查右侧近光灯

1）如图 4-4 所示，按照维修手册拆下右侧近光灯。

2）目视检查近光灯灯丝是否烧断，如烧损则更换灯泡。

图 4-3　拆卸右侧近光灯

图 4-4　熔丝的检查

（4）检查右侧近光灯线路

1）检查近光灯插接器有无腐蚀，线路是否断裂。

2）如图 4-5 所示，用万用表检查右侧近光灯的电源线，标准电压为蓄电池电压，如无电和电压过低，则说明线路有腐蚀松动，应进行线路的维修。

图 4-5　检查右侧近光灯电源电压

提示：在维修车间，前照灯易损坏的是熔丝和灯泡，常见问题是某近光灯或远光灯都不亮，或者某个灯泡不亮。随着使用时间的增加，前照灯灯光的照射距离将发生改变，因此需要定期进行灯光的高度调节。

【学习小结】

1. 前照灯不亮的故障现象分析。
2. 前照灯相关元件的位置及线路图。
3. 前照灯不亮故障的排除步骤。

【自我评估】

1. 填空题

（1）符号为 H-LP LH LO 是的__________熔丝。

（2）根据图 4-2，前照灯继电器受__________控制。

2. 判断题

（1）卡罗拉轿车近光继电器不工作将导致远光继电器也不工作。（　　）

（2）前照灯继电器损坏时，左、右前照灯都不亮。（　　）

3. 选择题

下列（　　）损坏将导致只有近光灯工作，远光灯都不工作。

A. 右侧远光熔丝　　B. 右侧近光熔丝

C. 远光开关　　D. 车身 ECU

学习单元 2　电喇叭不响故障诊断

情境导入

一、情境描述

一辆 2010 年款的卡罗拉轿车，发现只有高音喇叭工作，进厂维修。你的主管把这个任务安排给你，你能完成吗？

二、情境提示

低音喇叭不响，应对喇叭、熔丝、开关和线路等进行检查。

学习目标

一、知识目标

1. 能描述电喇叭不响的故障现象和可能原因。
2. 能描述电喇叭不响的故障诊断与排除思路。

二、技能目标

能进行电喇叭不响故障的诊断与排除。

知识学习

1. 电喇叭不响故障现象与可能原因

以丰田卡罗拉为例，当其发生喇叭不工作的故障时，可使用表 4-2 所列喇叭故障诊断表诊断故障原因。表中以递减的顺序表示故障原因的可能性，应按顺序检查每个可疑部位，必要时维修或更换有故障的零件或进行调整。

2. 喇叭相关元件位置图

喇叭相关元件位置图如图 4-6 所示。

3. 喇叭相关线路图

喇叭相关线路图如图 4-7 所示。

表 4-2　喇叭故障诊断表

症　　状	可疑部位
喇叭不响	HORN 熔丝
	集成继电器（喇叭继电器）
喇叭不响	转向盘装饰盖（喇叭开关）
	螺旋电缆
	线束
喇叭一直响	集成继电器（喇叭继电器）
	转向盘装饰盖（喇叭开关）
	螺旋电缆
	线束
低音喇叭工作，但高音喇叭不工作	高音喇叭和线束
高音喇叭工作，但低音喇叭不工作	低音喇叭和线束

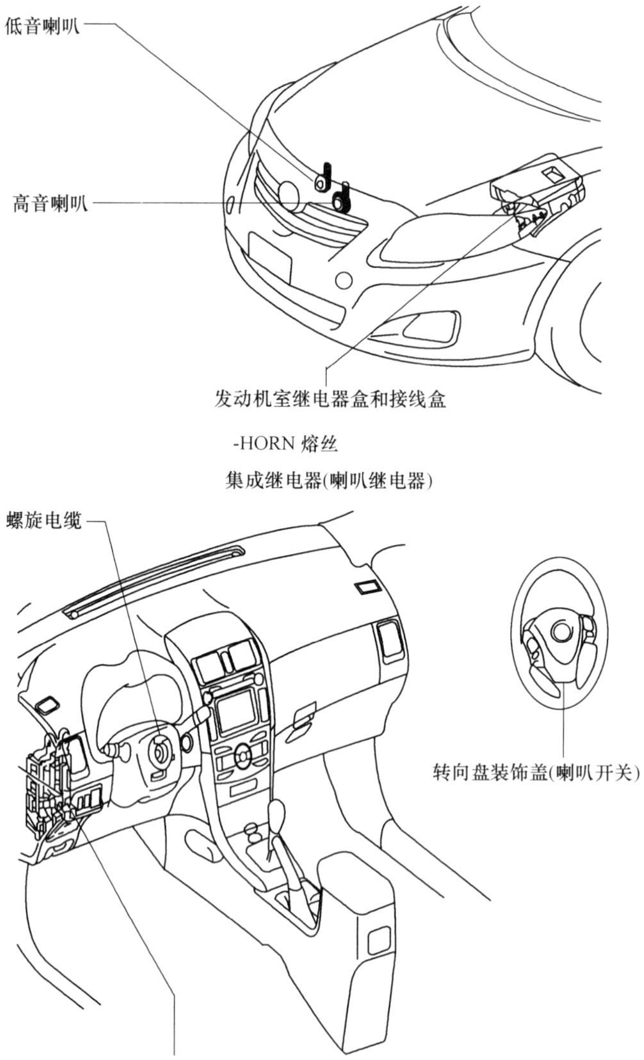

图 4-6　喇叭相关元件位置图

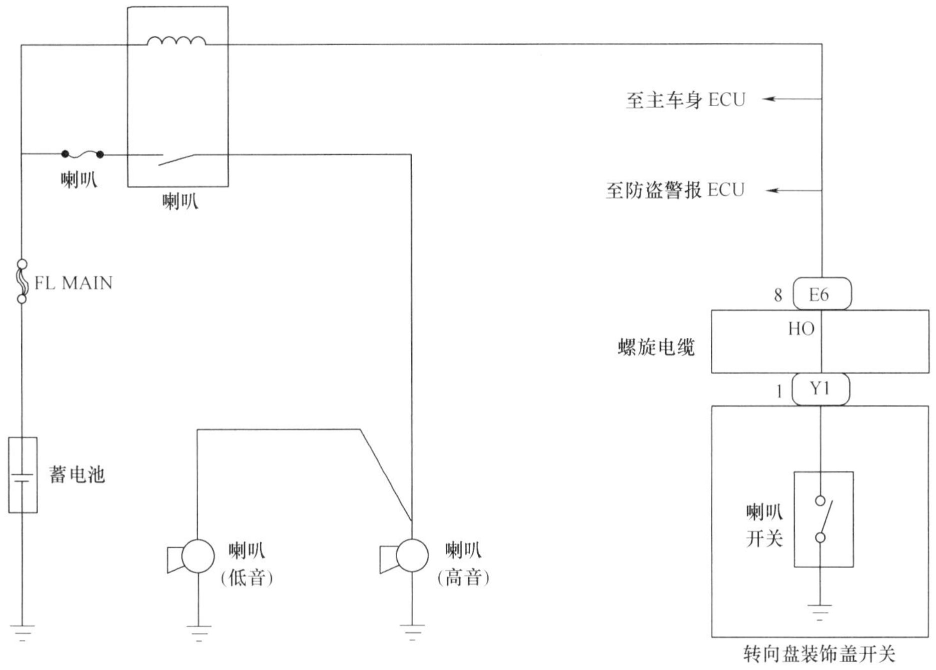

图 4-7　喇叭相关线路图

基本技能

低音喇叭不响故障诊断与排除

参照故障诊断表（表 4-2）、元件位置图（图 4-6）和线路图（图 4-7），以卡罗拉轿车低音电喇叭不响故障为例，介绍其诊断和排除步骤。

1. 准备工作

1）防护装备：工作服、工作帽、手套、劳保鞋。

2）手工工具：拆装工具一套。

3）仪器设备：万用表。

4）材料准备：干净的抹布。

2. 操作步骤

（1）确认故障现象　按压转向盘装饰盖，确认故障现象。

（2）检查低音喇叭

1）根据元件位置图找到低音喇叭。如图 4-8 所示，左边为低音喇叭，右边为高音喇叭。

2）取下低音喇叭施加蓄电池电压，如不响或声音不正常，则更换低音喇叭。

3. 检查低音喇叭线路

1）检查低音喇叭插接器有无腐蚀，线路是否断裂。

2）用万用表检查低音喇叭的电源，标准电压为蓄电池电压，如无电压和电压过低，则说明线路有腐蚀松动，应进行线路的维修。

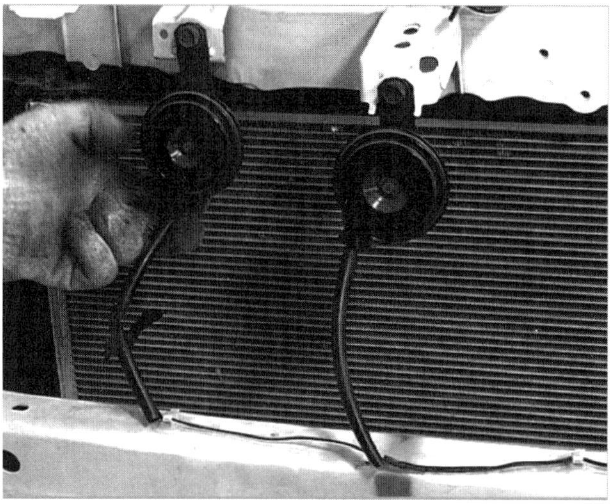

图 4-8 喇叭位置

提示：如果安全气囊指示灯正常，则说明螺旋电缆完好，无需检查。

【学习小结】

1. 电喇叭不响的故障症状及原因。
2. 电喇叭不响相关元件位置图及线路图。
3. 电喇叭不响故障的排除步骤。

【自我评估】

判断题

（1）只有低音喇叭不响，可能是喇叭熔丝断了。(　　)

（2）若喇叭开关损坏，则高音喇叭和低音喇叭都不响。(　　)

学习单元3　倒车灯不亮故障诊断

情境导入

一、情境描述

一辆2010年款的卡罗拉轿车，发现倒车灯不亮，进厂维修。你的主管把这个任务安排给你，你能完成吗？

二、情境提示

倒车灯不亮的原因很多，应对灯泡、线路、开关等进行检查。

学习目标

一、知识目标

1. 能描述倒车灯不亮故障的可能原因。
2. 能描述倒车灯不亮的故障诊断与排除思路。

二、技能目标

能对倒车灯不亮故障进行诊断与排除。

知识学习

1. 倒车灯不亮故障现象与可能原因

以丰田卡罗拉为例，当其发生倒车灯不亮故障时，可使用表4-3所列故障诊断表诊断故障原因。表中以递减的顺序表示故障原因的可能性，应按顺序检查每个可疑部位，必要时维修或更换有故障的零件或进行调整。

表4-3　倒车灯不亮故障诊断表

症　状	可疑部位
倒车灯不亮	灯泡
	ECU-IG No. 2 熔丝
	挡位开关（自动变速器）
	倒车灯开关（手动变速器）
	线束或连接器

2. 倒车灯相关元件位置图

图4-9所示为倒车灯的位置，图4-10所示为倒车灯开关和挡位开关的位置。

图4-9　倒车灯

3. 倒车灯相关线路图

图4-11所示为倒车灯线路图。当挂入倒挡时，电源经过点火开关⟶10A ECU-IG

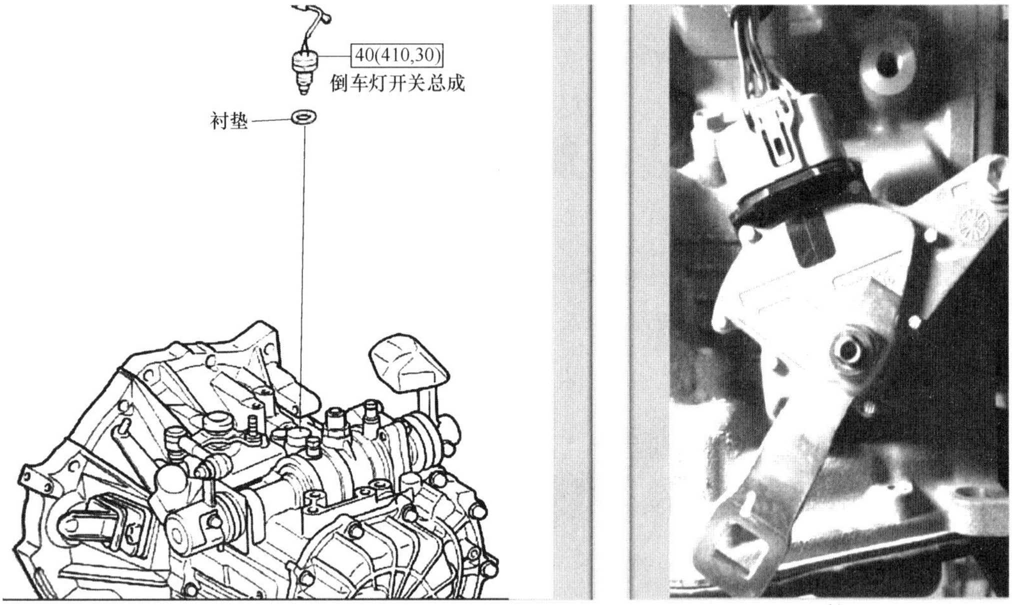

图 4-10　手动变速器倒车灯开关和自动变速器挡位开关的位置

a）倒车灯开关　b）挡位开关

No. 2 熔丝──→倒车灯开关──→倒车灯──→L3 搭铁，倒车灯工作。

基本技能

倒车灯不亮故障诊断与排除

参照故障诊断表（表 4-3）、元件位置图（图 4-10）和线路图（图 4-11），以卡罗拉轿车倒车灯不亮故障为例，介绍其诊断和排除步骤。

1. 准备工作

1）防护装备：工作服、工作帽、手套、劳保鞋。

2）手工工具：拆装工具一套。

3）仪器设备：万用表。

4）材料准备：干净的抹布。

2. 操作步骤

（1）确认故障现象　如图 4-12 所示，将挡位置于倒车挡，确认故障现象。

（2）检查倒车灯熔丝　取下倒车灯熔丝（10A ECU-IG No. 2），目测检查或用万用表检查其是否损坏，如损坏则更换。

（3）检查倒车灯　拆下倒车灯灯泡，目视检查倒车灯灯丝是否烧断，如烧损则更换灯泡。

（4）检查倒车灯开关及线路

1）检查倒车灯及其开关插接器有无腐蚀，线路是否断裂。

2）用万用表检查倒车开关的电源线，标准电压为蓄电池电压，如无电压或电压过低，则说明线路有腐蚀、松动，应进行线路的维修。

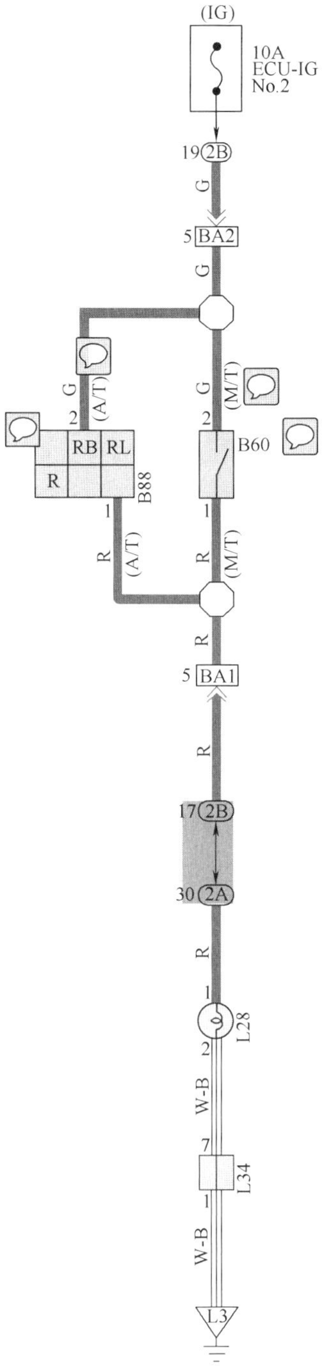

图 4-11　倒车灯线路图

图 4-12　确认故障现象

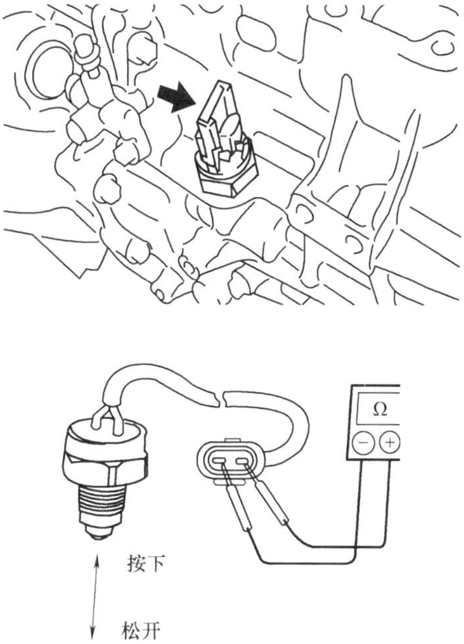

图 4-13　检查倒车灯开关

3）用万用表检查倒车灯开关，倒车开关接通（按下）时电阻应小于1Ω，如过大应更换倒车灯开关。

4）挂入倒车挡，检查倒车灯电源线，标准电压为蓄电池电压，如无电压或电压过低，则说明线路有腐蚀、松动，应进行线路的维修。

【学习小结】

1. 倒车灯不亮的故障分析。
2. 倒车灯相关元件位置图及线路图。
3. 倒车灯故障的排除步骤。

【自我评估】

填空题

(1) 倒车灯的熔丝是__________。

(2) 自动变速器的车辆，倒车灯开关在__________上。

学习单元4　空调系统不制冷故障诊断

情境导入

一、情境描述

一辆丰田卡罗拉轿车，进厂维修空调故障，客户反映空调不制冷。你的主管将此任务交给你，你能处理吗？

二、情境提示

要想正确处理制冷系统的故障，需要了解其结构与工作原理，并熟悉制冷系统常见故障现象、检测方法及诊断思路，具备基本作业项目的操作能力，如加注制冷剂、检测空调系统元件、进行电路分析等。

学习目标

一、知识目标

1. 能描述汽车空调系统的组成、原理、常见制冷故障的现象。
2. 能描述汽车空调系统不制冷故障检修的注意事项。
3. 能描述汽车空调不制冷故障的检修方法。

二、技能目标

1. 能正确使用汽车万用表、测试灯、解码器、冷媒加注机、风速计、测温仪等工具。
2. 能识读汽车空调制冷系统电路图、维修手册。
3. 能完成汽车空调系统不制冷故障的检修。

知识学习

1. 汽车制冷系统的常见故障

作为车辆上一个相对独立的系统，空调系统的故障类型与其结构密切相关。一般而言，空调制冷系统的故障可分为以下几类。

（1）空调系统不工作　该故障出现时，驾乘人员操作空调面板后，空调系统不运行，所有相关功能不工作。

空调系统不工作故障诊断应先从故障现象入手，实车确认故障现象是非常重要的。出现该种故障时，维修人员应重点检查空调系统的供电及线路，以及整个空调系统的控制单元是否正常工作。

（2）空气流量控制故障　空气流量控制故障是指鼓风机及其调速控制系统出现故障。出现该故障时，通常会出现鼓风机不工作、鼓风机异响、鼓风机转速失控、风量不足等现象。维修人员应重点检查鼓风机及其控制电路，维修时应结合鼓风机控制电路及维修手册进行。

（3）温度控制故障　常见的温度控制故障现象为没有冷风（或暖风）吹出、出风温度比设置的低或高、出风温度响应较慢、温度调节失控（仅最高或最低）等。

出现上述故障时，应重点检查制冷系统（暖风系统）组件，测量空调系统的诊断参数，判断故障出现的部位，并综合运用诊断仪读取故障码，通过数据流测试、主动测试、电路检查及元件测试等方法判定故障。

（4）模式失控　模式故障是指内、外循环模式故障或出风模式故障。例如，内、外循环不能切换或出风模式不能切换。

出现上述故障时，应重点检查控制单元和伺服电动机及其控制电路。

（5）怠速提升故障　当开空调时，空调系统会给发动机模块发出怠速提升请求信号。当系统出现故障时，发动机怠速不提升或持续提升。此时，应检查空调面板及其电路、信号传输线路等。

（6）空调异味　空调异味产生的原因是在蒸发箱密闭的空间内产生了霉菌或空调滤清器失效。出现空调异味故障时，应检查空调滤清器，并对蒸发箱及排水管道、风道等进行清洗、消毒、杀菌。应正确使用空调，例如：当开冷气时，在关闭发动机前应提前几分钟关闭空调，但保持鼓风机工作，使蒸发器内的湿气被吹出，减少内外温差，避免细菌滋生。

2. 汽车空调常规检查方法

在汽车空调在检查过程中，要做到“一听”、“二看”、“三摸”、“四检查”，具体步骤如下：起动发动机并将转速稳定在1500r/min左右，将空调系统的鼓风机起动并置于高速挡，置功能键于A-C挡。然后从冷至热，再由热至冷慢慢移动调温键，测定或手感空调出风口的温度变化以及各控制键的操纵是否灵活、轻便。

（1）听　从压缩机的运行声音状况来判断其运转状况。

1）听到压缩机传出清脆而均匀的阀片跳动声时，即为正常。

2）听到有敲击声，即表明制冷剂有“液击”声或者喷油（油量过多）敲缸等故障。

3）听到机体内有较严重的摩擦声以及离合器时而发出摩擦声，表明压缩机负荷太重、润滑油不足以及离合器打滑。

4）听到外部有拍击声，是V带太松或是严重磨损。

5）听一下空调内风扇的转动是否有响声，如果风扇有响声，则表明是叶片碰击异物、风扇轴承磨损或缺油。

6）当在停机过程中，清晰地听到机体内运动部件的连续撞击声，说明内部的运动部件的磨损严重，引起轴与轴承之间、活塞与缸体之间、连杆与轴之间间隙过大或出现松动。

（2）看

1）观察冷凝器表面是否清洁，因为杂物和泥土附在冷凝器上会影响制冷效果。平时要经常用水清洗冷凝器。但是应注意，在清洗冷凝器时，不要把翅片碰变形。对于已变形的翅片，应细心地用尖嘴钳将其矫正过来。

2）一般汽车空调器的蒸发器进风处都装有空调滤芯，所以要定期观察空调滤芯。

3）观察空调制冷系统的所有连接部位是否有油渍。一旦有油渍，说明此处有制冷剂渗漏，此时应用电子检漏仪或其他类检漏装置进行检查。一旦发现或确定有制冷剂泄漏，就必须马上排除故障。

4）检查压缩机轴封是否渗漏。

5）仔细检查各软管有无磨损、老化、鼓泡、裂纹和渗漏等现象。由于汽车的冷、暖系统采用了大量的橡胶管，它们在汽车行驶过程中易与汽车车身摩擦产生磨损，在发动机舱内因经受高温易老化，制冷管遇低温容易龟裂，结果是导致制冷剂和冷冻润滑油泄漏，使水分、空气和灰尘渗入，使压缩机及各个部件受到损害。因此，一旦发现橡胶管和发动机接触，要及时隔开并固定好橡胶管。橡胶管若穿过金属板，一般都应有防护套，并注意防护套要固牢，否则金属会割破橡胶管。

（3）摸 用手触摸正在运行中的空调系统管路和各部件的温度。一般在正常情况下，高压端的管路温度应在55～65℃范围内；而低压端管路因处于低温状态，所以其部件、管路及连接部分表面都会结有水露。

1）用手小心触摸高压区，特别是高压端金属部件，如压缩机的出口阀、冷凝器、储液干燥器等。这些部分应都是热的，正常为手感热而不烫手。若手感烫手，则应先检查冷凝器的冷却是否良好，冷凝器表面是否清洁而无杂物，风扇的风量是否过小。此时可以使用大风扇对着冷凝器吹，若还是烫手，则可能是制冷剂过多。若高压端手感热度不够，则为制冷剂过少；若没有温度，则为制冷剂漏光。

2）低压管的手感为冰凉，有水露，但不应该有霜。若有霜，则说明系统有故障，可能是膨胀阀的故障，也可能是制冷剂充注得太多，需要放掉一些；或者是蒸发器的温度传感器或恒温器出现了故障。

3）如果在储液干燥器上出现霜或水露，则说明干燥剂已破碎堵住了制冷剂流动管道，而且此处的前端高压区表现为热度是很烫手的。此时必须尽快排除堵塞问题，换上一个新的储液干燥器。

4）膨胀阀的手感温度是比较特殊的，它的制冷剂进口连接处是热的，而其出口连接处是凉的，有水露。

5）用双手触摸压缩机的进气口和排气口，手感温度应该有明显的差别。若没有温度差别，则说明制冷剂已经全部漏光；若差别不大，则说明制冷剂不足。

6）用手触摸各个接头是否已经松动等，特别是一些电器插接器的连接是否松动，这些对空调系统的正常工作都有极大的影响。所以，正常的检查必须包括对电器连接件的固定、紧固和清洁等。

（4）检查　对系统进行了上述 3 个步骤的初检后，还需做进一步的检查，以准确判断空调系统的故障所在。

1）检查 V 带的张力。空调带轮直径不同，中心距不同，所要求的张力也不同，新、旧 V 带的张力也不同；即使是新 V 带，用上 5min 后，其张力也会发生较大变化，所以对新安装的 V 带必须进行两次调整。第一次为新安装后调整到规定值；运行 30min 后，新 V 带两边的毛边已经磨去，需进行第二次调整。

2）检查电磁离合器。接通离合器电源，此时压缩机应马上运行；断开电源，压缩机应立即停止运行。若不是这样，应先检查开关是否损坏，再检查电磁线圈是否正常。

3）检查风扇电动机的调速器。打开风扇电动机开关后，从低挡到高挡进行转速调节，以检查其送出的风量是否有变化，若没有变化，则可能是调速器的电阻损坏。

4）检查高、低压保护开关和过热保护器。高、低压保护开关和过热保护器的功能是在制冷系统发生故障时，保护压缩机和制冷系统不会损坏。它们都和空调开关、风扇开关串联在一起。若系统工作压力太高，或者当环境温度太低，制冷剂泄漏过多，高、低压力开关便会切断压缩机离合器电路。

5）检查供暖系统。首先应保证有足够的冷却液，冷却液若不干净或有铁锈，液色变黄，都应该将其放掉，再用化学清洗剂清洗冷却系统，用清水清洗干净，然后加满冷却液。起动发动机至冷却液温度正常。拨动调温键至取暖位置，这时出风口应有温暖的空气吹出。

6）检查膨胀阀。膨胀阀的毛细管应牢固地夹紧和用绝缘布包捆在蒸发器出口处，有的毛细管应准确插入制冷管路的插孔中，并用感温油包覆。

7）检查视液镜。汽车空调一般装配有视液镜，用来观察制冷系统内部制冷剂的流动情况，大多数轿车的视液镜设置在储液干燥器的出口处，只有个别轿车、大中型客车的视液镜设置在储液干燥器和膨胀阀之间的管道上。视液镜的设置，给保养汽车空调带来了许多方便。在检查汽车空调时，可以通过观察视液镜中制冷剂的流动状况来确定制冷系统的制冷工况是否正常。

通过视液镜来检查制冷系统制冷工况的步骤：起动发动机，将转速稳定在 1500～1700r/min，让制冷压缩机运行 5min。擦干净视液镜的玻璃，把空调功能选择键置于最大制冷状态，且使送风机（包括空调器和冷凝器送风机）达到最高转速。这时可以通过视液镜观察到如下几种情况，如图 4-14 所示。

① 清晰。视液镜内没有气泡出现，也看不见液体流动，表明系统有以下三种状况：

a. 系统内制冷剂已全部泄漏光。用手触摸压缩机进、排气口，应没有温度差异，空调器出风口的空气温度也不冷。这时应立即关闭发动机，检查制冷系统制冷剂泄漏的原因，并进行维修。

b. 制冷剂过多。两手分别触摸压缩机进气管口和排气管口，温差明显，而且高压侧有烫手感，低压侧能看到冰霜；空调器出风口的温度比制冷剂量正常时高 3～5℃；关闭空调系统压缩机 45s 以后，视液镜内仍然清晰无气泡流过，便可以判断是系统内制冷剂量过多。

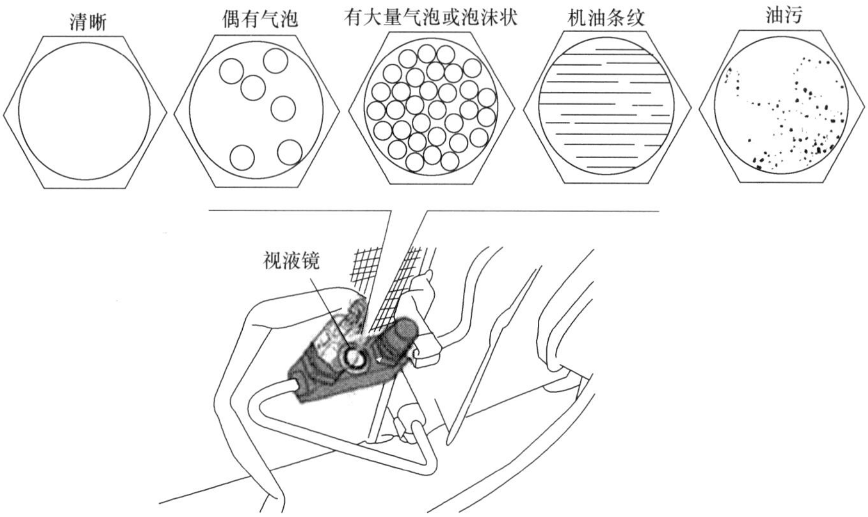

图 4-14 视液镜检查情况分析图

此时必须把多余的制冷剂排除，否则会出现管道破裂、制冷性能降低、能耗上升等故障。

c. 制冷剂适量。此时的现象和制冷剂量过多时相比较，首先是高压不烫手，其次是出风口的温度较冷。

② 偶有气泡。偶尔或者缓慢地看到有少量气泡流过，此状态说明制冷剂量稍有不足或制冷系统的干燥剂已经饱和，制冷剂内有水分混入。区分上述情况的方法如下：

a. 当膨胀阀有结霜现象出现，并且视液镜中有时能看到变颜色的干燥剂时，说明系统制冷剂含有水分，应马上更换干燥瓶。

b. 当膨胀阀没有结霜现象出现时，说明制冷剂量不足，必须加入适量的制冷剂，并检查有无泄漏之处。

③ 有大量气泡或泡沫状。此状态说明系统内制冷剂量严重不足，并伴有大量水分和空气进入系统。此时必须采用制冷剂检漏仪查漏维修，然后将制冷系统抽真空，加入足量的冷冻润滑油和制冷剂。

④ 视液镜的玻璃上有机油条纹或污浊。此状况表明系统有如下三种故障：

a. 如果压缩机进、排管有明显温差，此时关闭空调系统压缩机，若视液镜内玻璃的油渍干净，则说明系统制冷剂量略少，而冷冻润滑油量过多。应从系统内释放一些冷冻润滑油，再加入适量的制冷剂。

b. 如果压缩机进、排气管有明显温差，此时关闭空调系统压缩机，若玻璃上留下的油渍是黑色或有其他杂物，则说明空调系统内的冷冻润滑油已变质、受污染。应在清洗制冷系统后，重新注入冷冻润滑油和制冷剂。

c. 如果压缩机进、排气阀门没有明显的温差，空调器出口也没有冷气出来，则说明制冷剂已全部漏完，镜上的是冷冻润滑油。

3. 空调系统故障现象及可能原因

利用空调系统常见的故障症状表，可以了解产生各种故障的原因。在进行故障诊断时，可以按照由简单到复杂、由表及里的方式逐一排查可能引起故障的各种原因，不断进行故障分离，直至找到故障点，最终进行修复和排除故障。

不同车型，由于其空调结构有细微差别，特别是控制系统和电路有差别，因此故障症状表也会有些不同。

以下以丰田卡罗拉轿车为例来说明故障症状表的应用，见表4-4。

表4-4　卡罗拉轿车空调故障症状表

症　状	可疑部位	解　释
空调系统的所有功能不工作	IG电源电路	电源电路
	备用电源电路	电源电路
	加热器控制面板电源电路	电源电路
	LIN通信电路	通信线路
	空调控制总成	空调面板
	空调放大器	控制单元
空气流量控制：鼓风机不工作	鼓风机电动机电路	执行器电路
	加热器控制面板电源电路	电源电路
	LIN通信电路	通信线路
	空调控制总成	控制面板
	空调放大器	控制单元
空气流量控制：鼓风机失控	鼓风机电动机电路	执行器电路
	加热器控制面板电源电路	电源电路
	LIN通信电路	通信线路
	空调控制总成	控制面板
	空调放大器	控制单元
空气流量控制：空气流量不足	鼓风机电动机电路	执行器电路
	空调放大器	控制单元
	制冷剂量	工作介质
	制冷剂压力	工作介质压力
	压力传感器电路	传感器电路
	压缩机电磁阀电路	执行器电路
	空气混合控制伺服电动机电路	执行器电路
	蒸发器温度传感器电路	传感器电路
	车内温度传感器电路	传感器电路
	环境温度传感器电路	传感器电路
	加热器控制板电源电路	电源电路
	LIN通信电路	通信线路
	膨胀阀	制冷组件
	空调控制总成	控制面板
	空调放大器	控制单元

（续）

症　状	可疑部位	解　释
温度控制：无暖风吹出	空气混合控制伺服电动机电路	执行器电路
	蒸发器温度传感器电路	传感器电路
	车内温度传感器电路	传感器电路
	环境温度传感器电路	传感器电路
	发电机信号电路	信号电路
	前照灯信号电路	信号电路
	PTC 加热器电路	执行器电路
	CAN 通信系统	通信线路
	发动机冷却液温度传感器电路	传感器电路
	空调放大器	控制单元
温度控制：出风温度比设置温度高或低或响应慢	制冷剂量	工作介质
	制冷剂压力	工作介质压力
	阳光传感器电路	传感器电路
	车内温度传感器电路	传感器电路
	环境温度传感器电路	传感器电路
	空气混合控制伺服电动机电路	执行器电机
	发电机信号电路	信号电路
	前照灯信号电路	信号电路
	PTC 加热器电路	执行器电路
	散热器单元分总成	暖风系统组件
	膨胀阀	制冷系统组件
	CAN 通信系统	通信电路
	发动机冷却液温度传感器电路	传感器电路
	空调放大器	控制单元
温度控制：温度失控（仅最冷或最热）	空气混合控制伺服电动机电路	执行器电路
	车内温度传感器电路	传感器电路
	环境温度传感器电路	传感器电路
	蒸发器温度传感器电路	传感器电路
	阳光传感器电路	传感器电路
	发电机信号电路	信号电路
	前照灯信号电路	信号电路
	PTC 加热器电路	执行器电路
	压缩机电磁阀电路	执行器电路
	CAN 通信系统	通信线路
	空调控制总成	控制面板
	ECM 发动机控制单元	控制单元
	空调放大器	控制单元

（续）

症　状	可疑部位	解　释
进气失控	进气控制伺服电动机电路	执行器电路
	空调放大器	控制单元
空气流量模式失控	出气控制伺服电动机电路	执行器电路
	空调放大器	控制单元
发动机无怠速提升或持续提升	压缩机电磁阀电路	执行器单元
	加热器控制面板电源电路	电源电路
	LIN 通信电路	通信线路
	空调控制总成	控制面板
	空调放大器	控制单元
	ECM	控制单元
空调指示灯闪烁	压缩机电磁阀电路	执行器电路
	空调放大器	控制单元
离子发生器指示灯不亮	执行器电路	鼓风电动机电路
	离子发生器电路	执行器电路
	空调放大器	控制单元
不记录诊断故障码。	备用电源电路	电源电路
	空调放大器	控制单元

基本技能

1. 空调系统不制冷故障诊断步骤

出现空调系统不制冷故障时，应重点检查制冷系统及控制系统是否存在故障。

（1）准备工作

1）防护装备：工作服、工作帽、手套、劳保鞋。

2）手工工具：拆装工具一套。

3）仪器设备：歧管压力表、红外线测温仪或温度计。

4）材料准备：干净的抹布。

（2）检查控制系统

1）检查电源电路。如果电源电路出现故障，则整个空调系统将不工作，便不会制冷。在维修时，应对照车型的电路图，仔细检查空调系统的电源电路，确保每个供电熔断器、继电器及供电线路不存在故障。

2）检查控制单元及面板。打开点火开关，起动发动机，开启空调。观察控制面板上的按钮、按键是否能工作。维修时，应连接诊断仪，观察其能否与空调控制单元通信或读取控制单元的故障码。同时，应利用诊断仪读取数据流的功能，读取压力信号和温度信号、压缩机接通信号、怠速提升信号，并做好记录。如果诊断仪无法与空调控制单元建立联系，则表明控制单元电源电路、控制单元本身或总线通信线路有问题。

3）检查传感器和执行器电路。在第2）项检查中，利用数据流分析传感器工作状态是常用的方法。另外，利用执行器的主动测试可以判断执行器及其线路是否正常工作。

除此之外，直接检查传感器和执行器也是非常重要的。在空调系统中，要注意检查环境温度传感器和蒸发器温度传感器信号，若线路有故障会导致空调不工作。另外，压力传感器及其线路、压缩机电磁阀控制电路也是检查重点。空调开关打开后，要观察压缩机是否运转，并通过视液镜观察制冷剂是否流动。

控制系统从电源、信号输入、信号控制处理和信号输出执行等方面保证空调系统正常运行，在检查时，要确保这些信号正常。

（3）检查制冷系统 如果控制系统正常，则应把检查重点放在制冷系统。制冷系统常见的组件是压缩机、冷凝器、干燥罐、膨胀节流元件、蒸发器、管路及工作介质——制冷剂。

1）压力测量。通过压力测量，可以较好地判断制冷剂是否存在泄漏、是否含有空气或水分、是否循环不畅或压力不够等。所以，制冷剂压力是制冷系统最重要的诊断参数。压力测量的步骤与方法在之前的学习任务中已提及。

如图4-15所示，可以利用压力表测量空调系统高压端和低压端的压力，以判断制冷剂量以及压缩机和系统循环是否存在故障。压力数据应根据维修手册的规定来判断，此外还应结合测试时的温度、湿度加以判断。

① 低压端压力偏低，高压端压力正常或偏低，如图4-16所示。故障原因可能是制冷剂不足，即表明空调系统中出现了泄漏。维修时应先回收制冷剂，再检漏，确保无漏点后加注规定量的制冷剂。

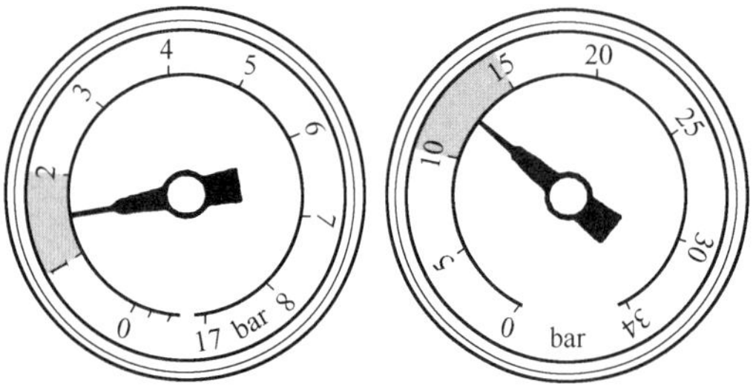

a) b)

图4-15 高、低压管路压力正常

a）低压管路 b）高压管路

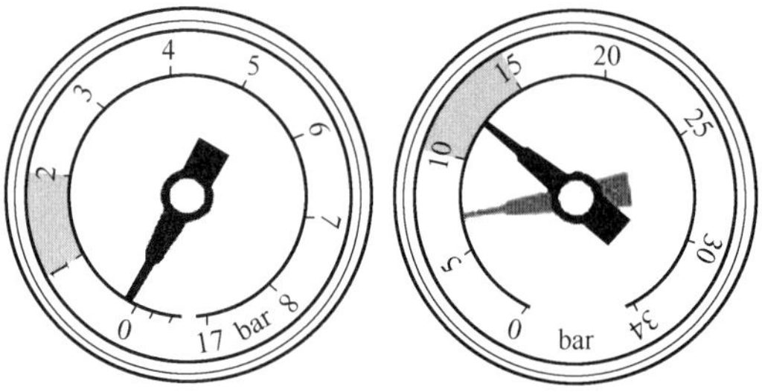

a) b)

图4-16 低压偏低，高压正常或偏低

a）低压端 b）高压端

② 高、低压端压力都偏高，如图4-17所示。可能的故障原因是制冷剂中含有空气、制冷剂过量、膨胀阀未闭合或冷凝器的冷却效果太差。在维修时，应检查膨胀阀和冷凝器，回收、净化制冷剂，并加注适量的制冷剂。

③ 低压端偶尔出现真空状态，如图4-18所示。说明制冷剂中有水分，在膨胀阀处形成了冰堵现象；或者是蒸发器温度传感器故障，导致蒸发器表面结冰。

④ 高、低压端压力都过低，如图4-19所示。说明制冷剂循环出现故障，通常是由于膨胀阀卡死或干燥罐堵塞所致。

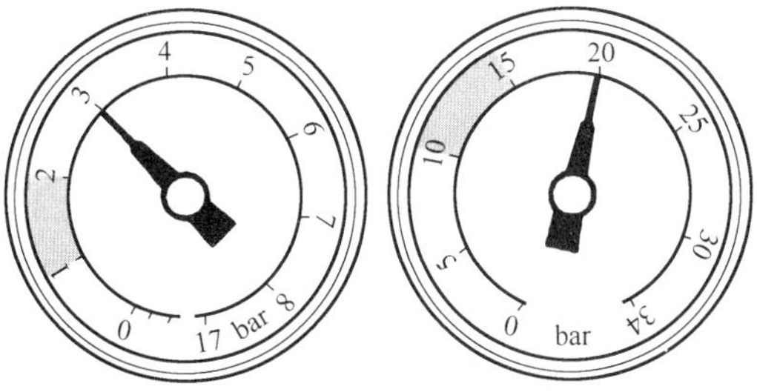

a)　　b)

图 4-17　高、低压管路压力都偏高

a）低压端　b）高压端

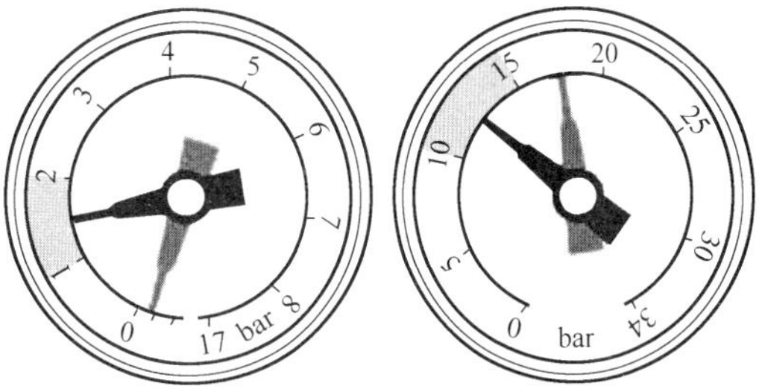

a)　　b)

图 4-18　低压端偶尔出现真空状态

a）低压端　b）高压端

⑤ 高压过低，低压过高，如图 4-20 所示。出现这一现象表明压缩机压缩故障。可能的原因是压缩机传送带松动或打滑、压缩机损坏、压缩机电磁离合器打滑或未调整好。

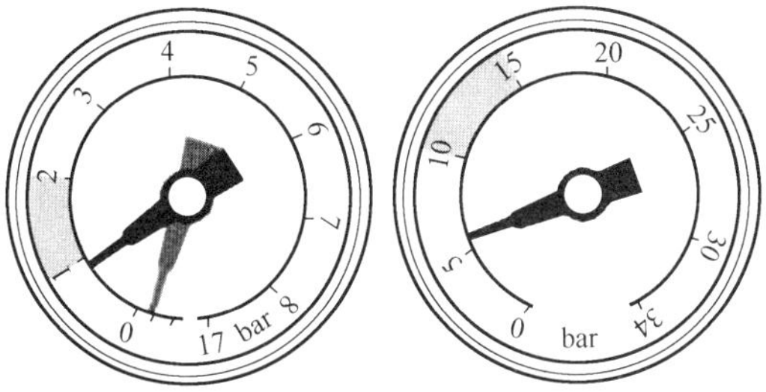

a)　　b)

图 4-19　高、低压端都过低

a）低压端　b）高压端

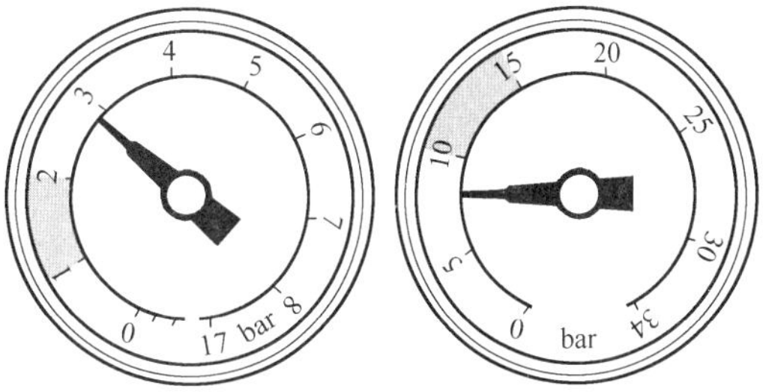

a)　　b)

图 4-20　高压过低，低压过高

a）低压端　b）高压端

2）温度测量。一般使用红外线测温仪（图 4-21）或普通温度计测量温度。

测量点分别是高、低压管路，冷凝器进、出口端，压缩机表面和出风口内。通过温度测量，可以了解系统的工作情况。

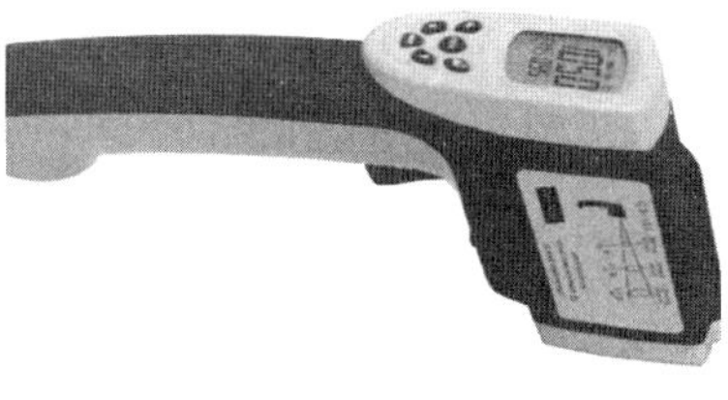

图 4-21　红外线测温仪

3）维修方式。如发现故障，一般的维修方式为制冷剂净化再加注、系统检漏补漏、部件更换或线路修理。在维修时，要结合实际故障，运用空调的工作原理来判断系统故障。

2. 空调不制冷故障案例分析

一辆行驶里程约 17.3 万 km 的 2005 款丰田卡罗拉轿车，客户反映该车空调不凉，预约来店进行检查。询问客户得知，该车由于空调制冷剂泄漏修理过。检查发现空调系统中的制冷剂全部泄漏，于是技师首先对该车空调系统管路进行泄漏检查。

技师先采用加压检漏的方法，然后用肥皂水对空调系统检查了一遍，没有发现有泄露的地方。由于该车空调系统泄漏缓慢，用肥皂水未发现问题，所以技师采用荧光剂检漏。在空调系统中加入荧光剂充制冷剂后使空调系统运转，发动机运转过程中，散热器风扇一直运转。经检查发现压力开关有问题，当拔下压力开关的插头后，在压力开关的 3 号端子根部有压缩机油。检查压力开关，发现压力开关的 2 号和 3 号端子之间短路。此时客户在车旁说，风扇在行驶过程中一直转。更换压力开关后，问题解决。

故障原因分析：由于空调压力开关处出现了微小泄漏，制冷剂缺失。空调压力开关故障，导致系统判断空调管路压力过高，冷却风扇常转。

故障解决：更换空调压力开关；再次检漏，加注制冷剂，故障排除。

【学习小结】

1. 空调系统常规检查的方法是一听、二看、三摸、四检查。
2. 空调系统属于电控系统，在检查时应检查传感器、执行器及控制单元和电路。
3. 在排除空调系统不制冷故障时，先应检查控制系统，再检查制冷系统的组件和制冷剂循环的工作状况。
4. 对空调系统的压力和温度进行测量，对元件及电路进行检查是维修诊断的基本能力。

【自我评估】

1. 填空题

（1）空调系统中最重要的诊断参数是__________和__________。

（2）在进行故障诊断时，除读取故障码外，还可以利用诊断仪读取__________和执行__________功能来辅助诊断。

（3）红外线点温计是用来测量__________的一种仪器。

2. 判断题

（1）在空调系统中，制冷剂含有水分易导致冰堵现象。（　　）

（2）视液镜观察制冷剂中没有气泡表明制冷剂量充足。（　　）

（3）冷凝器冷却不良会导致制冷效果差。（　　）

（4）空调低压开关装在低压端，高压开关装在高压端。（　　）

3. 选择题

（1）在对空调系统的冷凝器进行温度测量时，可选用（　　）。

A. 红外测温仪　　B. 温度计　　C. 压力表　　D. 以上都是

（2）在进行压力测量时，发现高压端压力低，低压端压力高，则表明以下（　　）部件有故障。

A. 冷凝器　　B. 膨胀阀　　C. 压缩机　　D. 蒸发器

（3）如果干燥罐堵塞，则以下说法正确的是（　　）。

A. 干燥罐到膨胀阀的管路结霜　　B. 高压端压力高

C. 制冷效果差　　D. 以上都是

参 考 文 献

［1］王胜年．汽车故障诊断技术［M］．上海：同济大学出版社，2012.
［2］王胜年．汽车故障诊断技术实训项目作业书［M］．上海：同济大学出版社，2012.

职业教育改革创新示范教材

汽车故障诊断与排除

任务工单

主　编　谢婉茹
副主编　张鹏炜

目　录

任务工单1-1

汽车故障与汽车故障诊断认知

学生姓名		班级		学号	
实训场地		学时	2	日期	

制订计划

请根据任务要求，确定所需要的场地和物品，并对小组成员进行合理分工，制订详细的工作计划。

一、场地及物品准备

检查并记录完成任务需要的场地、设备、工具及材料。

1. 场地

检查工作场地是否清洁及是否存在安全隐患，如不正常，请向教师汇报并及时处理。

记录：____________________

2. 车辆、总成、工件

车辆：____________________

其他：____________________

3. 设备及工具

防护装备：____________________

设备及工具：____________________

4. 材料

____

5. 安全要求及注意事项

请认真阅读以下内容：

1）实训汽车停在实训工位上，没有经过教师批准不准起动，经教师批准起动后，应首先检查车轮的安全顶块是否放好，驻车制动器是否拉好，变速杆是否放在P位（A/T）或N位（M/T），车前是否有人。

2）发动机运行时不能把手伸入，以防止造成意外事故。

3）没有经过教师批准不允许随意连接或拔下电控元器件。

4）点火开关接通时，不允许连接或拔下电控系统元器件的插接件。

5）蓄电池的极性不能接反，否则将烧毁ECU与电子元器件。

6）禁止使用起动电源辅助起动发动机，以防止损坏电控系统元件。

二、小组成员及分工

你所在小组的成员：______________________________

你所负责的工作：______________________________

三、操作流程

根据任务，小组进行讨论，确定工作计划（流程/工序），并记录。

1. 发动机外观故障检查

步骤1：______________________________

步骤2：______________________________

步骤3：______________________________

步骤4：______________________________

步骤5：______________________________

2. 发动机起动故障检查

步骤1：______________________________

步骤2：______________________________

步骤3：______________________________

步骤4：______________________________

步骤5：______________________________

3. 发动机运行故障检查

步骤1：______________________________

步骤2：______________________________

步骤3：______________________________

步骤4：______________________________

步骤5：______________________________

实施计划

根据制订的计划实施，完成以下任务并记录。

1. 丰田卡罗拉故障检查与确认

项　目	内　容	故障现象描述	备　注
发动机外观	机械外观		
	电子元件及线路外观		
	气路及真空管路外观		
	燃油管路外观		
	发动机其他损坏		
发动机起动	起动状况		
发动机运行	仪表显示		
	怠速运转		
	加速运转		
	减速运转		
其他故障			

2. 桑塔纳 3000 故障检查与确认

项　目	内　容	故障现象描述	备　注
发动机外观	机械外观		
	电子元件及线路外观		
	气路及真空管路外观		
	燃油管路外观		
	发动机其他损坏		
发动机起动	起动状况		
发动机运行	仪表显示		
	怠速运转		
	加速运转		
	减速运转		
其他故障			

3. 科鲁兹故障检查与确认

项　　目	内　　容	故障现象描述	备　　注
发动机外观	机械外观		
	电子元件及线路外观		
	气路及真空管路外观		
	燃油管路外观		
	发动机其他损坏		
发动机起动	起动状况		
发动机运行	仪表显示		
	怠速运转		
	加速运转		
	减速运转		
其他故障			

成果检查

根据任务完成情况，学生根据下表自我评分，教师或指定组长进行巡视/验收检查时，发现问题直接扣分，并在备注栏签名。

技能考核标准表

序号	项　目	操 作 内 容	标准分	实际评分	权　重	最终得分	备注
1	任务准备	场地准备	1		10% ×2		
		车辆/总成/工件准备	1				
		设备/工具准备	1				
		材料准备	1				
		仪容仪表/精神面貌准备	1				
2	实施过程	外观检查	2		30% ×5		
		起动检查	2				
		发动机运行检查	2				
3	完成质量	检查结果	2		20% ×10		
4	完成时间	45min	1		10% ×10		
5	安全操作	个人防护	1		20% ×5		
		设备安全	1				
		人员安全	1				
		场地安全	1				
6	5S 工作	场地清洁	1		10% ×5		
		设备工具材料归位 电源/气源关闭	1				
总分			—	—	100		

评价与反馈

1. 自我评价及反馈

(1) 通过本任务的学习，对照本任务的学习目标，你认为你是否已经掌握了学习目标？

知识目标：(　　)

A. 掌握　　B. 部分掌握　　C. 未掌握

说明：____

____

技能目标：(　　)

A. 掌握　　B. 部分掌握　　C. 未掌握

说明：____

____

(2) 你是否积极学习，不会的内容积极向别人请教，会的内容积极帮助他人学习？(　　)

A. 积极学习　　B. 积极请教　　C. 积极帮助他人　　D. 三者均不积极

(3) 工具、设备和零件有没有落地情况发生，是否保持作业现场的清洁？(　　)

A. 无落地且场地清洁　　B. 有落地

C. 保持作业现场清洁　　D. 未保持作业现场的清洁

(4) 实施过程中是否注意操作质量和有责任心？(　　)

A. 注意质量，有责任心　　B. 不注意质量，有责任心

C. 注意质量，无责任心　　D. 全无

(5) 操作过程中是否注意清除隐患，在有安全隐患时是否提示其他同学？(　　)

A. 注意，提示　　B. 不注意，未提示

学生签名：______　　____年____月____日

2. 教师评价及答复

参照成果展示的得分，评价学生本次任务成绩，请在相应的 □ 上打✓。

□ 不合格　□ 合格　□ 良好　□ 优秀

说明：

____

____

____

____

____

教师签名：______　　____年____月____日

任务工单1-2

汽车故障诊断的基本方法及注意事项

学生姓名		班级		学号	
实训场地		学时	2	日期	

制订计划

请根据任务要求，确定所需要的场地和物品，并对小组成员进行合理分工，制订详细的工作计划。

一、场地及物品准备

检查并记录完成任务需要的场地、设备、工具及材料。

1. 场地

检查工作场地是否清洁及是否存在安全隐患，如不正常，请向教师汇报并及时处理。

记录：________________________________

2. 车辆、总成、工件

车辆：________________________________

其他：________________________________

3. 设备及工具

防护装备：________________________________

设备及工具：________________________________

4. 材料

____

5. 安全要求及注意事项

请认真阅读以下内容：

1）实训汽车停在实训工位上，没有经过教师批准不准起动，经教师批准起动后，应首先检查车轮的安全顶块是否放好，驻车制动器是否拉好，变速杆是否放在 P 位（A/T）或 N 位（M/T），车前是否有人。

2）发动机运行时不能把手伸入，以防止造成意外事故。

3）没有经过教师批准不允许随意连接或拔下电控元器件。

4）点火开关接通时，不允许连接或拔下电控系统元器件的插接件。

5）蓄电池的极性不能接反，否则将烧毁 ECU 与电子元器件。

6）禁止使用起动电源辅助起动发动机，以防止损坏电控系统元件。

二、小组成员及分工

你所在小组的成员：____________________

你所负责的工作：____________________

三、操作流程

根据任务，小组进行讨论，确定工作计划（流程/工序），并记录。（教师提前设置相关故障）

丰田卡罗拉起动机不工作诊断故障

步骤 1：____________________

步骤 2：____________________

步骤 3：____________________

步骤 4：____________________

步骤 5：____________________

步骤 6：____________________

步骤 7：____________________

步骤 8：____________________

步骤 9：____________________

步骤 10：____________________

实施计划

根据制订的计划实施，完成以下任务并记录。

丰田卡罗拉起动机不工作故障诊断

步骤	检测内容	检测结果	结论	排除方法
1				
2				
3				
4				
5				

故障总结：

成果检查

根据任务完成情况，学生根据下表自我评分，教师或指定组长进行巡视/验收检查时，发现问题直接扣分，并在备注栏签名。

技能考核标准表

序号	项目	操作内容	标准分	实际评分	权重	最终得分	备注
1	任务准备	场地准备	1		10% ×2		
		车辆/总成/工件准备	1				
		设备/工具准备	1				
		材料准备	1				
		仪容仪表/精神面貌准备	1				
2	实施过程	故障验证	1		30% ×5		
		离合器开关/PN 开关	1				
		蓄电池检查	1				
		起动机及线路	1				
		控制单元及线路	1				
		其他操作	1				
3	完成质量	测量数据准确	1		20% ×10		
		排除故障	1				
4	完成时间	90min	1		10% ×10		
5	安全操作	个人防护	1		20% ×5		
		设备安全	1				
		人员安全	1				
		场地安全	1				
6	5S 工作	场地清洁	1		10% ×5		
		设备工具材料归位 电源/气源关闭	1				
总分			—	—	100		

评价与反馈

1. 自我评价及反馈

(1) 通过本任务的学习，对照本任务的学习目标，你认为你是否已经掌握了学习目标?

知识目标：(　　)

A. 掌握　　B. 部分掌握　　C. 未掌握

说明：______

______

技能目标：(　　)

A. 掌握　　B. 部分掌握　　C. 未掌握

说明：______

______

(2) 你是否积极学习，不会的内容积极向别人请教，会的内容积极帮助他人学习?(　　)

A. 积极学习　　B. 积极请教　　C. 积极帮助他人　　D. 三者均不积极

(3) 工具、设备和零件有没有落地情况发生，是否保持作业现场的清洁?(　　)

A. 无落地且场地清洁　　B. 有落地

C. 保持作业现场清洁　　D. 未保持作业现场的清洁

(4) 实施过程中是否注意操作质量和有责任心?(　　)

A. 注意质量，有责任心　　B. 不注意质量，有责任心

C. 注意质量，无责任心　　D. 全无

(5) 操作过程中是否注意清除隐患，在有安全隐患时是否提示其他同学?(　　)

A. 注意，提示　　B. 不注意，未提示

学生签名：______　　____年____月____日

2. 教师评价及答复

参照成果展示的得分，评价学生本次任务成绩，请在相应的 □ 上打✓。

□ 不合格　□ 合格　□ 良好　□ 优秀

说明：

______

______

______

______

______

教师签名：______　　____年____月____日

任务工单2-1

气缸压力低故障诊断

学生姓名		班级		学号	
实训场地		学时	2	日期	

制订计划

请根据任务要求，确定所需要的场地和物品，并对小组成员进行合理分工，制订详细的工作计划。

一、场地及物品准备

检查及记录完成任务需要的场地、设备、工具及材料。

1. 场地

检查工作场地是否清洁及是否存在安全隐患，如不正常，请向教师汇报并及时处理。

记录：______________________________

2. 车辆、总成、工件

车辆：______________________________

其他：______________________________

3. 设备及工具

防护装备：______________________________

设备及工具、诊断仪：______________________________

4. 维修资料、手册、电路图

____

5. 材料

____

6. 安全要求及注意事项

请认真阅读以下内容：

1）实训汽车停在实训工位上，没有经过教师批准不准起动，经教师批准起动后，应首先检查车轮的安全顶块是否放好，驻车制动器是否拉好，变速杆是否放在 P 位（A/T）或 N 位（M/T），车前是否有人。

2）发动机运行时不能把手伸入，以防止造成意外事故。

3）没有经过教师批准不允许随意连接或拔下电控元器件。

4）点火开关接通时，不允许连接或拔下电控系统元器件的插接件。

5）蓄电池的极性不能接反，否则将烧毁 ECU 与电子元器件。

6）禁止使用起动电源辅助起动发动机，以防止损坏电控系统元件。

二、小组成员及分工

你所在小组的成员：________________________________

你所负责的工作：________________________________

三、操作流程

根据任务，小组进行讨论，确定工作计划（流程/工序），并记录。

1. 气缸压力低的原因分析

步骤 1：________________________________

步骤 2：________________________________

步骤 3：________________________________

步骤 4：________________________________

步骤 5：________________________________

步骤 6：________________________________

步骤 7：________________________________

步骤 8：________________________________

步骤 9：________________________________

步骤 10：________________________________

2. 气缸压力测试步骤

步骤 1：________________________________

步骤 2：________________________________

步骤 3：________________________________

步骤 4：________________________________

步骤 5：________________________________

步骤 6：________________________________

步骤 7：________________________________

步骤 8：________________

步骤 9：________________

步骤 10：________________

步骤 11：________________

实施计划

根据制订的计划实施，完成以下任务并记录。

提示： 教师根据需要提前设置故障。

进行气缸压力测试

内　容	1 缸	2 缸	3 缸	4 缸
标准值				
实测值				
偏差				
结论				

成果检查

根据任务完成情况，学生根据下表自我评分，教师或指定组长进行巡视/验收检查时，发现问题直接扣分，并在备注栏签名。

技能考核标准表

序号	项　目	操 作 内 容	标准分	实际评分	权　重	最终得分	备注
1	任务准备	场地准备	1		10%×2		
		车辆/总成/工件准备	1				
		设备/工具准备	1				
		材料准备	1				
		仪容仪表/精神面貌准备	1				
2	实施过程	气缸压力检测	3		30%×5		
		原因分析	3				
3	完成质量	测量数据准确	1		20%×10		
		分析正确	1				
4	完成时间	90min	1		10%×10		
5	安全操作	个人防护	1		20%×5		
		设备安全	1				
		人员安全	1				
		场地安全	1				
6	5S 工作	场地清洁	1		10%×5		
		设备工具材料归位 电源/气源关闭	1				
总分			—	—	100		

评价与反馈

1. 自我评价及反馈

(1) 通过本任务的学习，对照本任务的学习目标，你认为你是否已经掌握了学习目标？

知识目标：(　　)

A. 掌握　　B. 部分掌握　　C. 未掌握

说明：____

____

技能目标：(　　)

A. 掌握　　B. 部分掌握　　C. 未掌握

说明：____

____

(2) 你是否积极学习，不会的内容积极向别人请教，会的内容积极帮助他人学习？(　　)

A. 积极学习　　B. 积极请教　　C. 积极帮助他人　　D. 三者均不积极

(3) 工具、设备和零件有没有落地情况发生，是否保持作业现场的清洁？(　　)

A. 无落地且场地清洁　　B. 有落地

C. 保持作业场地清洁　　D. 未保持作业现场的清洁

(4) 实施过程中是否注意操作质量和有责任心？(　　)

A. 注意质量，有责任心　　B. 不注意质量，有责任心

C. 注意质量，无责任心　　D. 全无

(5) 操作过程中是否注意清除隐患，在有安全隐患时是否提示其他同学？(　　)

A. 注意，提示　　B. 不注意，未提示

学生签名：______　　____年____月____日

2. 教师评价及答复

参照成果展示的得分，评价学生本次任务成绩，请在相应的 □ 上打✓。

□ 不合格　□ 合格　□ 良好　□ 优秀

说明：

____

____

____

____

教师签名：______　　____年____月____日

任务工单2-2

燃油压力低故障诊断

学生姓名		班级		学号	
实训场地		学时	2	日期	

制订计划

请根据任务要求，确定所需要的场地和物品，并对小组成员进行合理分工，制订详细的工作计划。

一、场地及物品准备

检查并记录完成任务需要的场地、设备、工具及材料。

1. 场地

检查工作场地是否清洁及是否存在安全隐患，如不正常，请向教师汇报并及时处理。

记录：____

2. 车辆、总成、工件

车辆：____

其他：____

3. 设备及工具

防护装备：____

设备及工具、诊断仪：____

4. 维修资料、手册、电路图

____

5. 材料

____

6. 安全要求及注意事项

请认真阅读以下内容：

1）实训汽车停在实训工位上，没有经过教师批准不准起动，经教师批准起动后，应首先检查车轮的安全顶块是否放好，驻车制动器是否拉好，变速杆是否放在 P 位（A/T）或 N 位（M/T），车前是否有人。

2）发动机运行时不能把手伸入，以防止造成意外事故。

3）没有经过教师批准不允许随意连接或拔下电控元器件。

4）点火开关接通时，不允许连接或拔下电控系统元器件的插接件。

5）蓄电池的极性不能接反，否则将烧毁 ECU 与电子元器件。

6）禁止使用起动电源辅助起动发动机，以防止损坏电控系统元件。

二、小组成员及分工

你所在小组的成员：____________________

你所负责的工作：____________________

三、操作流程

根据任务，小组进行讨论，确定工作计划（流程/工序），并记录。

1. 卡罗拉燃油泵不工作故障诊断

步骤 1：____________________

步骤 2：____________________

步骤 3：____________________

步骤 4：____________________

步骤 5：____________________

步骤 6：____________________

步骤 7：____________________

步骤 8：____________________

步骤 9：____________________

步骤 10：____________________

2. 卡罗拉燃油压力测试

步骤 1：____________________

步骤 2：____________________

步骤 3：____________________

步骤 4：____________________

步骤 5：____________________

步骤 6：____________________

步骤 7：____________________

步骤 8：________________

步骤 9：________________

步骤 10：________________

步骤 11：________________

实施计划

根据制订的计划实施，完成以下任务并记录。

提示：教师根据需要提前设置故障。

1. 丰田卡罗拉轿车燃油泵不工作故障诊断与排除

根据制订的工作计划，按步骤实施诊断流程并记录结果，根据结果排除故障。

步骤	检测内容	检测结果	结论	排除方法
1	试灯连接于燃油泵连接器正极端子，起动发动机，检测是否有电			
2	找到燃油继电器，检测燃油继电器座30#端子在起动时是否有电压			
3	检测 EFI 继电器是否正常工作			
4	检测 IG 继电器是否工作正常			
5	短接燃油泵继电器，检测燃油泵端子是否有电			
6	二极管灯连接于燃油泵继电器85#与86#端子之间，起动时是否点亮			
7	检测燃油继电器是否良好			
8	检测是否有曲轴转速信号			
9	起动发动机，观察燃油泵是否工作			
10	恢复车辆，起动发动机，观察故障是否排除			

故障总结：________________

2. 卡罗拉轿车燃油压力测试

根据制订的工作计划，按步骤实施诊断流程并记录结果，根据结果排除故障。

步骤	检测内容	检测结果	结论	排除方法
1	检查燃油压力表有无破损、泄漏故障			
2	发动机燃油泄压操作			
3	将燃油压力表连接到发动机燃油进油管中间			
4	点火开关重复开关 3 次，观察燃油压力表是否泄漏			
5	起动发动机，读取燃油压力表数字			
6	怠速运行，读取燃油压力表数字			
7	加速操作，读取燃油压力表数字			
8	断开燃油压力调节器真空管，观察燃油压力表数字变化			
9	关闭发动机，静置 30min，读取燃油压力数值			
10	燃油泄压操作			
11	拆卸燃油压力表，恢复发动机			

检测注意事项：____

____

成果检查

根据任务完成情况，学生根据下表自我评分，教师或指定组长进行巡视/验收检查时，发现问题直接扣分，并在备注栏签名。

技能考核标准表

序号	项　目	操 作 内 容	标准分	实际评分	权　重	最终得分	备注
1	任务准备	场地准备	1		10% ×2		
		车辆/总成/工件准备	1				
		设备/工具准备	1				
		材料准备	1				
		仪容仪表/精神面貌准备	1				
2	实施过程	燃油泵不工作诊断	3		30% ×5		
		燃油压力测试	3				
3	完成质量	测量数据准确	1		20% ×10		
		排除故障	1				
4	完成时间	90min	1		10% ×10		
5	安全操作	个人防护	1		20% ×5		
		设备安全	1				
		人员安全	1				
		场地安全	1				
6	5S 工作	场地清洁	1		10% ×5		
		设备工具材料归位 电源/气源关闭	1				
总分			—	—	100		

评价与反馈

1. 自我评价及反馈

（1）通过本任务的学习，对照本任务的学习目标，你认为你是否已经掌握了学习目标？

知识目标：（　　）

A. 掌握　　B. 部分掌握　　C. 未掌握

说明：____________________

____

技能目标：（　　）

A. 掌握　　B. 部分掌握　　C. 未掌握

说明：____________________

____

（2）你是否积极学习，不会的内容积极向别人请教，会的内容积极帮助他人学习？（　　）

A. 积极学习　　B. 积极请教　　C. 积极帮助他人　　D. 三者均不积极

（3）工具、设备和零件有没有落地情况发生，是否保持作业现场的清洁？（　　）

A. 无落地且场地清洁　　B. 有落地

C. 保持作业场地清洁　　D. 未保持作业现场的清洁

（4）实施过程中是否注意操作质量和有责任心？（　　）

A. 注意质量，有责任心　　B. 不注意质量，有责任心

C. 注意质量，无责任心　　D. 全无

（5）操作过程中是否注意清除隐患，在有安全隐患时是否提示其他同学？（　　）

A. 注意，提示　　B. 不注意，未提示

学生签名：______　　____年____月____日

2. 教师评价及答复

参照成果展示的得分，评价学生本次任务成绩，请在相应的 □ 上打✓。

□ 不合格　□ 合格　□ 良好　□ 优秀

说明：

____

____

____

____

____

教师签名：______　　____年____月____日

任务工单2-3

点火无高压火故障诊断

学生姓名		班级		学号	
实训场地		学时	2	日期	

制订计划

请根据任务要求，确定所需要的场地和物品，并对小组成员进行合理分工，制订详细的工作计划。

一、场地及物品准备

检查并记录完成任务需要的场地、设备、工具及材料。

1. 场地

检查工作场地是否清洁及是否存在安全隐患，如不正常，请向教师汇报并及时处理。

记录：________________________________

2. 车辆、总成、工件

车辆：________________________________

其他：________________________________

3. 设备及工具

防护装备：________________________________

设备及工具、诊断仪：________________________________

4. 维修资料、手册、电路图

____

5. 材料

____

6. 安全要求及注意事项

请认真阅读以下内容：

1）实训汽车停在实训工位上，没有经过教师批准不准起动，经教师批准起动后，应首先检查车轮的安全顶块是否放好，驻车制动器是否拉好，变速杆是否放在 P 位（A/T）或 N 位（M/T），车前是否有人。

2）发动机运行时不能把手伸入，以防止造成意外事故。

3）没有经过教师批准不允许随意连接或拔下电控元器件。

4）点火开关接通时，不允许连接或拔下电控系统元器件的插接件。

5）蓄电池的极性不能接反，否则将烧毁 ECU 与电子元器件。

6）禁止使用起动电源辅助起动发动机，以防止损坏电控系统元件。

二、小组成员及分工

你所在小组的成员：________________________________

你所负责的工作：________________________________

三、操作流程

根据任务，小组进行讨论，确定工作计划（流程/工序），并记录。

1. 桑塔纳 3000 发动机无高压火故障诊断

步骤 1：________________________________

步骤 2：________________________________

步骤 3：________________________________

步骤 4：________________________________

步骤 5：________________________________

2. 丰田卡罗拉发动机无高压火故障诊断

步骤 1：________________________________

步骤 2：________________________________

步骤 3：________________________________

步骤 4：________________________________

步骤 5：________________________________

实施计划

根据制订的计划实施，完成以下任务并记录。

1. 桑塔纳 3000 轿车无高压火故障排除

根据制订的工作计划，按步骤实施操作流程，并记录结果。

1）测试高压火花，验证故障现象。

高压火花是否正常：________________处理方法：________________________________

2）检查点火线圈电源和搭铁。

电源和搭铁是否正常：________________处理方法：________________________________

3）检查点火控制信号。

点火控制信号是否正常：________________处理方法：____________________________

4）检查曲轴位置传感器。

曲轴位置传感器信号是否正常：________________处理方法：______________________

5）检查发动机控制单元（ECU）。

ECU 电源搭铁是否正常：________________处理方法：____________________________

ECU 是否正常：________________处理方法：________________________________

故障诊断总结：____

____

____

2. 丰田卡罗拉轿车发动机无高压火故障诊断

根据制订的工作计划，按步骤实施操作流程，并记录结果。

1）测试高压火花，验证故障现象。

高压火花是否正常：________________处理方法：________________________________

2）检查点火线圈电源和搭铁。

电源和搭铁是否正常：________________处理方法：________________________________

3）检查点火控制信号。

点火控制信号是否正常：________________处理方法：____________________________

4）检查曲轴位置传感器。

曲轴位置传感器信号是否正常：________________处理方法：______________________

5）检查发动机控制单元（ECU）。

ECU 电源搭铁是否正常：________________处理方法：____________________________

ECU 是否正常：________________处理方法：________________________________

故障诊断总结：____

____

____

成果检查

根据任务完成情况，学生根据下表自我评分，教师或指定组长进行巡视/验收检查时，发现问题直接扣分，并在备注栏签名。

技能考核标准表

序号	项　目	操作内容	标准分	实际评分	权　重	最终得分	备注
1	任务准备	场地准备	1		10%×2		
		车辆/总成/工件准备	1				
		设备/工具准备	1				
		材料准备	1				
		仪容仪表/精神面貌准备	1				
2	实施过程	双缸同时点火诊断	3		30%×5		
		单缸独立点火诊断	3				
3	完成质量	测量数据准确	1		20%×10		
		排除故障	1				
4	完成时间	90min	1		10%×10		
5	安全操作	个人防护	1		20%×5		
		设备安全	1				
		人员安全	1				
		场地安全	1				
6	5S 工作	场地清洁	1		10%×5		
		设备工具材料归位 电源/气源关闭	1				
总分			—	—	100		

评价与反馈

1. 自我评价及反馈

(1) 通过本任务的学习，对照本任务的学习目标，你认为你是否已经掌握了学习目标？

知识目标：(　　)

A. 掌握　　B. 部分掌握　　C. 未掌握

说明：________________________________

____

技能目标：(　　)

A. 掌握　　B. 部分掌握　　C. 未掌握

说明：________________________________

____

(2) 你是否积极学习，不会的内容积极向别人请教，会的内容积极帮助他人学习？(　　)

A. 积极学习　　B. 积极请教　　C. 积极帮助他人　　D. 三者均不积极

(3) 工具设备和零件有没有落地情况发生，是否保持作业现场的清洁？(　　)

A. 无落地且场地清洁　　B. 有落地

C. 保持作业场地清洁　　D. 未保持作业现场的清洁

(4) 实施过程中是否注意操作质量和有责任心？(　　)

A. 注意质量，有责任心　　B. 不注意质量，有责任心

C. 注意质量，无责任心　　D. 全无

(5) 操作过程中是否注意清除隐患，在有安全隐患时是否提示其他同学？(　　)

A. 注意，提示　　B. 不注意，未提示

学生签名：______　　____年____月____日

2. 教师评价及答复

参照成果展示的得分，评价学生本次任务成绩，请在相应的 □ 上打✓。

□ 不合格　□ 合格　□ 良好　□ 优秀

说明：

____

____

____

____

____

教师签名：______　　____年____月____日

任务工单2-4

发动机典型故障码诊断

学生姓名		班级		学号	
实训场地		学时	2	日期	

制订计划

请根据任务要求，确定所需要的场地和物品，并对小组成员进行合理分工，制订详细的工作计划。

一、场地及物品准备

检查并记录完成任务需要的场地、设备、工具及材料。

1. 场地

检查工作场地是否清洁及是否存在安全隐患，如不正常，请向教师汇报并及时处理。

记录：________________________________

2. 车辆、总成、工件

车辆：________________________________

其他：________________________________

3. 设备及工具

防护装备：________________________________

设备及工具：________________________________

4. 材料

____

5. 安全要求及注意事项

请认真阅读以下内容：

1）实训汽车停在实训工位上，没有经过教师批准不准起动，经教师批准起动后，应首先检查车轮的安全顶块是否放好，驻车制动器是否拉好，变速杆是否放在P位（A/T）或N位（M/T），车前是否有人。

2）发动机运行时不能把手伸入，以防止造成意外事故。

3）没有经过教师批准不允许随意连接或拔下电控元器件。

4）点火开关接通时，不允许连接或拔下电控系统元器件的插接件。

5）蓄电池的极性不能接反，否则将烧毁ECU与电子元器件。

6）禁止使用起动电源辅助起动发动机，以防止损坏电控系统元件。

二、小组成员及分工

你所在小组的成员：______________________________

你所负责的工作：______________________________

三、操作流程

根据任务，小组进行讨论，确定工作计划（流程/工序），并记录。（教师提前设置故障）

1. “缺火”故障码的诊断步骤

步骤1：______________________________

步骤2：______________________________

步骤3：______________________________

步骤4：______________________________

步骤5：______________________________

步骤6：______________________________

2. “混合气不良”故障码的诊断步骤

步骤1：______________________________

步骤2：______________________________

步骤3：______________________________

步骤4：______________________________

步骤5：______________________________

步骤6：______________________________

实施计划

根据制订的计划实施，完成以下任务并记录。

1. “缺火”故障码的诊断

读取到的故障码：________________

故障原因：________________

2. “混合气不良”故障码的诊断

读取到的故障码：________________

故障原因：________________

成果检查

根据任务完成情况，学生根据下表自我评分，教师或指定组长进行巡视/验收检查时，发现问题直接扣分，并在备注栏签名。

技能考核标准表

序号	项　目	操作内容	标准分	实际评分	权　重	最终得分	备注
1	任务准备	场地准备	1		10% ×2		
		车辆/总成/工件准备	1				
		设备/工具准备	1				
		材料准备	1				
		仪容仪表/精神面貌准备	1				
2	实施过程	缺火故障码诊断	2		30% ×5		
		混合气故障码诊断	2				
		仪器使用	2				
3	完成质量	操作结果	2		20% ×10		
4	完成时间	90min	1		10% ×10		
5	安全操作	个人防护	1		20% ×5		
		设备安全	1				
		人员安全	1				
		场地安全	1				
6	5S 工作	场地清洁	1		10% ×5		
		设备工具材料归位 电源/气源关闭	1				
总分			—	—	100		

评价与反馈

1. 自我评价及反馈

（1）通过本任务的学习，对照本任务的学习目标，你认为你是否已经掌握了学习目标？

知识目标：(　　)

A. 掌握　　B. 部分掌握　　C. 未掌握

说明：____

____

技能目标：(　　)

A. 掌握　　B. 部分掌握　　C. 未掌握

说明：____

____

(2) 你是否积极学习，不会的内容积极向别人请教，会的内容积极帮助他人学习？(　　)

A. 积极学习　　B. 积极请教　　C. 积极帮助他人　　D. 三者均不积极

(3) 工具、设备和零件有没有落地情况发生，是否保持作业现场的清洁？(　　)

A. 无落地且场地清洁　　B. 有落地

C. 保持作业场地清洁　　D. 未保持作业现场的清洁

(4) 实施过程中是否注意操作质量和有责任心？(　　)

A. 注意质量，有责任心　　B. 不注意质量，有责任心

C. 注意质量，无责任心　　D. 全无

(5) 操作过程中是否注意清除隐患，在有安全隐患时是否提示其他同学？(　　)

A. 注意，提示　　B. 不注意，未提示

学生签名：______　　____年____月____日

2. 教师评价及答复

参照成果展示的得分，评价学生本次任务成绩，请在相应的 □ 上打✓。

□ 不合格　□ 合格　□ 良好　□ 优秀

说明：

____

____

____

____

____

教师签名：______　　____年____月____日

任务工单2-5

发动机电控单元及其故障诊断

学生姓名		班级		学号	
实训场地		学时	2	日期	

制订计划

请根据任务要求，确定所需要的场地和物品，并对小组成员进行合理分工，制订详细的工作计划。

一、场地及物品准备

检查并记录完成任务需要的场地、设备、工具及材料。

1. 场地

检查工作场地是否清洁及是否存在安全隐患，如不正常，请向教师汇报并及时处理。

记录：______________________________

2. 车辆、总成、工件

车辆：______________________________

其他：______________________________

3. 设备及工具

防护装备：______________________________

设备及工具、诊断仪：______________________________

4. 维修资料、手册、电路图

____

5. 材料

____

6. 安全要求及注意事项

请认真阅读以下内容：

1）实训汽车停在实训工位上，没有经过教师批准不准起动，经教师批准起动后，应首先检查车轮的安全顶块是否放好，驻车制动器是否拉好，变速杆是否放在P位（A/T）或N位（M/T），车前是否有人。

2）发动机运行时不能把手伸入，以防止造成意外事故。

3）没有经过教师批准不允许随意连接或拔下电控元器件。

4）点火开关接通时，不允许连接或拔下电控系统元器件的插接件。

5）蓄电池的极性不能接反，否则将烧毁ECU与电子元器件。

6）禁止使用起动电源辅助起动发动机，以防止损坏电控系统元件。

二、小组成员及分工

你所在小组的成员：________________________________

你所负责的工作：________________________________

三、操作流程

根据任务，小组进行讨论，确定工作计划（流程/工序），并记录。

发动机电控单元故障诊断

步骤1：________________________________

步骤2：________________________________

步骤3：________________________________

步骤4：________________________________

步骤5：________________________________

步骤6：________________________________

步骤7：________________________________

实施计划

根据制订的计划实施，完成以下任务并记录。

提示： 教师事先设置故障。

1. 判断诊断仪器功能

诊断仪器无法与ECM通信

故障原因：________________________________

处理方法：________________________________

2. 检测发动机控制模块电源及搭铁

ECM电源是否正常：________________ 处理方法：________________

ECM 搭铁是否正常：________________处理方法：________________

3. 诊断座的检测

电压信号

端子	端子含义	标准值	实测值	结论
4				
5				
6				
7				
14				
16				

CAN 终端电阻：端子 4#～14#

标准值：________________________________

实测值：________________________________

结论：________________________________

成果检查

根据任务完成情况，学生根据下表自我评分，教师或指定组长进行巡视/验收检查时，发现问题直接扣分，并在备注栏签名。

技能考核标准表

序号	项　目	操 作 内 容	标准分	实际评分	权　重	最终得分	备注
1	任务准备	场地准备	1		10% ×2		
		车辆/总成/工件准备	1				
		设备/工具准备	1				
		材料准备	1				
		仪容仪表/精神面貌准备	1				
2	实施过程	诊断仪器功能判断	1		30% ×5		
		ECM 电源和搭铁检测	1				
		诊断座电源和搭铁检测	1				
		通信线路 K 线检测	1				
		CAN HL 检测	1				
		终端电阻检测	1				
3	完成质量	测量数据准确	1		20% ×10		
		排除故障	1				
4	完成时间	90min	1		10% ×10		
5	安全操作	个人防护	1		20% ×5		
		设备安全	1				
		人员安全	1				
		场地安全	1				
6	5S 工作	场地清洁	1		10% ×5		
		设备工具材料归位 电源/气源关闭	1				
总分			—	—	100		

评价与反馈

1. 自我评价及反馈

（1）通过本任务的学习，对照本任务的学习目标，你认为你是否已经掌握了学习目标？

知识目标：（　　）

A. 掌握　　B. 部分掌握　　C. 未掌握

说明：______________________________

____

技能目标：（　　）

A. 掌握　　B. 部分掌握　　C. 未掌握

说明：______________________________

____

（2）你是否积极学习，不会的内容积极向别人请教，会的内容积极帮助他人学习？（　　）

A. 积极学习　　B. 积极请教　　C. 积极帮助他人　　D. 三者均不积极

（3）工具、设备和零件有没有落地情况发生，是否保持作业现场的清洁？（　　）

A. 无落地且场地清洁　　B. 有落地

C. 保持作业场地清洁　　D. 未保持作业现场的清洁

（4）实施过程中是否注意操作质量和有责任心？（　　）

A. 注意质量，有责任心　　B. 不注意质量，有责任心

C. 注意质量，无责任心　　D. 全无

（5）操作过程中是否注意清除隐患，在有安全隐患时是否提示其他同学？（　　）

A. 注意，提示　　B. 不注意，未提示

学生签名：______　　____年____月____日

2. 教师评价及答复

参照成果展示的得分，评价学生本次任务成绩。请在相应的 □ 上打✓。

□ 不合格　□ 合格　□ 良好　□ 优秀

说明：

____

____

____

教师签名：______　　____年____月____日

任务工单2-6

发动机不能起动故障诊断

学生姓名		班级		学号	
实训场地		学时	2	日期	

制订计划

请根据任务要求，确定所需要的场地和物品，并对小组成员进行合理分工，制订详细的工作计划。

一、场地及物品准备

检查并记录完成任务需要的场地、设备、工具及材料。

1. 场地

检查工作场地是否清洁及是否存在安全隐患，如不正常，请向教师汇报并及时处理。

记录：________________

2. 车辆、总成、工件

车辆：________________

其他：________________

3. 设备及工具

防护装备：________________

设备及工具、诊断仪：________________

4. 维修资料、手册、电路图

____

5. 材料

____

6. 安全要求及注意事项

请认真阅读以下内容：

1）实训汽车停在实训工位上，没有经过教师批准不准起动，经教师批准起动后，应首先检查车轮的安全顶块是否放好，驻车制动器是否拉好，变速杆是否放在P位（A/T）或N位（M/T），车前是否有人。

2）发动机运行时不能把手伸入，以防止造成意外事故。

3）没有经过教师批准不允许随意连接或拔下电控元器件。

4）点火开关接通时，不允许连接或拔下电控系统元器件的插接件。

5）蓄电池的极性不能接反，否则将烧毁ECU与电子元器件。

6）禁止使用起动电源辅助起动发动机，以防止损坏电控系统元件。

二、小组成员及分工

你所在小组的成员：______________________________

你所负责的工作：______________________________

三、操作流程

根据任务，小组进行讨论，确定工作计划（流程/工序），并记录。

卡罗拉轿车发动机不能起动故障诊断。

步骤1：______________________________

步骤2：______________________________

步骤3：______________________________

步骤4：______________________________

步骤5：______________________________

步骤6：______________________________

实施计划

卡罗拉轿车发动机无法起动故障排除

根据制订的工作计划，按步骤实施操作流程，并记录结果。

步骤	检测内容	检测结果	结论	排除方法
1				
2				

（续）

步骤	检测内容	检测结果	结论	排除方法
3				
4				
5				
6				

故障诊断总结：______________________________

____

成果检查

根据任务完成情况，学生根据下表自我评分，教师或指定组长进行巡视/验收检查时，发现问题直接扣分，并在备注栏签名。

技能考核标准表

序号	项目	操作内容	标准分	实际评分	权重	最终得分	备注
1	任务准备	场地准备	1		10%×2		
		车辆/总成/工件准备	1				
		设备/工具准备	1				
		材料准备	1				
		仪容仪表/精神面貌准备	1				
2	实施过程	防盗系统排除	1		30%×5		
		起动系统排除	1				
		控制系统排除	1				
		发动机机械排除	1				
		点火系统排除	1				
		燃油系统排除	1				
3	完成质量	测量数据准确	1		20%×10		
		排除故障	1				
4	完成时间	90min	1		10%×10		

（续）

序号	项目	操 作 内 容	标准分	实际评分	权重	最终得分	备注
5	安全操作	个人防护	1		20% ×5		
		设备安全	1				
		人员安全	1				
		场地安全	1				
6	5S 工作	场地清洁	1		10% ×5		
		设备工具材料归位 电源/气源关闭	1				
总分			—	—	100		

评价与反馈

1. 自我评价及反馈

（1）通过本任务的学习，对照本任务的学习目标，你认为你是否已经掌握了学习目标？

知识目标：（　　）

A. 掌握　　B. 部分掌握　　C. 未掌握

说明：____

____

技能目标：（　　）

A. 掌握　　B. 部分掌握　　C. 未掌握

说明：____

____

（2）你是否积极学习，不会的内容积极向别人请教，会的内容积极帮助他人学习？（　　）

A. 积极学习　　B. 积极请教

C. 积极帮助他人　　D. 三者均不积极

（3）工具、设备和零件有没有落地情况发生，是否保持作业现场的清洁？（　　）

A. 无落地且场地清洁　　B. 有落地

C. 保持作业场地清洁　　D. 未保持作业现场的清洁

（4）实施过程中是否注意操作质量和有责任心？（　　）

A. 注意质量，有责任心　　B. 不注意质量，有责任心

C. 注意质量，无责任心　　D. 全无

（5）操作过程中是否注意清除隐患，在有安全隐患时是否提示其他同学？（　　）

A. 注意，提示　　B. 不注意，未提示

学生签名：______　　____年____月____日

2. 教师评价及答复

参照成果展示的得分，评价学生本次任务成绩，请在相应的 □ 上打 √。

□ 不合格　□ 合格　□ 良好　□ 优秀

说明：

____

____

____

教师签名：______　　____年____月____日

任务工单2-7

发动机起动困难故障诊断

学生姓名		班级		学号	
实训场地		学时	2	日期	

制订计划

请根据任务要求，确定所需要的场地和物品，并对小组成员进行合理分工，制订详细的工作计划。

一、场地及物品准备

检查并记录完成任务需要的场地、设备、工具及材料。

1. 场地

检查工作场地是否清洁及是否存在安全隐患，如不正常，请向教师汇报并及时处理。

记录：____

2. 车辆、总成、工件

车辆：____

其他：____

3. 设备及工具

防护装备：____

设备及工具、诊断仪：____

4. 维修资料、手册、电路图

____

5. 材料

____

6. 安全要求及注意事项

请认真阅读以下内容：

1）实训汽车停在实训工位上，没有经过教师批准不准起动，经教师批准起动后，应首先检查车轮的安全顶块是否放好，驻车制动器是否拉好，变速杆是否放在 P 位（A/T）或 N 位（M/T），车前是否有人。

2）发动机运行时不能把手伸入，以防止造成意外事故。

3）没有经过教师批准不允许随意连接或拔下电控元器件。

4）点火开关接通时，不允许连接或拔下电控系统元器件的插接件。

5）蓄电池的极性不能接反，否则将烧毁 ECU 与电子元器件。

6）禁止使用起动电源辅助起动发动机，以防止损坏电控系统元件。

二、小组成员及分工

你所在小组的成员：________________________________

你所负责的工作：________________________________

三、操作流程

根据任务，小组进行讨论，确定工作计划（流程/工序），并记录。

1. 发动机冷车起动困难故障诊断

步骤 1：________________________________

步骤 2：________________________________

步骤 3：________________________________

步骤 4：________________________________

步骤 5：________________________________

步骤 6：________________________________

2. 发动机热车起动困难故障诊断

步骤 1：________________________________

步骤 2：________________________________

步骤 3：________________________________

步骤 4：________________________________

3. 发动机起动困难故障诊断

步骤 1：________________________________

步骤 2：________________________________

步骤 3：________________________________

步骤 4：________________________________

步骤 5：________________________________

步骤 6：________________________________

实施计划

根据制订的计划实施，完成以下任务并记录。

提示：根据实际情况选择项目。

1. 冷车起动困难故障排除

步骤	诊断内容	检测结果	结论	排除方法
1				
2				
3				
4				
5				
6				

故障诊断总结：________________

2. 卡罗拉轿车热车起动困难故障排除

步骤	诊断内容	检测结果	结论	排除方法
1				
2				
3				
4				

故障诊断总结：________________

3. 卡罗拉轿车起动困难故障排除

步骤	诊断内容	检测结果	结论	排除方法
1				
2				
3				
4				
5				
6				

故障诊断总结：________________

成果检查

根据任务完成情况，学生根据下表自我评分，教师或指定组长进行巡视/验收检查时，发现问题直接扣分，并在备注栏签名。

技能考核标准表

序号	项目	操作内容	标准分	实际评分	权重	最终得分	备注
1	任务准备	场地准备	1		10% ×2		
		车辆/总成/工件准备	1				
		设备/工具准备	1				
		材料准备	1				
		仪容仪表/精神面貌准备	1				
2	实施过程	基本检查	1		30% ×5		
		起动电路	1				
		点火检查	1				
		油路检查	1				
		电控检查	1				
		其他检查	1				
3	完成质量	测量数据准确	1		20% ×10		
		排除故障	1				
4	完成时间	90min	1		10% ×10		
5	安全操作	个人防护	1		20% ×5		
		设备安全	1				
		人员安全	1				
		场地安全	1				
6	5S 工作	场地清洁	1		10% ×5		
		设备工具材料归位 电源/气源关闭	1				
总分			—	—	100		

评价与反馈

1. 自我评价及反馈

(1) 通过本任务的学习，对照本任务的学习目标，你认为你是否已经掌握了学习目标？

知识目标：(　　)

A. 掌握　　　　B. 部分掌握　　　　C. 未掌握

说明：____

____

技能目标：(　　)

A. 掌握　　B. 部分掌握　　C. 未掌握

说明：____

____

(2) 你是否积极学习，不会的内容积极向别人请教，会的内容积极帮助他人学习？(　　)

A. 积极学习　　B. 积极请教

C. 积极帮助他人　　D. 三者均不积极

(3) 工具、设备和零件有没有落地情况发生，是否保持作业现场的清洁？(　　)

A. 无落地且场地清洁　　B. 有落地

C. 保持作业场地清洁　　D. 未保持作业现场的清洁

(4) 实施过程中是否注意操作质量和有责任心？(　　)

A. 注意质量，有责任心　　B. 不注意质量，有责任心

C. 注意质量，无责任心　　D. 全无

(5) 操作过程中是否注意清除隐患，在有安全隐患时是否提示其他同学？(　　)

A. 注意，提示　　B. 不注意，未提示

学生签名：______　　____年____月____日

2. 教师评价及答复

参照成果展示的得分，评价学生本次任务成绩，请在相应的 □ 上打 √。

□ 不合格　□ 合格　□ 良好　□ 优秀

说明：

____

____

____

____

教师签名：______　　____年____月____日

任务工单2-8

发动机怠速不良故障诊断

学生姓名		班级		学号	
实训场地		学时	2	日期	

制订计划

请根据任务要求，确定所需要的场地和物品，并对小组成员进行合理分工，制订详细的工作计划。

一、场地及物品准备

检查并记录完成任务需要的场地、设备、工具及材料。

1. 场地

检查工作场地是否清洁及是否存在安全隐患，如不正常，请向教师汇报并及时处理。

记录：________________

2. 车辆、总成、工件

车辆：________________

其他：________________

3. 设备及工具

防护装备：________________

设备及工具、诊断仪：________________

4. 维修资料、手册、电路图

____

5. 材料

____

6. 安全要求及注意事项

请认真阅读以下内容：

1）实训汽车停在实训工位上，没有经过教师批准不准起动，经教师批准起动后，应首先检查车轮的安全顶块是否放好，驻车制动器是否拉好，变速杆是否放在P位（A/T）或N位（M/T），车前是否有人。

2）发动机运行时不能把手伸入，以防止造成意外事故。

3）没有经过教师批准不允许随意连接或拔下电控元器件。

4）点火开关接通时，不允许连接或拔下电控系统元器件的插接件。

5）蓄电池的极性不能接反，否则将烧毁ECU与电子元器件。

6）禁止使用起动电源辅助起动发动机，以防止损坏电控系统元件。

二、小组成员及分工

你所在小组的成员：______

你所负责的工作：______

三、操作流程

根据任务，小组进行讨论，确定工作计划（流程/工序），并记录。

丰田卡罗拉轿车发动机怠速不良故障诊断步骤

步骤1：______

步骤2：______

步骤3：______

步骤4：______

步骤5：______

步骤6：______

步骤7：______

实施计划

卡罗拉轿车怠速不良故障诊断

根据制定的工作计划，按步骤实施操作流程，并记录结果。

步骤	诊断内容	检测结果	结论	排除方法
1				
2				
3				
4				
5				
6				
7				

故障诊断总结：____

____

成果检查

根据任务完成情况，学生根据下表自我评分，教师或指定组长进行巡视/验收检查时，发现问题直接扣分，并在备注栏签名。

技能考核标准表

序号	项目	操作内容	标准分	实际评分	权重	最终得分	备注
1	任务准备	场地准备	1		10%×2		
		车辆/总成/工件准备	1				
		设备/工具准备	1				
		材料准备	1				
		仪容仪表/精神面貌准备	1				
2	实施过程	怠速故障现象判断	1		30%×5		
		故障码数据流检查	1				
		进气系统检查	1				
		点火系统检查	1				
		燃油系统检查	1				
		机械系统检查	1				
3	完成质量	测量数据准确	1		20%×10		
		排除故障	1				
4	完成时间	90min	1		10%×10		
5	安全操作	个人防护	1		20%×5		
		设备安全	1				
		人员安全	1				
		场地安全	1				
6	5S 工作	场地清洁	1		10%×5		
		设备工具材料归位 电源/气源关闭	1				
总分			—	—	100		

评价与反馈

1. 自我评价及反馈

(1) 通过本任务的学习，对照本任务的学习目标，你认为你是否已经掌握了学习目标？

知识目标：(　　)

A. 掌握　　B. 部分掌握　　C. 未掌握

说明：______________________________

____

技能目标：(　　)

A. 掌握　　B. 部分掌握　　C. 未掌握

说明：______________________________

____

(2) 你是否积极学习，不会的内容积极向别人请教，会的内容积极帮助他人学习？(　　)

A. 积极学习　　B. 积极请教

C. 积极帮助他人　　D. 三者均不积极

(3) 工具、设备和零件有没有落地情况发生，是否保持作业现场的清洁？(　　)

A. 无落地且场地清洁　　B. 有落地

C. 保持作业场地清洁　　D. 未保持作业现场的清洁

(4) 实施过程中是否注意操作质量和有责任心？(　　)

A. 注意质量，有责任心　　B. 不注意质量，有责任心

C. 注意质量，无责任心　　D. 全无

(5) 操作过程中是否注意清除隐患，在有安全隐患时是否提示其他同学？(　　)

A. 注意，提示　　B. 不注意，未提示

学生签名：______　　____年____月____日

2. 教师评价及答复

参照成果展示的得分，评价学生本次任务成绩，请在相应的 □ 上打 √。

□ 不合格　□ 合格　□ 良好　□ 优秀

说明：

____

____

____

____

____

教师签名：______　　____年____月____日

任务工单2-9

发动机加速不良故障诊断

学生姓名		班级		学号	
实训场地		学时	2	日期	

制订计划

请根据任务要求，确定所需要的场地和物品，并对小组成员进行合理分工，制订详细的工作计划。

一、场地及物品准备

检查并记录完成任务需要的场地、设备、工具及材料。

1. 场地

检查工作场地是否清洁及是否存在安全隐患，如不正常，请向教师汇报并及时处理。

记录：____________________

2. 车辆、总成、工件

车辆：____________________

其他：____________________

3. 设备及工具

防护装备：____________________

设备及工具、诊断仪：____________________

4. 维修资料、手册、电路图

____

5. 材料

____

6. 安全要求及注意事项

请认真阅读以下内容：

1）实训汽车停在实训工位上，没有经过教师批准不准起动，经教师批准起动后，应首先检查车轮的安全顶块是否放好，驻车制动器是否拉好，变速杆是否放在 P 位（A/T）或 N 位（M/T），车前是否有人。

2）发动机运行时不能把手伸入，以防止造成意外事故。

3）没有经过教师批准不允许随意连接或拔下电控元器件。

4）点火开关接通时，不允许连接或拔下电控系统元器件的插接件。

5）蓄电池的极性不能接反，否则将烧毁 ECU 与电子元器件。

6）禁止使用起动电源辅助起动发动机，以防止损坏电控系统元件。

二、小组成员及分工

你所在小组的成员：________________________________

你所负责的工作：________________________________

三、操作流程

根据任务，小组进行讨论，确定工作计划（流程/工序），并记录。

丰田卡罗拉加速不良故障诊断：

步骤 1：________________________________

步骤 2：________________________________

步骤 3：________________________________

步骤 4：________________________________

步骤 5：________________________________

步骤 6：________________________________

步骤 7：________________________________

实施计划

卡罗拉轿车加速不良故障排除

根据制订的工作计划，按步骤实施操作流程，并记录结果。

步骤	诊断内容	检测结果	结论	排除方法
1				
2				
3				
4				
5				
6				
7				

故障诊断总结：____

____

成果检查

根据任务完成情况，学生根据下表自我评分，教师或指定组长进行巡视/验收检查时，发现问题直接扣分，并在备注栏签名。

技能考核标准表

序号	项目	操作内容	标准分	实际评分	权重	最终得分	备注
1	任务准备	场地准备	1		10%×2		
		车辆/总成/工件准备	1				
		设备/工具准备	1				
		材料准备	1				
		仪容仪表/精神面貌准备	1				
2	实施过程	确认发动机故障	1		30%×5		
		故障码数据流检查	1				
		进气系统检查	1				
		点火系统检查	1				
		燃油系统检查	1				
		机械系统检查	1				
3	完成质量	测量数据准确	1		20%×10		
		排除故障	1				
4	完成时间	90min	1		10%×10		
5	安全操作	个人防护	1		20%×5		
		设备安全	1				
		人员安全	1				
		场地安全	1				
6	5S 工作	场地清洁	1		10%×5		
		设备工具材料归位 电源/气源关闭	1				
总分			—	—	100		

评价与反馈

1. 自我评价及反馈

（1）通过本任务的学习，对照本任务的学习目标，你认为你是否已经掌握了学习目标？

知识目标：（　　）

A. 掌握　　B. 部分掌握　　C. 未掌握

说明：____

____

技能目标：（　　）

A. 掌握　　B. 部分掌握　　C. 未掌握

说明：____

____

（2）你是否积极学习，不会的内容积极向别人请教，会的内容积极帮助他人学习？（　　）

A. 积极学习　　B. 积极请教

C. 积极帮助他人　　D. 三者均不积极

（3）工具、设备和零件有没有落地情况发生，是否保持作业现场的清洁？（　　）

A. 无落地且场地清洁　　B. 有落地

C. 保持作业场地清洁　　D. 未保持作业现场的清洁

（4）实施过程中是否注意操作质量和有责任心？（　　）

A. 注意质量，有责任心　　B. 不注意质量，有责任心

C. 注意质量，无责任心　　D. 全无

（5）操作过程中是否注意清除隐患，在有安全隐患时是否提示其他同学？（　　）

A. 注意，提示　　B. 不注意，未提示

学生签名：______　　____年____月____日

2. 教师评价及答复

参照成果展示的得分，评价学生本次任务成绩，请在相应的 □ 上打 √。

□ 不合格　□ 合格　□ 良好　□ 优秀

说明：

____

____

____

____

____

教师签名：______　　____年____月____日

任务工单3-1

离合器打滑与分离不彻底故障诊断

学生姓名		班级		学号	
实训场地		学时	2	日期	

制订计划

请根据任务要求，确定所需要的场地和物品，并对小组成员进行合理分工，制订详细的工作计划。

一、场地及物品准备

检查并记录完成任务需要的场地、设备、工具及材料。

1. 场地

检查工作场地是否清洁及是否存在安全隐患，如不正常，请向教师汇报并及时处理。

记录：____

2. 车辆、总成、工件

车辆：____

其他：____

3. 设备及工具

防护装备：____________________________________

设备及工具：__________________________________

4. 材料

____

5. 安全要求及注意事项

请认真阅读以下内容：

1）实训汽车停在实训工位上，没有经过教师批准不准起动，经教师批准起动后，应首先检查车轮的安全顶块是否放好，驻车制动器是否拉好，变速杆是否放在P位（A/T）或N位（M/T），车前是否没有人。

2）安全举升车辆。

3）实训期间防止嬉戏打闹。

4）防止离合器油液洒落在人员及工位上。

5）必须在指导教师的指导下操作。

二、小组成员及分工

你所在小组的成员：______________________________

你所负责的工作：______________________________

三、操作流程

根据任务，小组进行讨论，确定工作计划（流程/工序），并记录。

1. 离合器系统就车检查的步骤

步骤1：______________________________

步骤2：______________________________

步骤3：______________________________

步骤4：______________________________

步骤5：______________________________

2. 离合器总成检查的步骤

步骤1：______________________________

步骤2：______________________________

步骤3：______________________________

步骤4：______________________________

步骤5：______________________________

步骤6：______________________________

实施计划

根据制订的计划实施，完成以下任务并记录。

1. 离合器系统就车检查

1）离合器踏板附近有无障碍物：______________________________

2）离合器踏板的高度是否在规定范围内。

离合器踏板高度的测量结果：__________，与标准值__________________比较（正常/不正常），处理意见：____________________

3）离合器液压管路检查结果：____________________

4）离合器主缸和分离缸检查结果：____________________

5）离合器管路是否存在气体，如有是否排出：____________________

2. 离合器总成检查

1）离合器片外观检查结果：____________________

2）离合器片的铆钉深度是否在规定范围内。

离合器片铆钉深度的测量值：__________，与标准值__________________比较（正常/不正常），处理意见：____________________

3）离合器压盘的轴向圆跳动是否在规定范围内。

离合器压盘轴向圆跳动的测量值：__________，与标准值__________________比较（正常/不正常），处理意见：____________________

4）离合器膜片弹簧磨损深度是否在规定范围内。

膜片弹簧磨损深度的测量值：__________，与标准值__________________比较（正常/不正常），处理意见：____________________

5）离合器膜片弹簧磨损宽度是否在规定范围内。

膜片弹簧磨损宽度的测量值：__________，与标准值__________________比较（正常/不正常），处理意见：____________________

6）飞轮的轴向圆跳动是否在规定范围内。

飞轮轴向圆跳动的测量值：__________，与标准值__________________比较（正常/不正常），处理意见：____________________

7）离合器分离轴承是否正常：____________________

成果检查

根据任务完成情况，学生根据下表自我评分，教师或指定组长进行巡视/验收检查时，发现问题直接扣分，并在备注栏签名。

技能考核标准表

序号	项目	操 作 内 容	标准分	实际评分	权重	最终得分	备注
1	任务准备	场地准备	1		10%×2		
		车辆/总成/工件准备	1				
		设备/工具准备	1				
		材料准备	1				
		仪容仪表/精神面貌准备	1				
2	实施过程	就车检查	3		30%×5		
		总成检查	3				

（续）

序号	项目	操作内容	标准分	实际评分	权重	最终得分	备注
3	完成质量	测量数据正确性	1		20%×10		
		排除故障或维修方案	1				
4	完成时间	90min	1		10%×10		
5	安全操作	个人防护	1		20%×5		
		设备安全	1				
		人员安全	1				
		场地安全	1				
6	5S操作	场地清洁	1		10%×5		
		设备工具材料归位 电源/气源关闭	1				
总分			—	—	100		

评价与反馈

1. 自我评价及反馈

（1）通过本任务的学习，对照本任务的学习目标，你认为你是否已经掌握了学习目标？

知识目标：(　　)

A. 掌握　　B. 部分掌握　　C. 未掌握

说明：________________________________

____

技能目标：(　　)

A. 掌握　　B. 部分掌握　　C. 未掌握

说明：________________________________

____

（2）你是否积极学习，不会的内容积极向别人请教，会的内容积极帮助他人学习？(　　)

A. 积极学习　　B. 积极请教

C. 积极帮助他人　　D. 三者均不积极

（3）工具、设备和零件有没有落地情况发生，是否保持作业现场的清洁？(　　)

A. 无落地且场地清洁　　B. 有落地

C. 保持作业场地清洁　　D. 未保持作业现场的清洁

（4）实施过程中是否注意操作质量和有责任心？(　　)

A. 注意质量，有责任心　　B. 不注意质量，有责任心

C. 注意质量，无责任心　　D. 全无

（5）操作过程中是否注意清除隐患，在有安全隐患时是否提示其他同学？(　　)

A. 注意，提示　　　　　　　　　　B. 不注意，未提示

学生签名：______　　____年____月____日

2. 教师评价及答复

参照成果展示的得分，评价学生本次任务成绩，请在相应的 □ 上打 √。

□ 不合格　□ 合格　□ 良好　□ 优秀

说明：

____

____

____

____

____

教师签名：______　　____年____月____日

任务工单3-2

手动变速器无法挂挡故障诊断

学生姓名		班级		学号	
实训场地		学时	2	日期	

制订计划

请根据任务要求，确定所需要的场地和物品，并对小组成员进行合理分工，制订详细的工作计划。

一、场地及物品准备

检查并记录完成任务需要的场地、设备、工具及材料。

1. 场地

检查工作场地是否清洁及是否存在安全隐患，如不正常，请向教师汇报并及时处理。

记录：______________________________

2. 车辆、总成、工件

车辆：______________________________

其他：______________________________

3. 设备及工具

防护装备：______________________________

设备及工具：______________________________

4. 材料

____

5. 安全要求及注意事项

请认真阅读以下内容：

1）实训汽车停在实训工位上，没有经过教师批准不准起动，经教师批准起动后，应首先检查车轮的安全顶块是否放好，驻车制动器是否拉好，变速杆是否放在 P 位（A/T）或 N 位（M/T），车前是否没有人。

2）安全举升车辆。

3）实训期间防止嬉戏打闹。

4）防止离合器油液撒落在人员及工位上。

5）必须在指导教师的指导下操作。

6）起动检查时，需在指导教师的监督下进行。

二、小组成员及分工

你所在小组的成员：______________________________

你所负责的工作：______________________________

三、操作流程

根据任务，小组进行讨论，确定工作计划（流程/工序），并记录。

变速器无法挂挡的诊断步骤

（1）就车检查

步骤 1：______________________________

步骤 2：______________________________

步骤 3：______________________________

步骤 4：______________________________

步骤 5：______________________________

（2）分解检查

步骤 1：______________________________

步骤 2：______________________________

步骤 3：______________________________

步骤 4：______________________________

实施计划

根据制订的计划实施，完成以下任务并记录。

提示： 本操作复杂，教师可根据实际条件选择项目实施。

1. 就车检查变速器

（1）起动发动机后检查离合器分离情况？

离合器是/否分离彻底：________，处理办法：________________________________。

（2）检查变速器油

变速器是/否漏油：________，处理办法：________________________________，

变速器油质是/否正常：________，处理办法：________________________________，

变速器油液位是/否正常：________，处理办法：________________________________。

（3）检查变速器控制拉索

检查结果：________，处理办法：________________________________。

（4）检查变速器变速杆总成

检查结果：________，处理办法：________________________________。

（5）检查变速器换挡的自锁

检查结果：________，处理办法：________________________________。

2. 分解检查变速器（根据条件选做）

（1）变速器同步器的检查

外观检查结果：________，处理办法：________________________________。

转动检查结果：________，处理办法：________________________________。

同步器锁环与花键端部间隙测量值：________，规定值：________________________，

处理办法：____。

（2）变速器齿轮的检查

外观检查结果：________，处理办法：________________________________。

齿轮轴向间隙测量值：________，规定值：________________________________，

处理办法：____。

齿轮径向间隙测量值：________，规定值：________________________________，

处理办法：____。

（3）变速器接合套的检查

滑动及磨损检查结果：________，处理办法：________________________________。

接合套凹槽的宽度：______，对应拨叉卡爪部分的厚度：________________________，

间隙计算值：________________，规定值：________________________________，

处理办法：____。

成果检查

根据任务完成情况，学生根据下表自我评分，教师或指定组长进行巡视/验收检查时，发现问题直接扣分，并在备注栏签名。

技能考核标准表

序号	项目	操作内容	标准分	实际评分	权重	最终得分	备注
1	任务准备	场地准备	1		10% ×2		
		车辆/总成/工件准备	1				
		设备/工具准备	1				
		材料准备	1				
		仪容仪表/精神面貌准备	1				
2	实施过程	试车	1		30% ×5		
		离合器的检查	1				
		变速器油的检查	1				
		变速器操纵机构的检查	1				
		变速器传动机构的检查	2				
3	完成质量	测量数据正确性	1		20% ×10		
		排除故障	1				
4	完成时间	90min	1		10% ×10		
5	安全操作	个人防护	1		20% ×5		
		设备安全	1				
		人员安全	1				
		场地安全	1				
6	5S 操作	场地清洁	1		10% ×5		
		设备工具材料归位 电源/气源关闭	1				
总分			—	—	100		

评价与反馈

1. 自我评价及反馈

(1) 通过本任务的学习，对照本任务的学习目标，你认为你是否已经掌握了学习目标？

知识目标：(　　)

A. 掌握　　B. 部分掌握　　C. 未掌握

说明：____

____

技能目标：(　　)

A. 掌握　　B. 部分掌握　　C. 未掌握

说明：____

____

(2) 你是否积极学习，不会的内容积极向别人请教，会的内容积极帮助他人学习？(　　)

A. 积极学习　　B. 积极请教

C. 积极帮助他人　　D. 三者均不积极

(3) 工具、设备和零件有没有落地情况发生，是否保持作业现场的清洁？(　　)

A. 无落地且场地清洁　　B. 有落地

C. 保持作业场地清洁　　D. 未保持作业现场的清洁

(4) 实施过程中是否注意操作质量和有责任心？(　　)

A. 注意质量，有责任心　　B. 不注意质量，有责任心

C. 注意质量，无责任心　　D. 全无

(5) 操作过程中是否注意清除隐患，在有安全隐患时是否提示其他同学？(　　)

A. 注意，提示　　B. 不注意，未提示

学生签名：______　　____年____月____日

2. 教师评价及答复

参照成果展示的得分，评价学生本次任务成绩，请在相应的 □ 上打 √。

□ 不合格　□ 合格　□ 良好　□ 优秀

说明：

____

____

____

____

____

____

教师签名：______　　____年____月____日

任务工单3-3

自动变速器失速试验

学生姓名		班级		学号	
实训场地		学时	2	日期	

制订计划

请根据任务要求，确定所需要的场地和物品，并对小组成员进行合理分工，制订详细的工作计划。

一、场地及物品准备

检查并记录完成任务需要的场地、设备、工具及材料。

1. 场地

检查工作场地是否清洁及是否存在安全隐患，如不正常，请向教师汇报并及时处理。

记录：______________________________

2. 车辆、总成、工件

车辆：______________________________

其他：______________________________

3. 设备及工具

防护装备：______________________________

设备及工具：______________________________

4. 材料

____

5. 安全要求及注意事项

请认真阅读以下内容：

1）实训汽车停在实训工位上，没有经过教师批准不准起动，经教师批准起动后，应首先检查车轮的安全顶块是否放好，驻车制动器是否拉好，变速杆是否放在 P 位（A/T）或 N 位（M/T），车前是否没有人。

2）安全举升车辆。

3）实训期间防止嬉戏打闹。

4）必须在指导教师的指导下操作。

5）起动检查时，需在指导教师的监督下进行。

二、小组成员及分工

你所在小组的成员：______

你所负责的工作：______

三、操作流程

根据任务，小组进行讨论，确定工作计划（流程/工序），并记录。

1. 明确失速试验的目的

1）______

2）______

3）______

2. 明确失速试验的条件

1）______

2）______

3）______

4）______

3. 失速试验的步骤

步骤 1 ______

步骤 2 ______

步骤 3 ______

步骤 4 ______

4. 失速试验的结果分析

1）______

2）______

3）______

4）______

实施计划

根据制订的计划实施，完成以下任务并记录。

1. 确认车辆满足失速试验的条件

操作中问题记录：

____

____

____

2. 对实训车辆进行失速试验

操作中问题及数据记录：

____

____

____

3. 失速试验结果分析

____

____

____

成果展示

根据任务完成情况，学生根据下表自我评分，教师或指定组长进行巡视/验收检查时，发现问题直接扣分，并在备注栏签名。

技能考核标准表

序号	项目	操作内容	标准分	实际评分	权重	最终得分	备注
1	任务准备	场地准备	1		10% ×2		
		车辆/总成/工件准备	1				
		设备/工具准备	1				
		材料准备	1				
		仪容仪表/精神面貌准备	1				
2	实施过程	满足试验条件	2		30% ×5		
		操作正确	2				
		结果分析正确	2				
3	完成质量	测量数据正确性	1		20% ×10		
		问题回答正确	1				
4	完成时间	90min	1		10% ×10		

（续）

序号	项目	操作内容	标准分	实际评分	权重	最终得分	备注
5	安全操作	个人防护	1		20% ×5		
		设备安全	1				
		人员安全	1				
		场地安全	1				
6	5S 操作	场地清洁	1		10% ×5		
		设备工具材料归位 电源/气源关闭	1				
总分			—	—	100		

课堂总结

1. 自我评价及反馈

（1）通过本任务的学习，对照本任务的学习目标，你认为你是否已经掌握了学习目标？

知识目标：（　　）

A. 掌握　　B. 部分掌握　　C. 未掌握

说明：____

____

技能目标：（　　）

A. 掌握　　B. 部分掌握　　C. 未掌握

说明：____

____

（2）你是否积极学习，不会的内容积极向别人请教，会的内容积极帮助他人学习？（　　）

A. 积极学习　　B. 积极请教

C. 积极帮助他人　　D. 三者均不积极

（3）工具、设备和零件有没有落地情况发生，是否保持作业现场的清洁？（　　）

A. 无落地且场地清洁　　B. 有落地

C. 保持作业场地清洁　　D. 未保持作业现场的清洁

（4）实施过程中是否注意操作质量和有责任心？（　　）

A. 注意质量，有责任心　　B. 不注意质量，有责任心

C. 注意质量，无责任心　　D. 全无

（5）操作过程中是否注意清除隐患，在有安全隐患时是否提示其他同学？（　　）

A. 注意，提示　　B. 不注意，未提示

学生签名：______　　____年____月____日

2. 教师评价及答复

参照成果展示的得分，评价学生本次任务成绩，请在相应的 □ 上打 √。

□ 不合格　□ 合格　□ 良好　□ 优秀

说明：

____

____

____

____

教师签名：______　　____年____月____日

任务工单3-4

转向沉重故障诊断

学生姓名		班级		学号	
实训场地		学时	2	日期	

制订计划

请根据任务要求，确定所需要的场地和物品，并对小组成员进行合理分工，制订详细的工作计划。

一、场地及物品准备

检查并记录完成任务需要的场地、设备、工具及材料。

1. 场地

检查工作场地是否清洁及是否存在安全隐患，如不正常，请向教师汇报并及时处理。

记录：____

2. 车辆、总成、工件

车辆：____

其他：____

3. 设备及工具

防护装备：____

设备及工具：____

4. 材料

____

5. 安全要求及注意事项

请认真阅读以下内容：

1）实训汽车停在实训工位上，没有经过教师批准不准起动，经教师批准起动后，应首先检查车轮的安全顶块是否放好，驻车制动器是否拉好，变速杆是否放在 P 位（A/T）或 N 位（M/T），车前是否没有人。

2）使用台虎钳时不要夹得过紧。

二、小组成员及分工

你所在小组的成员：______

你所负责的工作：______

三、操作流程

根据任务，小组进行讨论，确定工作计划（流程/工序），并记录。

转向沉重故障诊断步骤：

步骤 1：______

步骤 2：______

步骤 3：______

实施计划

根据制订的计划实施，完成以下任务并记录。

提示： 教师根据需要提前设置故障。

1）依据学生手册，列举转向沉重可能的故障原因，并填表。

故障现象	可能的故障原因	检查或纠正
转向沉重		

2）转向沉重检查。

记录：______

______

成果检查

根据任务完成情况，学生根据下表自我评分，教师或指定组长进行巡视/验收检查时，发现问题直接扣分，并在备注栏签名。

技能考核标准表

序号	项目	操 作 内 容	标准分	实际评分	权重	最终得分	备注
1	任务准备	场地准备	1		10% ×2		
		车辆/总成/工件准备	1				
		设备/工具准备	1				
		材料准备	1				
		仪容仪表/精神面貌准备	1				
2	实施过程	助力转向系统的检查	3		30% ×5		
		机械转向系统的检查	3				
3	完成质量	检查结果准确	1		20% ×10		
		回答问题正确	1				
4	完成时间	90min	1		10% ×10		
5	安全操作	个人防护	1		20% ×5		
		设备安全	1				
		人员安全	1				
		场地安全	1				
6	5S 工作	场地清洁	1		10% ×5		
		设备工具材料归位 电源/气源关闭	1				
总分			—	—	100		

评价与反馈

1. 自我评价及反馈

(1) 通过本任务的学习，对照本任务的学习目标，你认为你是否已经掌握了学习目标？

知识目标：(　　)

A. 掌握　　　B. 部分掌握　　　C. 未掌握

说明：____

____

技能目标：(　　)

A. 掌握　　　B. 部分掌握　　　C. 未掌握

说明：____

____

(2) 你是否积极学习，不会的内容积极向别人请教，会的内容积极帮助他人学习？(　　)

A. 积极学习　　　　B. 积极请教

C. 积极帮助他人　　　　D. 三者均不积极

(3) 工具、设备和零件有没有落地情况发生，是否保持作业现场的清洁？(　　)

A. 无落地且场地清洁　　　　B. 有落地

C. 保持作业场地清洁　　　　D. 未保持作业现场的清洁

(4) 实施过程中是否注意操作质量和有责任心？(　　)

A. 注意质量，有责任心　　　　B. 不注意质量，有责任心

C. 注意质量，无责任心　　　　D. 全无

(5) 操作过程中是否注意清除隐患，在有安全隐患时是否提示其他同学？(　　)

A. 注意，提示　　　　B. 不注意，未提示

学生签名：______　　____年____月____日

2. 教师评价及答复

参照成果展示的得分，评价学生本次任务成绩，请在相应的 □ 上打 √。

□ 不合格　□ 合格　□ 良好　□ 优秀

说明：

____

____

____

____

教师签名：______　　____年____月____日

任务工单3-5

制动力不足与跑偏故障诊断

学生姓名		班级		学号	
实训场地		学时	2	日期	

制订计划

请根据任务要求，确定所需要的场地和物品，并对小组成员进行合理分工，制订详细的工作计划。

一、场地及物品准备

检查并记录完成任务需要的场地、设备、工具及材料。

1. 场地

检查工作场地是否清洁及是否存在安全隐患，如不正常，请向教师汇报并及时处理。

记录：________________________________

2. 车辆、总成、工件

车辆：________________________________

其他：________________________________

3. 设备及工具

防护装备：________________________________

设备及工具：________________________________

4. 材料

____

5. 安全要求及注意事项

请认真阅读以下内容：

1）实训汽车停在实训工位上，没有经过教师批准不准起动，经教师批准起动后，应首先检查车轮的安全顶块是否放好，驻车制动器是否拉好，变速杆是否放在 P 位（A/T）或 N 位（M/T），车前是否没有人。

2）确保储液罐中有足够的制动液。

3）用抹布或布条盖在涂漆表面上，以防止制动液粘附。

二、小组成员及分工

你所在小组的成员：________________

你所负责的工作：________________

三、操作流程

根据任务，小组进行讨论，确定工作计划（流程/工序），并记录。

1. 制动力不足故障诊断步骤

步骤 1：________________

步骤 2：________________

步骤 3：________________

步骤 4：________________

步骤 5：________________

步骤 6：________________

步骤 7：________________

2. 制动跑偏故障诊断步骤

步骤 1：________________

步骤 2：________________

步骤 3：________________

步骤 4：________________

步骤 5：________________

步骤 6：________________

步骤 7：________________

实施计划

根据制订的计划实施，完成以下任务并记录。

提示：教师根据需要提前设置故障。

1. 制动力不足故障诊断

（1）依据学生手册检查和制液液位并记录

制动液液位是否正常：________________

（2）制动衬块的检查

检查项目	结果记录	采取措施
制动衬块厚度		
制动衬块磨损		
制动衬块支承板		

（3）制动盘的检查

检查项目	结果记录	采取措施
制动盘厚度		
制动盘轴向圆跳动		
制动盘磨损		

（4）真空助力器的检查

1）气密性检查。

① 起动发动机并在 1 ~ 2min 后将其关闭，慢慢踩下制动踏板数次。

② 发动机运转时踩下制动踏板，并在踩下制动踏板时停止发动机。

③ 记录踩踏制动踏板的次数及踏板状态。

踩踏次数	踏板转态	气密性检查结果

2）操作检查。

① 点火开关置于 OFF 位置时踩下制动踏板数次，检查并确认拆下踏板行程余量没有改变。

② 踩住踏板并起动发动机。

③ 记录踏板状态。

踩住时间	踏板转态	操作检查结果

（5）故障排除或维修建议

1）根据以上检测结果，如果有问题，则查找故障原因，并在教师指导下排除故障。

2）如果根据条件无法排除故障，则提出相应维修措施。

2. 制动跑偏故障诊断

（1）检查和制动系统无关的制动跑偏原因

检查结果：______________________________

（2）排除 ABS 系统的原因

（3）检查制动器

1）制动衬块的检查。

检查项目	结果记录	采取措施
制动衬块厚度		
制动衬块磨损		
制动衬块支承板		

2）制动分泵的检查。

检查项目	结果记录	采取措施
盘式制动器活塞		
盘式制动器活塞防尘罩		
盘式制动器制动缸滑套		
盘式制动器制动缸滑销		

3）制动盘的检查。

检查项目	结果记录	采取措施
制动盘厚度		
制动盘轴向圆跳动		
制动盘磨损		

成果检查

根据任务完成情况，学生根据下表自我评分，教师或指定组长进行巡视/验收检查时，发现问题直接扣分，并在备注栏签名。

技能考核标准表

序号	项目	操作内容	标准分	实际评分	权重	最终得分	备注
1	任务准备	场地准备	1		10% ×2		
		车辆/总成/工件准备	1				
		设备/工具准备	1				
		材料准备	1				
		仪容仪表/精神面貌准备	1				

（续）

序号	项目	操作内容	标准分	实际评分	权重	最终得分	备注
2	实施过程	制动力不足诊断	3		30%×5		
		制动跑偏诊断	3				
3	完成质量	测量数据准确	1		20%×10		
		排除故障或维修建议	1				
4	完成时间	90min	1		10%×10		
5	安全操作	个人防护	1		20%×5		
		设备安全	1				
		人员安全	1				
		场地安全	1				
6	5S工作	场地清洁	1		10%×5		
		设备工具材料归位 电源/气源关闭	1				
总分			—	—	100		

评价与反馈

1. 自我评价及反馈

（1）通过本任务的学习，对照本任务的学习目标，你认为你是否已经掌握了学习目标？

知识目标：（　　）

A. 掌握　　B. 部分掌握　　C. 未掌握

说明：____

____

技能目标：（　　）

A. 掌握　　B. 部分掌握　　C. 未掌握

说明：____

____

（2）你是否积极学习，不会的内容积极向别人请教，会的内容积极帮助他人学习？（　　）

A. 积极学习　　B. 积极请教

C. 积极帮助他人　　D. 三者均不积极

（3）工具、设备和零件有没有落地情况发生，是否保持作业现场的清洁？（　　）

A. 无落地且场地清洁　　B. 有落地

C. 保持作业场地清洁　　D. 未保持作业现场的清洁

（4）实施过程中是否注意操作质量和有责任心？（　　）

A. 注意质量，有责任心　　B. 不注意质量，有责任心

C. 注意质量，无责任心　　D. 全无

（5）操作过程中是否注意清除隐患，在有安全隐患时是否提示其他同学？（　　）

A. 注意，提示　　B. 不注意，未提示

学生签名：______　　____年____月____日

2. 教师评价及答复

参照成果展示的得分，评价学生本次任务成绩，请在相应的 □ 上打 √。

□ 不合格　□ 合格　□ 良好　□ 优秀

说明：

____

____

____

____

____

____

教师签名：______　　____年____月____日

任务工单4-1

前照灯不亮故障诊断

学生姓名		班级		学号	
实训场地		学时	2	日期	

制订计划

请根据任务要求，确定所需要的场地和物品，并对小组成员进行合理分工，制订详细的工作计划。

一、场地及物品准备

检查并记录完成任务需要的场地、设备、工具及材料。

1. 场地

检查工作场地是否清洁及是否存在安全隐患，如不正常，请向教师汇报并及时处理。

记录：______________________________

2. 车辆、总成、工件

车辆：______________________________

其他：______________________________

3. 设备及工具

防护装备：______________________________

设备及工具：______________________________

4. 材料

____

5. 安全要求及注意事项

请认真阅读以下内容：

1）实训汽车停在实训工位上，没有经过教师批准不准起动，经教师批准起动后，应首先检查车轮的安全顶块是否放好，驻车制动器是否拉好，变速杆是否放在 P 位（A/T）或 N 位（M/T），车前是否没有人。

2）发动机运行检测时需要在指导教师的监督下操作，以防止造成意外事故。

3）没有经过教师批准不允许随意连接或拔下电控元器件。

4）点火开关接通时，不允许连接或拔下电控系统元器件的插接件。

5）蓄电池的极性不能接反，否则将烧毁 ECU 与电子元器件。

二、小组成员及分工

你所在小组的成员：________________________________

你所负责的工作：________________________________

三、操作流程

根据任务，小组进行讨论，确定工作计划（流程/工序），并记录。

前照灯不亮故障的诊断步骤：

步骤 1：________________________________

步骤 2：________________________________

步骤 3：________________________________

步骤 4：________________________________

步骤 5：________________________________

步骤 6：________________________________

步骤 7：________________________________

步骤 8：________________________________

步骤 9：________________________________

步骤 10：________________________________

实施计划

根据制订的计划实施，完成以下任务并记录。

检查项目	检查名称部件	测量数据	维修方案
保险丝检查			
继电器检查			
灯泡检查			
线路检查			

成果检查

根据任务完成情况，学生根据下表自我评分，教师或指定组长进行巡视/验收检查时，发现问题直接扣分，并在备注栏签名。

技能考核标准表

序号	项目	操作内容	标准分	实际评分	权重	最终得分	备注
1	任务准备	场地准备	1		10%×2		
		车辆/总成/工件准备	1				
		设备/工具准备	1				
		材料准备	1				
		仪容仪表/精神面貌准备	1				
2	实施过程	熔丝检查	2		30%×5		
		灯泡检查	2				
		线路检查	2				
3	完成质量	万用表的正确使用	1		20%×10		
		故障排除	1				
4	完成时间	90min	1		10%×10		
5	安全操作	个人防护	1		20%×5		
		设备安全	1				
		人员安全	1				
		场地安全	1				
6	5S操作	场地清洁	1		10%×5		
		设备工具材料归位 电源/气源关闭	1				
总分			—	—	100		

评价与反馈

1. 自我评价及反馈

（1）通过本任务的学习，对照本任务的学习目标，你认为你是否已经掌握了学习目标？

知识目标：（　　）

A. 掌握　　B. 部分掌握　　C. 未掌握

说明：________________________________

____

技能目标：（　　）

A. 掌握　　B. 部分掌握　　C. 未掌握

说明：____________________

____

(2) 你是否积极学习，不会的内容积极向别人请教，会的内容积极帮助他人学习？(　　)

A. 积极学习　　B. 积极请教

C. 积极帮助他人　　D. 三者均不积极

(3) 工具、设备和零件有没有落地情况发生，是否保持作业现场的清洁？(　　)

A. 无落地且场地清洁　　B. 有落地

C. 保持作业场地清洁　　D. 未保持作业现场的清洁

(4) 实施过程中是否注意操作质量和有责任心？(　　)

A. 注意质量，有责任心　　B. 不注意质量，有责任心

C. 注意质量，无责任心　　D. 全无

(5) 操作过程中是否注意清除隐患，在有安全隐患时是否提示其他同学？(　　)

A. 注意，提示　　B. 不注意，未提示

学生签名：______　　____年____月____日

2. 教师评价及答复

参照成果展示的得分，评价学生本次任务成绩，请在相应的 □ 上打 √。

□ 不合格　□ 合格　□ 良好　□ 优秀

说明：

____

____

____

____

教师签名：______　　____年____月____日

任务工单4-2

电喇叭不响故障诊断

学生姓名		班级		学号	
实训场地		学时	2	日期	

制订计划

请根据任务要求，确定所需要的场地和物品，并对小组成员进行合理分工，制订详细的工作计划。

一、场地及物品准备

检查并记录完成任务需要的场地、设备、工具及材料。

1. 场地

检查工作场地是否清洁及是否存在安全隐患，如不正常，请向教师汇报并及时处理。

记录：____

2. 车辆、总成、工件

车辆：____

其他：____

3. 设备及工具

防护装备：____

设备及工具：____

4. 材料

____

5. 安全要求及注意事项

请认真阅读以下内容：

1）实训汽车停在实训工位上，没有经过教师批准不准起动，经教师批准起动后，应首先检查车轮的安全顶块是否放好，驻车制动器是否拉好，变速杆是否放在 P 位（A/T）或 N 位（M/T），车前是否没有人。

2）发动机运行中检测时，需要在指导教师的监督下操作，以防止造成意外事故。

3）没有经过教师批准不允许随意连接或拔下电控元器件。

4）点火开关接通时，不允许连接或拔下电控系统元器件的插接件。

5）蓄电池的极性不能接反，否则将烧毁 ECU 与电子元器件。

二、小组成员及分工

你所在小组的成员：______________________________

你所负责的工作：______________________________

三、操作流程

根据任务，小组进行讨论，确定工作计划（流程/工序），并记录。

1. 记录试车后的故障现象

____

____

____

2. 低音喇叭不响的诊断步骤

步骤 1：______________________________

步骤 2：______________________________

步骤 3：______________________________

步骤 4：______________________________

步骤 5：______________________________

步骤 6：______________________________

步骤 7：______________________________

步骤 8：______________________________

步骤 9：______________________________

步骤 10：______________________________

实施计划

根据制订的计划实施，完成以下任务并记录。

检查项目	测量数据	维修方案
喇叭的检查		
喇叭线路的检查		

成果检查

根据任务完成情况，学生根据下表自我评分，教师或指定组长进行巡视/验收检查时，发现问题直接扣分，并在备注栏签名。

技能考核标准表

序号	项目	操作内容	标准分	实际评分	权重	最终得分	备注
1	任务准备	场地准备	1		10%×2		
		车辆/总成/工件准备	1				
		设备/工具准备	1				
		材料准备	1				
		仪容仪表/精神面貌准备	1				
2	实施过程	低音喇叭检查	3		30%×5		
		喇叭线路检查	3				
3	完成质量	万用表的正确使用	1		20%×10		
		故障排除	1				
4	完成时间	90min	1		10%×10		
5	安全操作	个人防护	1		20%×5		
		设备安全	1				
		人员安全	1				
		场地安全	1				
6	5S操作	场地清洁	1		10%×5		
		设备工具材料归位 电源/气源关闭	1				
总分			—	—	100		

评价与反馈

1. 自我评价及反馈

(1) 通过本任务的学习，对照本任务的学习目标，你认为你是否已经掌握了学习目标？

知识目标：(　　)

A. 掌握　　B. 部分掌握　　C. 未掌握

说明：____

____

技能目标：（　　）

A. 掌握　　B. 部分掌握　　C. 未掌握

说明：____

____

（2）你是否积极学习，不会的内容积极向别人请教，会的内容积极帮助他人学习？（　　）

A. 积极学习　　B. 积极请教

C. 积极帮助他人　　D. 三者均不积极

（3）工具、设备和零件有没有落地情况发生，是否保持作业现场的清洁？（　　）

A. 无落地且场地清洁　　B. 有落地

C. 保持作业场地清洁　　D. 未保持作业现场的清洁

（4）实施过程中是否注意操作质量和有责任心？（　　）

A. 注意质量，有责任心　　B. 不注意质量，有责任心

C. 注意质量，无责任心　　D. 全无

（5）操作过程中是否注意清除隐患，在有安全隐患时是否提示其他同学？（　　）

A. 注意，提示　　B. 不注意，未提示

学生签名：______　　____年____月____日

2. 教师评价及答复

参照成果展示的得分，评价学生本次任务成绩，请在相应的 □ 上打 √。

□ 不合格　□ 合格　□ 良好　□ 优秀

说明：

____

____

____

____

教师签名：______　　____年____月____日

任务工单4-3

倒车灯不亮故障诊断

学生姓名		班级		学号	
实训场地		学时	2	日期	

制订计划

请根据任务要求，确定所需要的场地和物品，并对小组成员进行合理分工，制订详细的工作计划。

一、场地及物品准备

检查并记录完成任务需要的场地、设备、工具及材料。

1. 场地

检查工作场地是否清洁及是否存在安全隐患，如不正常，请向教师汇报并及时处理。

记录：____

2. 车辆、总成、工件

车辆：____

其他：____

3. 设备及工具

防护装备：____________________________________

设备及工具：__________________________________

4. 材料

____

5. 安全要求及注意事项

请认真阅读以下内容：

1）实训汽车停在实训工位上，没有经过教师批准不准起动，经教师批准起动后，应首先检查车轮的安全顶块是否放好，驻车制动器是否拉好，变速杆是否放在 P 位（A/T）或 N 位（M/T），车前是否没有人。

2）发动机运行中检测时，需要在指导教师的监督下操作，以防止造成意外事故。

3）没有经过教师批准不允许随意连接或拔下电控元器件。

4）点火开关接通时，不允许连接或拔下电控系统元器件的插接件。

5）蓄电池的极性不能接反，否则将烧毁 ECU 与电子元器件。

二、小组成员及分工

你所在小组的成员：__________

你所负责的工作：__________

三、操作流程

根据任务，小组进行讨论，确定工作计划（流程/工序），并记录。

倒车灯不亮的诊断步骤：

步骤 1：__________

步骤 2：__________

步骤 3：__________

步骤 4：__________

步骤 5：__________

步骤 6：__________

步骤 7：__________

步骤 8：__________

步骤 9：__________

步骤 10：__________

实施计划

根据制订的计划实施，完成以下任务并记录。

检查项目	测量数据	维修方案
熔丝检查		
倒车灯的检查		

（续）

检查项目	测量数据	维修方案
倒车灯开关电源线的检查		
倒车灯开关的检查		
倒车灯电源线的检查		

成果检查

根据任务完成情况，学生根据下表自我评分，教师或指定组长进行巡视/验收检查时，发现问题直接扣分，并在备注栏签名。

技能考核标准表

序号	项目	操作内容	标准分	实际评分	权重	最终得分	备注
1	任务准备	场地准备	1		10%×2		
		车辆/总成/工件准备	1				
		设备/工具准备	1				
		材料准备	1				
		仪容仪表/精神面貌准备	1				
2	实施过程	熔丝检查	1		30%×5		
		倒车灯的检查	1				
		倒车灯开关电源线的检查	1				
		倒车灯开关的检查	2				
		倒车灯电源线的检查	1				
3	完成质量	万用表的正确使用	1		20%×10		
		故障排除	1				
4	完成时间	90min	1		10%×10		
5	安全操作	个人防护	1		20%×5		
		设备安全	1				
		人员安全	1				
		场地安全	1				
6	5S操作	场地清洁	1		10%×5		
		设备工具材料归位 电源/气源关闭	1				
总分			—	—	100		

评价与反馈

1. 自我评价及反馈

(1) 通过本任务的学习，对照本任务的学习目标，你认为你是否已经掌握了学习目标？

知识目标：(　　)

A. 掌握　　B. 部分掌握　　C. 未掌握

说明：____

____

技能目标：(　　)

A. 掌握　　B. 部分掌握　　C. 未掌握

说明：____

____

(2) 你是否积极学习，不会的内容积极向别人请教，会的内容积极帮助他人学习？(　　)

A. 积极学习　　B. 积极请教

C. 积极帮助他人　　D. 三者均不积极

(3) 工具、设备和零件有没有落地情况发生，是否保持作业现场的清洁？(　　)

A. 无落地且场地清洁　　B. 有落地

C. 保持作业场地清洁　　D. 未保持作业现场的清洁

(4) 实施过程中是否注意操作质量和有责任心？(　　)

A. 注意质量，有责任心　　B. 不注意质量，有责任心

C. 注意质量，无责任心　　D. 全无

(5) 操作过程中是否注意清除隐患，在有安全隐患时是否提示其他同学？(　　)

A. 注意，提示　　B. 不注意，未提示

学生签名：______　　____年____月____日

2. 教师评价及答复

参照成果展示的得分，评价学生本次任务成绩，请在相应的 □ 上打 √。

□ 不合格　□ 合格　□ 良好　□ 优秀

说明：

____

____

____

____

____

教师签名：______　　____年____月____日

任务工单4-4

空调系统不制冷故障诊断

学生姓名		班级		学号	
实训场地		学时	2	日期	

制订计划

请根据任务要求，确定所需要的场地和物品，并对小组成员进行合理分工，制订详细的工作计划。

一、场地及物品准备

检查并记录完成任务需要的场地、设备、工具及材料。

1. 场地

检查工作场地是否清洁及是否存在安全隐患，如不正常，请向教师汇报并及时处理。

记录：________________________________

2. 车辆、总成、工件

车辆：________________________________

其他：________________________________

3. 设备及工具

防护装备：________________________________

设备及工具：________________________________

4. 材料

____

5. 安全要求及注意事项

请认真阅读以下内容：

1）实训汽车停在实训工位上，没有经过教师批准不准起动，经教师批准起动后，应首先检查车轮的安全顶块是否放好，驻车制动器是否拉好，变速杆是否放在 P 位（A/T）或 N 位（M/T），车前是否没有人。

2）发动机运行时不能把手伸入，以防止造成意外事故。

3）没有经过教师批准不允许随意连接或拔下电控元器件。

4）点火开关接通时，不允许连接或拔下电控系统元器件的插接件。

5）蓄电池的极性不能接反，否则将烧毁 ECU 与电子元器件。

6）禁止使用起动电源辅助起动发动机，以防止损坏电控系统元件。

二、小组成员及分工

你所在小组的成员：________________________________

你所负责的工作：________________________________

三、操作流程

根据任务，小组进行讨论，确定工作计划（流程/工序），并记录。

1. 检查空调系统电源电路

步骤 1：________________________________

步骤 2：________________________________

步骤 3：________________________________

步骤 4：________________________________

步骤 5：________________________________

2. 读取车辆空调系统故障码

步骤 1：________________________________

步骤 2：________________________________

步骤 3：________________________________

步骤 4：________________________________

步骤 5：________________________________

3. 读取数据流和主动测试（读取空调系统数据流和进行元件的主动测试）

步骤 1：________________________________

步骤 2：________________________________

步骤 3：________________________________

步骤 4：________________________________

步骤 5：________________________________

步骤 6：________________________________

步骤7：______

步骤8：______

实施计划

根据制订的计划实施，完成以下任务并记录。

提示：教师根据需要提前设置故障。

1. 记录在检查空调或进行维修作业时的防护措施

1）防护用品

______

______

2）防护用品的使用

______

______

2. 检查空调系统电源电路

1）查找电路图，检查空调系统的电源电路是否正常。

电源电压为：______

2）检查供电熔断器及继电器，记录熔断器编号和继电器的位置。

______

______

______

检查结果：

电源供电 □正常 □不正常

电源电路 □正常 □不正常

3. 读取车辆空调系统故障码

1）连接诊断仪的步骤。

______

______

______

2）读取故障码。

故障码为：______

故障码的含义为：______

3）分析故障原因。

______

______

______

______

______

____

4. 数据流测试和主动测试

1）数据流测试。测试系统压力、温度数据信号，并记录数据或测试结果。

压力数据：______________________________________

温度数据：______________________________________

2）主动测试。

伺服电动机测试：________________________________

压缩机测试：____________________________________

3）测试结果分析。

数据或部件：□正常 □不正常

5. 为排除故障所进行的其他检查或操作

____

____

____

____

____

____

____

____

成果检查

根据任务完成情况，学生根据下表自我评分，教师或指定组长进行巡视/验收检查时，发现问题直接扣分，并在备注栏签名。

技能考核标准表

序号	项目	操作内容	标准分	实际评分	权重	最终得分	备注
1	任务准备	场地准备	1		10% ×2		
		车辆/总成/工件准备	1				
		设备/工具准备	1				
		材料准备	1				
		仪容仪表/精神面貌准备	1				
2	实施过程	万用表的操作	1		30% ×5		
		故障检测仪的操作	1				
		示波器的操作	1				
		元件的拆装	1				
		资料的查询	1				
		车辆的操作	1				

（续）

序号	项目	操 作 内 容	标准分	实际评分	权重	最终得分	备注
3	完成质量	测量数据准确	1		20% ×10		
		排除故障	1				
4	完成时间	180min	1		10% ×10		
5	安全操作	个人防护	1		20% ×5		
		设备安全	1				
		人员安全	1				
		场地安全	1				
6	5S 工作	场地清洁	1		10% ×5		
		设备工具材料归位 电源/气源关闭	1				
总分			—	—	100		

评价与反馈

1. 自我评价及反馈

（1）通过本任务的学习，对照本任务的学习目标，你认为你是否已经掌握了学习目标？

知识目标：（　　）

A. 掌握　　B. 部分掌握　　C. 未掌握

说明：________________________________

____

技能目标：（　　）

A. 掌握　　B. 部分掌握　　C. 未掌握

说明：________________________________

____

（2）你是否积极学习，不会的内容积极向别人请教，会的内容积极帮助他人学习？（　　）

A. 积极学习　　B. 积极请教

C. 积极帮助他人　　D. 三者均不积极

（3）工具、设备和零件有没有落地情况发生，是否保持作业现场的清洁？（　　）

A. 无落地且场地清洁　　B. 有落地

C. 保持作业场地清洁　　D. 未保持作业现场的清洁

（4）实施过程中是否注意操作质量和有责任心？（　　）

A. 注意质量，有责任心　　B. 不注意质量，有责任心

C. 注意质量，无责任心　　D. 全无

（5）操作过程中是否注意清除隐患，在有安全隐患时是否提示其他同学？（　　）

A. 注意，提示　　　　B. 不注意，未提示

学生签名：______　　____年____月____日

2. 教师评价及答复

参照成果展示的得分，评价学生本次任务成绩，请在相应的 □ 上打 √。

□ 不合格　□ 合格　□ 良好　□ 优秀

说明：

____

____

____

____

____

教师签名：______　　____年____月____日